희망의
트랙 위에
다시 서다

희망의 트랙 위에 다시 서다

국가대표 아들과 함께 이룬 빅맘의 인생역전 스토리

초 판 1쇄 2024년 08월 12일

지은이 오승하
펴낸이 류종렬

펴낸곳 미다스북스
본부장 임종익
편집장 이다경, 김가영
디자인 윤가희, 임인영
책임진행 안채원, 이예나, 김요섭

등록 2001년 3월 21일 제2001-000040호
주소 서울시 마포구 양화로 133 서교타워 711호
전화 02) 322-7802~3
팩스 02) 6007-1845
블로그 http://blog.naver.com/midasbooks
전자주소 midasbooks@hanmail.net
페이스북 https://www.facebook.com/midasbooks425
인스타그램 https://www.instagram.com/midasbooks

ⓒ 오승하, 미다스북스 2024, *Printed in Korea*.

ISBN 979-11-6910-750-1 03190

값 19,900원

마다스북스는 다음세대에게 필요한 지혜와 교양을 생각합니다.

Return to start line

국가대표 아들과 함께 이룬
빅맘의 인생역전 스토리

희망의
트랙 위에
다시 서다

오승하 지음

미다스북스

추천사

난관이 우리를 막는 것이 아니라 우리의 생각이 우리를 막는다는 말이 있지요. 모두가 포기하라고 했을 때 당당하게 도전을 선택하고 결국 기적을 일궈낸 국가대표 조상혁 선수의 이야기는 오늘을 살아가는 우리에게 큰 귀감이 됩니다. 그리고 그 뒤에는 끝까지 희망을 노래하며 아들을 트랙 위에 다시 서게 한 엄마 빅맘님의 아름다운 의지가 자리하고 있습니다. 힘든 현실에 끌려다니지 않고 내 인생의 주인으로 당당하게 서고자 하는 당신에게 이 책을 추천합니다.

◆ **청울림(유대열)** 다꿈스쿨 대표, 『나는 오늘도 경제적 자유를 꿈꾼다』 저자

여기 삶의 역경 속에서 빛나는 한 모자의 이야기가 있습니다. 『다시 희망의 트랙에 서다』는 조상혁과 그의 어머니 빅맘이 걸어온 감동적인 여정을 그렸습니다. 이 책은 사랑과 긍정적 마음가짐의 힘으로 모든 난관을 헤쳐 나간 그들의 이야기를 아름답게 풀어냈습니다. 부모와 자식 간의 굳건한 유대와 불굴의 의지로 꿈을 이룬 그들의 특별한 여정에 동참하며, 우리 모두는 희망을 발견하고 큰 용기를 얻게 될 것입니다.

◆ **단희쌤(이의상)** 단희캠퍼스 대표, 『마흔의 돈 공부』 저자

항상 에너지 넘치는 빅맘으로 알려진 저자가 드디어 감동적인 자전적 에세이를 선보입니다. 이 책은 단순한 자기계발서가 아닌, 꿈을 향해 나아가는 어머니의 헌신과 아들의 도전을 담은 감동 스토리입니다.

저는 저자를 남양주 독서모임 다산나비를 통해 처음 만났습니다. 그의 닉네임처럼 항상 긍정적이고 미래지향적인 에너지에 깊은 인상을 받았습니다. 전국에 산재한 대리점을 관리하며 탁월한 성과를 거두는 직장인이자, 국가대표 아들의 어머니로서 그는 끊임없이 노력하는 모습을 보여주었습니다.

『희망의 트랙에 다시 서다』는 저자의 아들, 조상혁 선수의 국가대표 꿈을 응원하며 함께 성장하는 이야기를 담고 있습니다. 13년간 준비해 온 아들의 세계 챔피언 꿈이 무너지는 순간, 저자는 깊은 절망에 빠집니다. 하지만 포기하지 않고 아들과 함께 다시 일어서기로 결심합니다. 끊임없는 노력 끝에 아들은 다시 한번 국가대표가 되어 꿈을 이루게 됩니다.

이 책은 꿈을 향해 노력하는 사람들, 어려움 속에서도 포기하지 않는 사람들, 위대한 모성애를 가진 어머니들, 특히 20, 30대에 좌절을 겪고 있는 젊은 사람들에게 큰 희망과 용기를 줄 것입니다. 저자의 따뜻한 글솜씨와 진솔한 이야기는 독자들에게 감동과 공감을 선사할 것입니다.

◆ **문형록** 반석기초이앤씨(주) 대표이사, 독서모임 남양주 다산나비 운영자

들어가는 글

첫 번째 청춘

"자신에게 질문하라. 질문하는 사람은 답을 피할 수 없다."

— 카메룬 속담

글을 쓰는 동안은 지난 20년간의 육아와 제 삶을 정리하는 시간이 되었습니다. 매 순간 질문을 했고, 생각했습니다. 쓰는 글 속에서 '열심히 살았구나! 잘 살았구나!' 스스로 감사했습니다. 그리고 생각했습니다. 삶의 마지막 순간 나는 '과연 무슨 말을 남길 것인가!' 생각하면서, 두 번째 청춘을 맞이했습니다. 20대처럼 누구의 엄마, 누구의 아내, 누구의 딸이 아닌 자신에게 온전히 집중하는 50대가 되고 싶습니다. 50대에 이르니, 인생을 한 단락 지을 수 있는 시간이 되어 감사합니다.

아들의 재능을 우연히 초등학교 1학년 때 발견했습니다. 남들보다 빠르게 재능을 발견할 수 있었던 것은 축복이었습니다. 그러나 탄탄하게 달려갈 것 같던 순간에 우여곡절이 있었습니다. 13년간 스피드스케이팅 국가대표 세계 챔피언의 꿈을 가지고 달려온 아들에게 부상이라는 브레이크가 걸렸습니다. 운동선수에게 부상은 치명적이었습니다. 20대 초 아들은 좌절했습니다. 긴 터널을 지나야 했습니다. '희망이 존재할까?' 의심했던 시간이었습니다. 열심히 살면 당연히 운은 따라준다고 생각한 것이 처참히 무너져 내리며 인생의 좌절과 패배감을 느껴야 했습니다.

부상 이후 재활에 힘쓰며 다시 복귀를 꿈꾸었습니다. 젊다는 것은 다시 도전할 기회라고 생각했습니다. 어느 날 훈련 도중 수술 부위가 붓고 진물이 났습니다. 가까운 병원을 찾았습니다. 의사 선생님께서 선수 생활은 힘들 것이라는 소견을 주셨습니다. 오진이라 판단하고 좀 더 큰 병원을 찾아갔습니다. 그곳 역시 일반인으로 살 수 있지만, 선수 생활은 힘들 것 같다고 소견을 주셨습니다. 분당 유명한 H 전문 병원 찾아갔습니다. 같은 대답이었습니다. 마지막으로 부상 당시 응급 수술을 한 한양병원 선생님을 찾아갔습니다. 선생님께서는 상태를 보셨습니다. 선생님을 보면서, 물었습니다.

"선생님, 다시 아들이 선수 생활을 할 수 있을까요?"

돌아오는 답은 명료했습니다.

"보통 다치면 회복하기 쉽지 않지만, 의학적 한계를 넘어 회복하는 경우 사람들은 기적이라고 할 것입니다. 회복한다면, 아드님의 의지라고 생각합니다. 쉽지는 않겠지만, 선수의 의지에 따라 달라질 수 있습니다."

기적이라고 불리는 의지. 결국, 사람의 의지가 기적을 만든다는 말씀이었습니다. 모든 것이 물거품 같았지만, 작은 희망을 가슴에 품어 보았습니다. 그날 아들과 병원을 나오는데 흰 눈송이가 날렸습니다. 아들의 눈에는 눈물이 맺혔습니다. 눈에 맺힌 눈물을 바라봐야 하는 엄마의 가슴이 아렸습니다. 그렇게 긴 터널을 지났습니다. 저 역시 50대 갱년기와 사회에서 열심히 달려온 세월에 허무감이 느껴져 일어서기 힘들었습니다. 건강에 적신호가 왔습니다. 좌절하는 아들을 일으키기에는 저의 자신감이 무너져 내리는 것을 지켜봐야 했습니다.

사서삼경 가운데 하나인 『대학』에 나오는 **'수신제가 치국평천하'**. 자신의 몸을 닦은 후, 집안을 가지런하게 만든다. 그 후 나라가 다스려지고 천하가 화평해진다. 그 말처럼, 다니던 회사를 그만두고 집으로 왔습니다. 먼저 자신을 돌보고 일으켰습니다. 널브러져 있던 아들들을 일으켜 세웠습니다. 막내아들은 2019년 초등시절 코로나 재택 수업으로 혼자 그 시절을 보냈습니다. 2021년 중학생이 된 막내아들은 기초학습이 부족했습니다. 막내아들을 돌보고, 아들들과 소통했습니다. 함께 산책하고 재활을 했습니다. 생각보다 2년이란 시간은 긴 터널의 시간이었습니다. 막내아들은 현재 고등학생으로 건강하게 학교생활을 하고 있습니다. 결국, 시간을 통해 우연은 행동하는 자의 몫이고, 기회는 선택하는 자의 몫이라는 진리를 터득했습니다.

지난 2년간 인간의 의지가 기적을 만드는 과정을 보냈습니다. 1년 후 병원을 찾아갔습니다. 당시 주치의 선생님은 아들의 회복력을 보시고, 놀라셨습니다. 이젠 조상혁 선수의 팬이 되었다고 이야기하셨습니다. "작년, 어머님의 눈빛이 워낙 간절해서 선수 생활이 힘들다는 이야기를 할 수 없었습니다. 그런데 오늘 조상혁 선수를 보았습니다. 저도 믿기 힘들 정도로 회복한 모습이 기적입니다. 지금까지 지내면서 많은 환자 선수를 보았습니다. 아드님의 회복은 기적입니다. 얼마나 인생을 치열하게 살아왔는지 다부진 몸을 보는 순간, 느낄 수 있습니다. 제가 이제 조상혁 선수 팬이 되었습니다. 두 분 고생 많으셨습니다."

오늘도, 병원 문을 나서면서 아들의 눈에는 눈물이 고였습니다. 치열했던 무더운 여름이 끝자락. 가을 단풍이 물들어가고 있습니다. 길을 거닐면서 유난히 더운 여름 전지훈련 이야기를 해줍니다. "제주도 해변을 달릴 때, 숨이 차고 다리는 후들거리고, 금방이라도 포기하고 싶은 순간이 있었어요. 그때, 갈매기 조나단이 찾아와서 저에게 응원해주었어요. **'누군가에게 꿈이 주어졌을 때, 그것을 이룰 힘도 같이 주어진다.'** 『갈매기의 꿈』 그 한 문장이 저와 함께했어요." 유난히 가을 단풍이 아름다운 길을 걸었습니다.

이 책을 통해 시련은 성장의 기회였음을 이야기하고 싶습니다. 어떤 일도 영원하지 않습니다. 좋은 것도 부족한 것도 모든 것은 지나가고 있다고 말하고 싶습니다. 가장 어두운 밤이 지나면 새벽이 옵니다. 그 새벽을 찬란하게 맞이할 수 있는 시간이 감사합니다. 고난은 자신을 약하게 만들 수도 있고 강하게 만들 수도 있습니다. 극복하면 더욱 강해집니다. 고비는 우리에게 무엇을 줄 수 있는지 보여 줍니다. 과정을 통해 무엇을 얻을지 매 순간 질문했고, 결정했습니다. 대한민국 아들들에게 엄마의 마음으로 응원합니다. 대한민국 4060대 자녀를 바라보고 열심히 살아온 부모님들의 마음을 응원합니다.

책을 쓰는 내내, 남편과 아들들의 지지가 있었습니다. 나의 아내, 우리 엄마라는 표현이 감사합니다. 늘 부족하다고 자신을 탓하시며 딸을 바라보고 있는 아버지가 응원해주셔서 감사합니다. 인생에 응원과 지지를 해주셨던 수많은, 선생님들이 계셨습니다. 세상을 바라보는 눈을 알려 주시고, 앞서가신 훌륭한 멘토님들 덕에 제가 있습니다. 늘 책을 통해 새로운 생각을 알려주신 작가님께 감사합니다.

함께 해주신 북테라피 도반(道伴)들 그리고 글쓰기 모임인 자이언트 작가님들과 이은대 선생님 감사합니다. **'공부해서 남 주자.'**를 처음 알려 주신 반석 그룹 문형록 대표님 감사합니다. 자기계발 세계에 들어와 만난 청울림 유대열 대표님, 다꿈스쿨과 서미숙 작가님, 그 외 온라인 커뮤니티 분들을 만나서 감사합니다. 독서를 통해 생산자의 길을 걸어야 한다고 이야기 해주신 단희 TV의 이의상 선생님 감사합니다. 덕분에, 좋은 분들과 좋은 시간 좋은 환경을 선물 받았습니다. 배움을 익혀 성장할 수 있는 시간이었습니다. 감사합니다.

끝으로, 알베르트 아인슈타인의 **"성공한 사람이 되려고 하지 마라. 그보다는 가치 있는 사람이 되려고 하라."**라는 말처럼 가치 있는 사람이 되려고 합

희망의 트랙 위에 다시 서다

니다. 감사하며 살아가겠습니다. 앞으로 두 번째 맞은 청춘에는 **좋은 것**을 보고 좋은 것을 배우고, 좋은 만남을 통해 나누는 가치 있는 사람이 되겠습니다. 소중한 시간 만들어 준 가족들 감사합니다. 고맙습니다.

2024년 3월 목련 꽃망울에 감사를 느끼며.

빅맘스토리 오승하.

"꿈을 꾸면 그것을 이룰 힘도 같이 주어진단다."

목차

1장 모든 아이들은 재능이 있다

2장 상상은 현실이 된다

3장   꿈꾸는 사람은 다시 일어설 수 있다

4장   눈물 없는 성장은 없다

5장 특별한 사람만 기적을 만드는 건 아니다

6장 꿈꿔라! 모든 것을 이룬 것처럼

마치는 글

1장

모든 아이들은
재능이 있다

1

우연히 발견한 아이의 재능

    운동선수의 길을 초등 1학년 겨울방학 때 선택했다. 주변 부모들이 "어떻게 초등 1학년 때부터 집중해서 키울 수 있냐"고 물었다. 어려서부터 재능을 발견한다는 것은 축복이라는 생각을 한 적이 있다. 과정에 우여곡절이 있을 거라고는 생각을 해본 적이 없었다.

    햇살이 비치는 거실 책장 앞. 무슨 책을 읽을까 생각했다. 고민이 생기면 책장 앞에 선다. 어디서부터 내 인생이 이렇게 재미가 없어졌을까? 매일 집에서 살림하고, 아이 키우는 무료한 일상. '나는 어떤 삶을 살고 싶은 것일까!' 이 생각 끝에 책장에 책 한 권이 눈에 들어왔다. 20대에 만나서 그날 밤을 새워 읽었던 나폴레옹 힐의 책『놓치고 싶지 않은 나의 꿈 나의 인생』이었다. 세월이 지난 만큼 책 표지도 뿌옇게 낡았다. 펼쳐 보았다. "모든 것은 열렬한 소망에서 출발한다." 한눈에 들어왔다.

    20대. 대학 졸업하고 회사 출근과 퇴근을 반복했다. 회사의 부품 같았다. 톱니바퀴가 질서정연하게 제자리에서 도는 것처럼 느껴졌다. 답답한 심정으로 길을 걷다 무심코 시청 앞 영풍문고에 들어갔다. 『놓치고 싶지 않은 나의 꿈 나의 인생』 책 제목이 멋졌다. 그 밤 나는 밤을 새워 책을 보았다. 그리고 결심을 했다. 회사의 부품이라는 생각을 접고, 이왕이면 내 이름을 회사에 남기겠다고. 그리고 성장하고 인정받는 회사생활을 해내고야 말겠다고 결심했다. 직장생활을 13년간 했다. 회사생활이 안정적일 때, 지금의 남편을 만났다. 결혼했고, 출산했다. 아이의 육아 문제로 회사를 더는 다닐 수 없었다. 전업주부가 되었다. 아이만 키우던 나는 답답했다. 실림을 잘하지 못했다. 음식 만드는 것은 적성에 맞지만, 정리정돈이 무료하게 여겨졌다.

아들이 초등학교에 들어갔다. 시간적인 여유가 생겼다. 삶이 조금 수월해졌다. 이제 내 삶을 더 가꾸고 싶다. '경력단절'을 고민하면서 책장 앞에 섰다. 결혼 생활을 통해 열렬한 소망을 잊고 살았다. 그냥 열심히 살았다. 아이 키우다 보니, '이런 젠장. 살림하더니 자신의 정체성도 사라졌구나.' 느끼는 순간이 왔다. '엄마, 부인, 딸 그리고 나는 없다. 도대체 내가 원하는 열렬한 소망은 무엇일까!' 생각했다. 이름이 사라졌다. 누구 엄마만 남아 있다. 또는 누구의 부인이었다. 결혼 생활을 뒤돌아보았다. 가족을 위해서가 아닌 분명 재미있다고 생각한 일들이 갑자기 어색해진다. 원래 좋아했던 것 맞을까? 의문이 생긴다. 질문을 바꿔본다. 내 꿈은 신사임당. '나는 왜 신사임당이 되고 싶었지?' 뇌 회로가 타임머신을 타고 과거로 돌아갔다.

5학년 시절, 엄마한테 혼났다. 학교 다녀온 후 설거지가 제대로 되어있지 않았다고 화를 내셨다. 빨래가 제대로 정리가 되지 않았다고 화를 내셨다. 엄마가 화낸 이유를 잘 모르겠다. 기억이 크게 없다. 속상한 마음에 다락방에 올라갔다. 다락방에는 내가 좋아하는 책들이 많았다. 눈에 들어오는 위인전 중 신사임당에 눈길이 끌렸다. '신사임당, 이름이 네 글자인가?' 울다가 책에 빠졌다. 좋은 아내, 좋은 엄마, 좋은 딸. 마음에 든다. '나도 자라면 '화' 안 내고 좋은 엄마, 현명한 딸 지혜로운 부인이 되어야지!' 울다가 잠든 기억이 난다. 눈물이 맺힌 채 서서히 잠들었다. 얼마쯤 시간이 지났을까. 갑자기 익숙한 목소리가 나를 깨운다. "엄마 저녁 안 먹어요?" 아차! 깜박 잠이 들었다. 손에는 『놓치고 싶지 않은 나의 꿈 나의 인생』이 있다. 낮잠 들었나 보다. 꿈 깬 후, '나의 꿈은 신사임당이었구나.' 생각했다.

"언제 왔니? 배고프지. 밥 챙겨 줄게."

"엄마. 다음 주 학교에서 현장학습가요. 태릉 스케이트장으로. 추워서 엄마들이 와서 구경하고 코코아 타 가지고 와도 좋대요."

"알았어. 일단 씻고 밥 먹자."

며칠 후, 태릉 스케이트장에 도착했다. 같은 반 엄마들을 만났다. 태릉 스케이트장에 들어섰다. 입김이 나왔다. 10월의 태릉 스케이트장은 엄청 춥다. 사전 정보가 너무 없었다. '이래서 코코아와 커피를 준비하는구나!' 아이들은 추운지도 모르고, 재잘거린다. 신나게 스케이트장에 들어섰다. 스케이트를 신었다. 고사리 같은 손으로 스케이트를 신고 스케이트 코치들이 신발 끈을 묶어줬다.

기초 1, 기초 2, 기초 3, 중급반, 고급반이 있다. 아이들은 얼음 위에 올라서서 중심 잡기를 연습한다. 몇몇 고급반 아이들은 첫날인데도 씽씽 달린다. 대단하게 바라본다. 1년 전부터 개인 수업한 친구들이라고 했다. '이 수업을 위해서 개인 유료강의도 하는구나!' 유료 수업료를 물어봤다. 너무 비싸서 놀랐다. 남편 월급으로 사립초등학교도 우겨서 보냈다. 공부도 아닌 스케이트 수업을 시킬 돈이 어디 있던가. 즐기는 것만으로, 만족해야 한다. 나는 가계부 기준을 정했고 돈을 쓰지 않기로 마음먹었다.

1월에 학교 교내대회가 있다. 학교 전통이었다. 학교는 이상화, 모태범의 모교라고 했다. 스케이트 대회가 제법 큰 행사라고 개인 수업을 한 엄마들은 열렬히 이야기했다. 엄마들은 자신이 알고 있는 정보를 이야기해 줬다. 아들은, 기초 2반이었다. 지난번 동천 스케이트장 가서 한번 타본 경험이 있다고 기초 2반에 배정되었다. 이때, 코치 선생님이 고급반으로 아이를 보냈다. '왜지?' 아이는 1년 동안 개인 수업한 친구들 틈에서 함께 스케이트를 자유롭게 탔다. 엄마들의 시선이 순간 나를 향했다.

"처음이라고 하지 않았어요?"
"네. 지난주 동천 스케이트장 가서 2시간 처음 타고 놀았어요. 여기 옆에 함께 한 엄마들도 있어요."

희망의 트랙 위에 다시 서다

말하면서도, 이것을 왜 설명하고 있는가 하는 생각도 잠시, 옆에 있던 엄마들이 "그날 처음 탔고 벽 짚고 타기는 했지만, 저렇게 쑥쑥 나가는 정도는 아니었는데, 신동인가?" 웃음이 담긴 소리를 했다. 아이는 타고난 운동 신경이 있기는 했다. 인라인스케이트도 처음 신은 날 10분 만에 달렸다. 자전거도 마찬가지였다. 그 모습을 지켜보며, 아이들은 겁이 없어 가능한 일이라고 생각했다. 하지만, 전교생이 모인 자리에서 아이의 두각은 그렇게 드러나기 시작했다. 스케이트장을 다녀온 아이는 스케이트가 너무 재미있다고 주말에 가고 싶다고 했다. 주말에는 숙제도 하고, 밀린 공부도 있는데, 평상시 잘 해내면 선물로 스케이트장에 가자고 약속했다. 그날 아들의 일기장에는 이렇게 적혀 있었다. '스케이트장에 가면 너무 행복하다. 엄마의 잔소리가 바람에 날아가는 것 같다.' 선생님께서 보는 일기장인데 표현을 잔소리할 수도 없고, **잔소리가 바람에 날아가는 기분이 든다니!** 그날 이후, 주말에 종종 태릉 스케이트장을 찾았다.

자녀를 키우면서 알게 되었다. 아이의 재능은 아이가 좋아하는 일을 관심 있게 바라봐 주면 된다. 엄마가 보기 좋은 관심이 아닌, 아이가 원하는 관심이 필요하다. 아이의 관점에서 좋아하는 일을 생각해 본다. 아이가 좋아하는 일, 몇 시간도 몰입해서 즐기는 일은 누구에게나 있다. 찾아보면 있다. 자녀에게 재능을 발견하고 키우는 것은 부모에게 어려운 일일 수도 있다. 나의 경우, 자녀의 관심사와 성향을 파악하며, 자녀가 **좋아하는** 관심사를 존중해 주었다. 그 마음이 아들의 재능을 찾은 시작점이 되었다.

2

꿈이 있는 엄마

주말에 남편과 태릉 스케이트장을 갔다. 1월에 있을 대회를 준비한다고 같은 반 친구들은 개인 수업을 했다. 아이는 부러워했다. 자기도 개인 수업시켜 달라고 했다. 나는 단호히 거절했다. 취미생활에 무슨 소리냐고 혼냈다. 하지만 남편의 생각은 달랐다. 아들이 혼자이기도 했고, 옆에 타는 아이들보다 더 잘 타는 것 같다고 했다. 남편은 아들에게 1월 시합을 신청하라고 하며, 시합 한 달 전인데 이왕 하는 것 수업을 받으며 제대로 연습해 보라고 했다.

그렇게 개인 수업 3번을 받고 시합을 나갔다. 이제 시작하는, 스케이트에 진심으로 '의지 활활' 타는 남편과 아들을 보면서 어이가 없었다. 함께 시합을 뛰는 아이는 1년 전부터 스케이트 수업을 받는 아이다. 그런 아이를 이긴다고 한다. 두 사람의 생각을 꺾고 싶지 않았지만, 현실을 직시하라고 했다.

이윽고 아들이 출발선에 섰다. 갑자기 심장이 쿵쾅거린다. 100m 얼음 위 달리기. 아이가 달리는데 나의 심장이 나의 귓가에 들릴 정도로 쿵쾅거린다. 진정이 안 된다. 총소리와 함께 아이가 내달렸다. 결과는 1등이었다. 믿기지 않았다. '대박이다. 이럴 수도 있구나!' 다음에는 저학년 결승전에 나갔다. 1학년부터 3학년까지 각 학년 대표가 달리는 결승전이다. 3학년 형은 3년 동안 스케이트를 타면서 선수반 입문자라고 자신을 소개했다. '트리코'라는 전문 선수의 옷도 입었다. 아들은 학교 체육복을 입었다. 결승전에 올라간 것만으로도 대단하다고 아이를 달랬다. 하지만 아이의 눈빛이 다르다.

"저 이길 거예요. 여기서 이기면 아빠가 스케이트 시켜 준다고 했어요."

내가 순간 남편을 쫙 째려보았다. '말이 되는 소리를 해야지. 남자들이란 현실적이지 않아!' 생각했다. 그러는 사이 아이는 출발선에 섰다.

남편은 "걱정하지 마. 3년 동안 선수 생활한 아이고, 3학년인데 무슨 수로 이기냐." 아들 한번 기 살려준다고 이야기했단다.

"스케이트 개인 수업 3번 했어. 코너 도는 것도 안 되는데." 그 순간 출발 총소리가 났다.

우리 둘의 시선은 다시 출발선으로 향했다. 말과 감정은 다르게 반응한다. 역시 또 심장이 뛰었다. 기대하지 말라고 해놓고 정작 내가 두근거린 다니. 순간 눈을 의심했다. 100m가 3학년 형보다 빠르다. 하지만 코너에 서 도는 법을 배운 적이 없으니 넘어졌다. 형이 앞서간다. 넘어져 있던 아이는 벌떡 일어나 다시 달린다. 챔피언전은 400m 트랙 경기다. 결승전 앞에서 3학년 형이 뒤를 돌아본다. 넘어졌다. 아이가 달려서 먼저 골인했다. 1등이다. 말이 되는가.

"축하합니다. 이상화, 모태범을 담임했습니다. 상혁이가 어쩌면 운동의 재능이 있는 것 같습니다."

교장 선생님이 축하 인사를 하고 가셨다. 멍했다. 지나가는 국가대표 감독이 한 달 수업해 준 코치 선생님께 아이에게 재능이 보인다고 이야기를 전해 들었다. 100m는 시작 총소리 반응에 따라 속도를 보이는 것인데, 상혁이는 시작 소리에 반응이 빨라, 속도가 빠르다고 했다. 반응 속도. 문득 바이올린 선생님의 말씀이 떠올랐다. 아이는 취미로 학교 수업시간에 바이올린을 배우고 있었다. 선생님이 아이에게 절대 음감이 있다고 이야기했던 말씀이 떠올랐다. 바이올린은 선으로 연주하는 악기라 보통 한번 들은 음감을 기억 못 하는데, 상혁이는 찾아낸다고 했다. 그리고 보니 어려서 영어도 학원을 안 보내고 영어 동요만 틀어주었는데 그 음감으로 영어를 익힌 아이다. 반응 속도. 그 반응 속도가 아이의 재능이 되는구나! 생각했다. 그날 우리 집은 신이 났다. 그냥 1등을 해서 좋았다.

우연히 발견한 아이의 재능이었다. **재능(才能)은 사전에는 어떤 일을 하는데 필요한 재주와 능력. 개인의 타고난 능력과 훈련에 획득된 능력을 아울러 이른다**고 알려준다. 그날 이후. 남편과 아들은 선수의 길을 걸어보자고 이야기했다. 하지만 사립초등학교 등록금도 남편 직장 월급으로 겨우 내고 있다. 집 대출도 남았다. 아이가 선수의 길을 가려면 생활비를 아껴야 한다. 남편 월급으로 말도 안 되는 상황이다. 그렇다고 내가 직장을 다니기도 힘들다. 스케이트 특성상 아이를 계속 픽업해야 하는데, 전 시간 직장도 가질 수 없다. 무모한 남편과 아들을 말려야 한다고 생각했다.

당일 저녁, 남편은 상혁이를 방에 보낸 후 나에게 이야기했다.

"너랑 나는 공부가 전부인 세상에서 열심히 공부해 대기업 입사했지. 너는 회사에서 인정도 받았지만, 결국 결혼과 육아로 퇴사를 결정했어. 지금은 살림하고 아이를 키우고 있고. 나는 아침마다 눈을 뜨면 가기 싫은 회사에 가야 하는 현실이 너무 싫어. 내 아들은, 나처럼 평범하게 눈을 떠서 가고 싶지 않은 회사에 평생 끌려다니게 키우고 싶지 않아. 조금은 힘들어도 자신의 좋아하는 일을 시켜 주고 싶어. 선수 한번 시켜 보자. 아이도 저렇게 원하는데."

고민이 됐다. 우리 집은 운동선수가 없는데 말이다. 시댁에도 운동선수가 없다. 무슨 수로 그 치열한 곳에서 운동으로 성공하겠는가. 1등만 기억하는 운동세계에 발을 딛는다는 것은 모험이었다. 하지만 내 꿈은 신사임당이다. 이렇게 남편이 원하고 아이가 원하는데 한편으로는 아들 소원을 들어주고 싶었다. 마음이 복잡하다. **우연은 행동하는 자의 몫이고, 기회는 선택하는 자의 몫이다.** 이건 기회일까?

나는 다음날부터 상혁이 학교가 끝나면 바로 픽업해서 태릉 스케이트장으로 출발했다. 복잡한 마음은 이렇게 행동으로 정리가 됐다. 저녁 8시가 되어 집으로 돌아왔다. 세상에는 공짜로 얻어지는 것이 없다. 저녁을 차리고 다음 날 아침과 간식을 준비했다. 갑자기 아들만 바라보는 엄마가 되었다. 일주일이 지나자 몸이 피곤했다. 춥다. 몸살인가. 피곤할 만도 하지. 그리고 며칠 후, 이 몸 상태가 피곤에서 오는 게 아니라 내가 둘째를 임신했기 때문이라는 걸 알았다. 일주일 선수 생활은 그렇게 끝이구나! 생각했다. 하지만 아들과 남편이 완고하다.

'어떻게 하지. 나름 노산인 나는 고민이네. 그래 일단 결정했으니 가보자. 아이가 재능이 있다고 하지 않는가.' 놓치고 싶지 않은 나의 꿈 나의 인생 신사임당은 그렇게 시작되었다. 엄마가 되어 초등 5학년 때 꿈꾼 '신사임당'을 가슴에 품고 아이의 재능을 응원하는 신사임당이 되었다.

재능 있는 아이는 어려서부터 꿈꾸는 것이 아닌, 꿈이 있는 엄마가 자녀들이 즐거워하는 모습을 보고 그 재능을 알아차려 주는 것이다. 엄마도 하고 싶은 것, 갖고 싶은 것이 있다. 엄마도 꿈을 꿀 수 있다. 꿈 있는 엄마를 보고, 아이 역시 자연스럽게 꿈을 갖고 키운다. 엄마는 자녀의 꿈을 함부로 재단하지 않는다. 어른들이 "넌, 꿈이 뭐니?"라고 묻는다. 아이들도 안다. 우리 어른들의 꿈을. 혹시 핸드폰이나 보면서, 아이들에게 꿈을 질문하고 있지는 않은가?

부모는 자녀에게 올바른 가치관과 지식을 안내해 주고, 그들이 미래에 대한 꿈과 목표를 이룰 수 있도록 도와준다. 이러한 교육과 가르침은 아이들이 더 나은 세상을 향해 가는 데 있어 큰 역할을 한다. 아이들은 핸드폰 보는 부모의 뒷모습을 보면서 꿈을 꾸지 않는다. 책을 읽고 있는 뒷모습은 아이들에게 더 큰 세상을 안내하는 시각화의 시작이 된다.

3

모든 아이들은 재능이 있다

"어려서부터 재능을 발견해서 행복하겠어요. 다른 것 안 하고 재능 발견 했으니 그냥 그대로 쭉쭉 뻗어 가면 되겠네요." 주변에서 이런 이야기를 심심치 않게 들었다. 과연 그럴까? 어려서부터 재능을 발견하고 국가대표 는 기본이고 세계 챔피언이 될 것이라는 꿈을 가졌다. 아이의 꿈, 코치의 경력과 실력, 부모의 적극적 지원. 삼박자가 맞았다. 아이도 간절히 원하 고 남편도 지원하고 코치 선생님도 열정이 넘쳤으니 모든 과정이 당연하 다고 생각했다.

모든 것이 독이 될 수 있다는 생각을 그 당시에는 할 수 없었다. 경험이 없었다. 꿈을 이룬 것처럼 느껴진 시간이었다. 아이는 빠르게 스케이트 기 본기를 습득해 나갔다. 전국 대회 날이면 1등을 했다. 잘하니 더 재능이 있 다고 생각을 했다. 스케이트 천재라는 생각도 했다.

아침에 큰아이 학교 가면 집안일 하고 점심시간 지나면 학교 앞에서 아이를 픽업했다. 둘째가 그사이에 태어났다. 낮과 밤이 바뀐 둘째 아이를 업고 픽업했다. 저녁에 오면 식사를 챙기고, 둘째 아이를 씻긴 후, 큰아들 학교 공부를 봐주었다. 10시면 두 아이를 잠들게 하고 다음 날 준비를 했다. 하루 일정을 마치면 12시가 되었다. 둘째 아이는 새벽 4시면 정확히 일어났다. 피곤했다. 둘째 식사 챙겨 먹이고 아침 준비를 하면 새벽 6시가 되었다. 둘째는, 새벽형 아이니 크게 되겠구나! 위로하며 새벽을 보냈다. 아들들 키울 때 매일 자장가 불러주면서 '세계를 너의 동네처럼 다녀라! 자장자장' 했다. 그래서일까? 현재 아이는 세계를 동네처럼 다니고 있다.

아침이 되었다. 큰아이 깨우면서, 세계 챔피언 꿈이 있다면 영어는 당연히 기본이라고, 생각했다. 영어 비디오를 자막 없이 보여 주었다. 매일 1시간. 비디오를 자막 없이 초등 6년 내내 보았다. 비가 오나 눈이 오나 바람이 부나 운동을 매일 하듯이 영어 비디오 자막을 가리고 매일 보았다. 방학에도 예외 없이 영어를 익혔다. 그 결과, 성장해 세계 대회를 나가서 무난하게 외국인들과 대화가 되었다. 하물며 영화와 미국드라마로 배운 영어라 곧잘 농담도 한다. 물론 성인이 된 후 이야기다. 성공은 지루한 과정을, 무한 반복한다는 사실을 어려서부터 익혔다. **매일 하는 것이 나를 만든다. 생활 철칙이 되었다.**

어린 시절 스피드스케이팅을 재능으로 시작했다. 재능이라는 것의 함정이 있었다. 스케이트를 시작하고 바라본 아이들은 모두가 재능이 있었다. 운동에 있어서 천재가 아닌 아이들은 별로 없었다. 아이들이라면 누구나 뛰어놀 듯이 운동 신경이 대부분 있다. 동시에 계속해서 재능이 전부인 아이 역시 없다는 생각이 들었다. 재능이라는 것이 반복하지 않으면 빛을 잃을뿐 아니라 끈기라는 것이 없다면 재능이 있다 한들 의미를 잃기 쉽다. 재능 있는 탁월함도 결국, 성실함과 꾸준함이 있어야 성장하는 것이다.

단순 재미에서 시작해 시간이 지나면서 재능이 발견되는 경우도 많이 보았다. 반면 재능이 있다고 해도 성장하면서 운동은 일주일 한 번 오는 분들도 있었다. 주중에는 영어학원 수학학원 다니고 주말에만 운동하면서, "우리 애는 5년이나 다녀도 스케이트가 늘지 않는다."라고 하소연하는 분도 있다. 일주일에 한 번 오면서 현행 유지만 하는 것도 재능이다. 몇 년의 기간이 중요한 것보다, 얼마나 밀도 있게 한계를 넘어서 훈련하는지가 중요하다. 꾸준히 집중해야 한다. 영어학원 일주일에 한 번 가는 아이와 매일 가는 아이 중 과연 누가 영어를 익숙하게 할까? 아이 성장이 부모들의 조급함으로 인해, 재능을 사그라지게 하는 것을 보았다. 단지 이 길을 간다고 재능이 바로 보이지 않는다. 스스로 자책하고 아이를 몰아붙이는 경우도 보았다. 자신의 꿈을 아이에게 선택하게 하는 경우도 보았다. 그런데 성인이 되어 자기계발 세계에 와서 보니, 어른들의 성장도 이와 크게 다르지 않았다. 인간의 마음은 다 거기서 거기인 것 같다.

꾸준히 매일 실행하는 것이 재능을 발견하는 길이다. 매일 하는 것은 실력을 늘리는 것이다. 실력이 늘어나면 더 많은 기회가 온다. 더 많이 기회가 오면 더 많은 운이 작용한다. 스피드스케이트를 시작한 이후로 아이는 매일 운동을 했다. 일주일에 하루를 쉬었다. 하루 4시간 잠을 자고 아이를 픽업했다. 아이도 새벽 6시에 일어나 저녁 10시까지 일주일 하루 쉬고 공부와 운동을 병행했다.

힘들다고 할 만한데 아직 즐거우니 그 모든 것을 감내했다. 매일 운동을 하니 취미가 운동인 아이에서 선수가 되었다. 전국 대회 참여할 기회가 많아졌다. 대회에서 메달을 획득하는 일이 자주 일어났다. 갓 태어난 동생을 업고 그 시간을 보낼 수 있었던 것은, 대회에 나가면 메달을 따서 버틸 수 있었다. 즐거움을 선물해 주었다. 초등학교 전국체전 금메달을 따고 그렇게 선수 시절을 보냈다.

초등 6학년 훈련 도중 부상을 겪었다. 생각지도 못한 시련이 왔다. 수술만 3시간. 3개월 동안 깁스를 했다. 그때 병원에서 현실을 직시했다. 아이에게 무리하게 들어갔던 운동경비, 교육비, 둘째 키우면서 들어간 양육비. 현재 경제 상황을 처음으로 제대로 보았다. 두려웠다. 모든 것이 부상으로 인해 물거품이 될 수 있다는 것을 자각했다. 회사 퇴사 후 퇴직금과 적금은 어느새 사라졌다. 가계 통장은 마이너스 상태였다. 큰아들을 사립 초등학교 보내고, 운동시키고 둘째 키우면서 매일 아껴도 매월 마이너스 50만 원씩 빚이 늘었다. 어느새 소원은 '50만 원만 추가 수입이 생겼으면 좋겠다.'가 되어 있었다. 운동을 잘 해주었기에 이 정도는 지나가는 과정이라고 생각했지만, 부상을 맞은 후 현실은 냉혹했다.

운동만 하면 바보 된다고 책을 사기 시작했다. 무리해서 전집으로 온 집을 도배했다. 카드빚도 엄청났다. 지난 초등 6년 동안 여행다운 여행도 가지 못했다. 영화 한 편도 맘 놓고 보지 못했다. 외식은 꿈도 꿀 수 없었다. 열심히 살았다. 그런데, 부상으로 모든 것이 물거품처럼 사라질 수 있다는 걸 깨달았다.

깁스를 풀고, 두려운 현실을 맞이했다. 원 없이 운동했으니 공부를 하자고 권할 수 있겠다 생각했다. 3개월 만에 돌아간 스케이트장을 보고, 아이는 운동하고 싶다고 했다. 초등 6학년 졸업 전이니 마지막 시간이라고 생각했다. 아들은 준비도 안 된 상태에서 바로 시합을 뛰었다. 그 결과 전국 대회에 1000m 금, 500m 은, 팀 추월 동메달을 땄다. 사람들은 기적이라고 했다. 스케이트 천재는 다르다고 했다. 하지만, 부상 후유증은 중학교에 올라가면서 시작이 되었다. 아이가 저 정도 정신력이면 운동을 그만두고 공부를 해도 되겠다. 생각이 들었다. 부상 이후 재활을 하지 못한 후유증은 추후 심각하게 나타났다.

중학교에 올라갔다. 재활이 제대로 실행하지 않은 상태에서, 운동했던 시간이 아이의 발목을 잡았다. 또래의 남학생은 키가 175cm 이상 크기 시작했다. 아이는 아직도 150cm이다. 단순히 키 차이가 아니라 남자들의 힘이 차이가 느껴진다. 중등부 첫 대회 출발선에 선 아이는 마치 다윗과 골리앗처럼 크기에서 차이가 났다. 결과는 전국 꼴등이다. 불과 1년 사이 전국 1등이던 아이는 전국 꼴등이 되었다. 주변에서 스케이트 천재라고 불리던 아이는 이제 끝이라고 이야기들 했다. 아들은, 자신에게 실망했다. 인생에서 패배라는 것을 처음 겪어 보았다. 주변의 반응이 식어갔다. 괴롭다. 적들도 생긴다. 의견들이 넘쳐났다. 어쩌면 내 자존감이 바닥이 되어 예민하게 기억된 시간이었다.

운동을 그만두었다. 처음 3개월 동안, 중학교 생활을 곧잘 했다. 그동안 말로 표현 못 했지만, 아들이 좋았던 스케이트가 직업이 되면서 부담감이 생겼을 것이다. 모든 것을 내려놓고, 평온한 생활을 했다. 1학기가 그렇게 지나간다. 모든 것이 언제 그랬냐며 평온하게 흐른다. 통장에 마이너스가 줄어들기 시작했다. 50만 원의 추가 수입 소망은 사라지고, 점점 플러스 인생이 되어 간다. 드디어 집에 평온이 왔다. 며칠이 지났다.

학교에 다녀온 아이는 웃지 않고, 방으로 들어갔다. '학교에서 무슨 일이 있나. 아니면 사춘기가 시작되는 것일까?!'

그 생각도 잠시, 방문을 열고 나와서
"엄마, 드릴 말씀이 있어요. 저 다시 스케이트 시작하고 싶어요."라고 이야기했다.

놀랐다. 다시 시작이라고. 이 말에 핵심은 무엇일까. 포기하지 않고, 극복하는 힘이 아들에게 있다는 것일까? 때로는, 엄마가 용기를 내어야 했다. 이 시작을 과연 다시 할 수 있을까? 세상의 엄마들은, 자녀를 키우는 순간, 용감해진다. 나의 아이들을 위해 세상과 맞서 싸울 힘을 갖는다.

"모든 아이들은 재능이 있다."

희망의 트랙 위에 다시 서다

4

비관적으로 계획하고
낙관적으로 꿈꿔라

저녁 시간을 온전히 즐기니 행복했다. 평화를 깨고 싶지 않다. 6년 만에 처음 느끼는 시간. 아들을, 다시 스케이트장에 뺏기고 싶지 않다. 매일 아껴도 마이너스 통장을 벗어날 길이 없었다. 이제 마이너스가 생기지 않은 가계부를 보면 기분이 좋다. 운동하고 싶다는 말은 혼란스럽다. 다시 생각하라고 했다. 그날 저녁 남편은, 식사 후 고개 숙이고 자기 방으로 들어가는 상혁이를 보면서 왜 그런지 이유를 물었다.

"다시 운동하고 싶다고 하네요."

남편 역시 원치 않는 표정이었다. 그동안 힘든 것은 남편에게도 마찬가지였다. 식탁 위에 물 한 잔을 따르면서 침묵을 지켰다. 며칠이 지났다. 주말 저녁 시간. 식사를 마치고 런닝맨을 보고 웃고 있는 편안한 시간. 아이는 재미있는 런닝맨을 보고도 웃지 않고 그냥 눈치만 살피었다. 웃다가 그 모습을 본 남편은 무슨 일이 있냐고 했다.

"아빠, 저 스케이트 다시 하고 싶어요."

"그것은, 힘들 것 같아. 이미 지난 일이고 지금은 아쉽겠지만, 이제 중학생이니 운동을 잊고 공부에 집중하렴. 하다 보면 재미있을 거야."
아이의 눈에서 금방이라도 눈물이 뚝 떨어질 것 같다.

"저도 그렇게 생각했는데 생각보다 쉽지 않습니다."

남편은 텔레비전 끄고, 아이한테 집중했다.

"왜, 다시 하고 싶니. 공부하니 힘들구나? 공부가 힘들어서 운동으로 가는 것이라면 아빠는 반대하고 싶구나."

"후회할 것 같아요. 진로 적성 수업시간에 들어오는 선생님은 늘 우리에게 '나는 한때 말이야. 라떼는 말이야.' 하고 과거 이야기만 해요. 아쉬운 말씀만 하세요. 옆에 있는 친구들은 진로 칸에 아무것도 적지 못해요. 저역시 진로 자리에, 스피드스케이트 세계 챔피언이라고 지난 6년 동안 썼는데, 아무것도 쓸 수 없었어요. 앞에서 말씀하시는 선생님들처럼 지난 과거를 후회하면 어떨까 생각 들어요."

울면서 이야기하는 아들을 찬찬히 쳐다본다. 얼굴이 붉어졌다. 아들도 남편도. 내가 나서야 한다.

희망의 트랙 위에 다시 서다

"이미 지난 이야기인데 왜 자꾸 이야기하니. 이제 그만하자. 하기 싫다고 그만둘 때 부모 마음도 힘들었어. 이제 편안해지려고 하는데 다시 시작한다고? 너는 키가 작아서 다시 돌아가도 키가 클 때까지는 꼴찌 할 수 있어. 주변에 많은 의견이 생기고 더욱 힘들게 될 수도 있지. 운동세계에서 꼴찌가 어떤 의미인지 아니? 적어도 3년, 4년 어쩌면 그 이상을 버텨야 하는 거야. 지금까지 1등을 하던 모습과는 다르다고. 그리고, 시간이 흘러도 1등을 한다는 보장이 없어. 왜? 그 힘든 길을 다시 시작하니. 우리 편하게 살자."

아들은 엉엉 울었다. 그 모습을 본 남편이 한참이 지나서 입을 연다.

"좋다. 간절하다면 말리고 싶지는 않구나. 그런데 아빠도 의지를 보여줘야 시작할 수 있을 것 같아. 시험이 언제지?"

"7월에 있습니다."

"두 달 남았구나. 그때까지 반에서 3등 안에 들으렴. 그리고 턱걸이 100개 하면 아빠도 생각해 볼게."

옆에서 듣고 있던 나는 어이가 없었다. 턱걸이 한 개 못하는 애가 무슨 수로 두 달 만에 100개를 하며, 운동했던 아이에게 공부를 반에서 3등 안에 들으라고? 초등학교 6학년 때 전국 사립 고사에서 전국 1등을 했지만, 중학교에 와서, 갑자기 성적을 올리기는 쉽지 않다. 초등 공부와 중학교 과정은 엄밀히 다르다. 학원 근처도 가지 않은 아들에게 너무 무리한 요구를 하고 있다. 남편은 억지를 부리는 것이다. 아마도 아이를 설득하기 힘드니 비겁한 수를 놓는 것이다. '치사한 인간.' 남편은 늘 정면 돌파가 아니라 측면을 공격한다. 나랑 늘 부딪히는 면이다. 이제 아들에게도 이 수법을 쓰는 노련한 인간이다.

아들은 "알겠습니다. 고맙습니다." 이야기하고 자기 방으로 들어간다. '고맙긴. 순진한 아들 다시 상처받을 수도 있겠다.' 순간 남편을 째려보았다. 그렇게 며칠이 지났다.

아들은 운동할 때처럼 새벽 6시 일어났다. 학교 가기 전 2시간 공부했다. 영어 비디오도 보고 문제집을 풀기도 했다. 저녁에 오면 턱걸이를 한다고 나가서 2시간 동안 들어오지 않았다. 부엌 창가로 보니 놀이터 철봉에서 낑낑대고 매달려 대롱거리는 모습이 보인다. 키가 유난히 작다. 안쓰럽다. 저러다 말겠지. 생각한다. 그렇게 며칠이 지났다.

아침에 일어나 평상시처럼 식사 준비한다. 아들은 방에서 나오는데 코피가 났다. 이불에 코피가 쏟아져 선명한 자국이 고통스럽게 느껴진다. 적당히 하지. 무슨 공부를 목숨 걸고 하듯 하는지 한숨이 나왔다. 남편이 밉다. 그냥 선수 시키기 힘들면 안 된다고 할 것이지 무슨 고생인가 싶다. 그렇게 7월이 다가왔다.

희망의 트랙 위에 다시 서다

7월 기말시험은 마무리되었다. 시험이 끝난 날, 남편은 턱걸이 체크를 한다고 놀이터에 나갔다. 나는 부엌 창가로 지켜봤다. 곧잘 한다. 마지막에 어설프기는 했지만, 그래도 말도 안 될 정도는 아니었다. 100개를 해낸 것 같다. 남편도 다소 놀란 표정으로 들어왔다. 저녁을 차렸다. 그날은 그렇게 지나갔다.

시험 결과가 나왔다. 반 성적 9등이다. 학원도 안 다니고 첫 시험 치고는 괜찮았지만, 남편은 3등을 이야기했는데 남편 반응이 궁금했다. 저녁을 다 먹고 성적표를 내밀었다. 남편은 약속한 3등이 아니라고 힘들다고 했다. 아이는 고개를 숙이고 방으로 들어갔다. 일주일이 지났다. 아들은 학교를 다녀온 뒤 방으로 들어갔다. 문을 닫고 저녁 시간에 나와서 저녁을 먹고 다시 방으로 들어갔다. 아침이 왔다.

남편에게 화를 냈다.

"처음부터 거절하지. 아이가 저렇게 노력했는데 너무 한 것 아니야?"

"그래. 나도 힘들어. 생각보다 상혁이가 열심히 노력해서 힘들고, 그냥 해줄 수 없어 힘들어."
그런 나를 보며 남편은 어렵사리 말을 꺼냈다.

"더 힘든 것은 우리 집 경제 사정이야. 지난 6년 동안 우리는 지금 집에서 자산을 늘리지 못했어. 차도 바꿀 때가 되었는데 바꾸지 못했지. 준혁이도 자라고 있고. 우리의 노후도 걱정이 돼."

남편은 아들이 다시 운동하면 모든 것을, 알면서도 감내해야 한다는 사실이 부담스럽다고 했다.

"앞으로 운동세계는 프로 세계라 지금보다 돈이 더 들어갈 거야. 해외전지훈련도 가고. 설사 감당해도 또 부상이 올 수 있지. 그러면 너도나도 무너지는 거야."

남편 말이 다 맞다. 미안했다. 그래도 화가 났다. 나도 경제적으로 힘들었는데 남편은 더했겠지. 동기들보다 빠르게 승진하고 월급도 중위 소득 상위권이었다. 하지만, 현재 동기들은 집도 늘려가고 차도 바꾸었다. 해마다 해외여행을 다녔다. 그런데 우리는 아이를 사립초에 보내고 운동시킨다고 단벌 양복으로 버텼다. 집도 그대로, 차도 그대로다. 이 고민의 시작은 경제력이다.

아이가 재능이 있어도 부모가 경제력이 없으면 아이의 재능은 물거품이된다. 괴로웠다. 재능이 있다 해도 몰입하고 꾸준히 흥미를 느끼며, 노력해야 한다. 다시 시작한다는 것은 두렵다. 운동선수의 길을 간다는 것 모험이다. 초등 1학년 때 재능을 알아봐 주고 선택했던 길은 아무것도 몰랐을 때 일이다. 다시 시작한다는 것은 모든 사실을 알고도 감내할 자신이 있는가? 결국, 재능이 경제력을 이기지 못했다.

삶은 연습이 없다. 삶은 실전이다. 사랑하는 사람이 꿈이 있어도 스스로 어려움을 극복해야 한다는 사실을 깨달았을 때 옆에서 도와줄 수 없다는 무력감. 부모는 자녀에게 가능한 한 많은 것을 해주고 싶지만, 현실적인 경제력. 쉽지 않은 선택이었다. 그들의 선택을 바라보며, 과연 나는 어떤 도움을 줄 것인가? 신사임당이 꿈인 나는 어려운 상황에서 긍정적인 태도를 유지하려고 생각했다.

문제는 극복하는 것이다. 내일부터 아르바이트를 찾아보자. 어려운 상황일수록 긍정적인 태도를 유지하고, 의지력을 강화하는 과정으로 받아들여야 한다. 어려움을 도전으로 받아들이는 마음가짐이 중요하다. 엄마라면 아이들에게 세상을 대하는 마음가짐을 보여줘야 한다. '어려움은 나의 의지력으로, 극복하는 것이다.' **비관적으로 계획하고 낙관적으로 꿈꿔라.**

평창을 꿈꾸며...

조 상 혁 스피드스케이팅 중등부 선수

"평창 올림픽 시즌 인터뷰 – 비관적으로 계획하고 낙관적으로 꿈꿔라."

희망의 트랙 위에 다시 서다

5

간절하면 다음 문이 열린다

돈만 아끼면 부자가 될까. 내 생각은 다르다. 부자가 되려면 아끼는 것이 우선순위가 아니다. 경험상, 돈 버는 것이 먼저라 생각한다. 그 후 절약은 당연하고, 공부해야 한다. 그리고, 모은 돈으로 투자한다. 현재 나는 절약하지만, 추가 수입이 없다. 아침이면 아이들 학교 보내고 집에 놀러 오는 이웃 언니들이 있다. 눈치를 주는데 매일 온다. 이제 안 오면 궁금하다. 익숙해졌다. 경험해 보니, 어떤 일에 익숙해진다는 것은 그 뒤에 올 대가를 치러야 한다. 좋은 것도 좋지 않은 것도 익숙해진 것을 경계해야 한다.

매일 내 마음속에 두 마리의 개가 싸운다. 무의미하게 보내는 아침 시간이 재미있었다. 다른 한편의 마음은, 이 시간 돈을 벌고 의미 있게 사용하고 싶다고 생각했다. 오전에 일할 아르바이트를 구하는 중이다. 둘째 준혁이도 자라서, 어린이집에 간다. 오전 시간은 자유이다. 집안 정리를 하고 싶지만, 매번 참새가 방앗간 가듯 우리 집에 오는 동네 언니들과 몇 년째 차 마시고, 점심도 같이 먹는다. 시간을 이렇게 흘려보내는 자신이 한심하다. 오늘도 재미있고, 그렇게 한심한 개에게 먹이를 주었다.

우리 집은 카페가 되었다. 오늘도 이웃집 언니와 수다 떠는데, 전화가 왔다. 아르바이트 이야기다. 오전 시간에만 녹즙 배달 업무인데 백화점 돌리는 일이란다. 한 달에 70만 원 해서 3개월만 도와달라는 내용이었다. 언니는 단호히 거절하고 전화를 끊었다. 나는 호기심으로 물어보았다.

"대학 동창인데 녹즙 대리점 사장이야. 매일 직원 때문에 고생이야. 직원들 그만두면 잠시 나보고 와서 하라는 거지. 내가 그런 일을 왜 해."

"오전 3시간만 일하면 70만 원 준다는 것은 무슨 이야기야?"

"말 그대로야. 오전 3시간 일하면 3개월간 70만 원 줘."

"언니 그 일 소개해 줘. 오전에 무료해서 해보고 싶어."

"그런 일을 어떻게 해."

"아니야! 나 지금 아르바이트 찾아보고 있어. 오전이면 딱 좋다. 준혁이 어린이집 가고 상혁이 학교 갔다가 운동 가기 전 시간을 활용하면 될 것 같아. 해보고 힘들면 안 하면 되지. 그런데 정말 70만 원 주는 것은 맞지?"

드디어, 마이너스 생활에서 벗어날 수 있을 것 같다. 아이 운동시키면서 가장 먼저 돈을 아꼈다. 아낄 수 있는 데까지 아껴 보았다. 물건 재활용 판매도 했다. 하지만, 들어오는 돈보다 나가는 돈의 단위가 워낙 크다 보니 아끼는 것에는 한계가 있다는 것을 알았다. 필요한 것, 원하는 것을 구분하는 소비력을 길렀다. 직접 오프라인에서 장을 보지 않았다. 오프라인 매장을 보면 필요 이상으로 장을 보고 집에 와서 지쳤다. 온라인에서는 시간을 절약할 수 있었다. 장바구니에 물건을 담아두고 일주일 생각해 보고 꼭 필요한 것을 구매했다. 그렇게 최저 생계비에 도전했지만, 마이너스 생활을 벗어날 수 없었다. 아끼는 것만이 능사가 아니라는 것을 절실히 깨달았다.

가계부도 작성했다. 물론 적지 않는 것보다 지출을 통제할 수 있었지만, 결국 아이 운동시키고 공부를 가르치면서 아끼는 것은 한계가 있다는 것을 깨달았다. 추가 수입이 절실히 필요했다. 남편의 월급은 안정적이고 고정적이기에 추가 수입을 생각해 볼 수 없었다. 요즘처럼 블로그의 중요성을 인지했다면 차분히 블로그를 작성하면서 다양한 추가 수입을 마련할 수 있었는데 그때는 기록을 남기면 나만의 브랜드를 만들 수 있다는 것을 생각지도 못했다. 고민만 몇 달, 오늘도 아르바이트를 찾고 있었다.

끌어당김이었던가. 오전 3시간 일해서 70만 원을 벌 수 있다면, 아들이 간절히 원하는 운동을 시킬 수 있다. 마침 이웃집 언니가 놀러 왔다가 우연히 전화 받으면서 이 모든 고민을 끝낼 수 있었다.

"언니, 그 일, 내가 할게. 경험이지. 세상에 오전 일해서 70만 원이 어디야. 적성에 안 맞으면 3개월 하다가 그만두면 되지. 3개월만 버텨 볼게. 소개해 줘."

녹즙 배달부가 되었다. 이웃 언니한테는 표현을 안 했지만, 절실했다. 대학 졸업하고, 대기업에 다녔던 경력은 나에게 별거 아니다. 지금 아이의 꿈을 이루는 것이 곧 나의 꿈을 이루는 것이다. 아이와 내가 동일시된 시기였다. 지금은 아이와 나를 분리해서 생각하지만, 당시의 나는 아이와 같다는 생각을 했다. 나보다 아이가 우선인 시기였다.

이틀 후 면접 보고 백화점 배달을 시작했다. 보통은 새벽에 배달하지만, 새벽에는 아이 운동 때문에 힘들다고 하니 상대적으로 늦게 들어가도 되는 백화점 배달 업무를 시작했다. 아끼는 생활에서 추가 수입이 생겼다.

돈을 잘 쓴다는 것은 생각보다 쉽지 않다. 부모에게 경제 교육을 받지 못했다. 그렇다고 학교에서도 경제 교육을 제대로 알려주지 않았다. 주변 어른들한테 가르침을 받은 적 없다. 누구처럼 곁에 부자 아빠 친구도 없었다. 부딪히면서 아껴 보고 책을 보면서 터득했다. 책을 보고 이해 안 되던 것이 결혼 생활, 직접 살림하면서 터득이 되어 갔다.

가성비 가치 소비하고 지출 통제 속에, 고정수입의 가치를 깨달았다. 정기적인 추가 수입은 중요했지만, 주부로 오전에 일하면서 추가 소득을 얻는 일은 많지 않았다. 3시간 일하는 아르바이트가 중요했다. 70만 원이라면 기존의 마이너스를 줄여가면서 갚을 수 있는 금액이다. 내 소원은 '부수입 50만 원만 있으면 좋겠다.'였다. 아침에 동네 언니들하고 수다 떠는 시간을 줄이면 된다. 아들 운동도 다시 시작할 수 있을 것 같다. 갑자기 부자가 된 기분이다. 녹즙만 배달하면 된다는데 아침 시간 3시간 일하고, 70만 원이라니 상상만 해도 기분이 좋다. 경제의 시작은 추가 수입이 들어오면서부터다.

이제 큰아들이 원하는 운동을 시작할 수 있었다. 막내아들도 추가 교육을 할 수 있다고 생각하니 아침 시간 일해서 70만 원은 큰 금액이었다. 회사 다닐 때 고정수입의 가치를 알았다면 그렇게 쉽게 회사를 그만두지 않았을까. 아니다. 어쩌면 그때도 최선의 생각으로 판단했다. 지금만 생각하자. 자존심도 버리고 이 돈으로 아이들의 꿈을 이룰 수 있다고 생각했다. 내 꿈은 신사임당이니, 아들의 꿈을 위해 일하는 것은 내 꿈이기도 했다.

저녁에 남편이 들어왔다. 옷을 벗기도 전에 남편에게,
"나 내일부터 녹즙 배달하려고 해. 그러니 상혁이 운동시키는 것 다시 생각해 봐."라고 말하자 남편이 당황해한다.
"배달한다고. 녹즙. 네가? 그걸 어떻게 배달해?"
"왜 못해? 그냥 녹즙만 가져다주는 것인데, 아르바이트 내가 할게. 당신이 혼자 상혁이 운동시키기 힘들다고 했잖아. 내가 반찬 가격이라도 벌어볼게. 오전 3시간만 하면 된다네. 준혁이 어린이집 데려다주고, 바로 출근하면 돼."
남편은 당황했지만, 침묵했다.

백화점으로 출근했다. 세상에 쉬운 일 없다고 했던가. 나에게 업무를 인계해주는 사람은 '급하게, 대충'이었다. 회사와 무슨 안 좋은 일이 있었는지, 서둘러 떠나려고만 했다. 제대로 인수도 못 한 상황에서 백화점 녹즙 배달을 했다. 동선도 꼬였고, 지켜야 하는 원칙도 많았다. 눈치 봐야 할 사람도 적지 않았다. 그래도 시작했으니 한 달만 버텨 보자. 버티다 보면 무슨 수가 나도 나겠지. 그렇게 나는 녹즙 배달원이 되었다. 아들은 운동을 시작했다. 잠을 더 줄여야 했다. 아침 배달을 위해 더 일찍 일어나 아침을 준비해야 했다.

돈 번다. 절약한다. 모은다. 공부한다. 그리고 투자한다. 이 과정은 지금도 돈에 대한 나의 태도이다. 과정이 생각을 만들어 준 시간이었다. 당시에 경험과 생각으로 지금도, 번다. 절약하고, 모은다. 공부하고, 투자한다를 무한 반복하고 있다. 경험은 경제적 자유로 가는 길의 과정이 되어 주었다. 문제가 있을 때마다 긍정의 자기 대화를 했다. 어려움을 도전으로 받아들이고, 마음을 다잡았다. 간절하면 다음 문이 열린다. 그 문을 열고 한걸음 용기 내어 본다. 난 엄마니까.

희망의 트랙 위에 다시 서다

틈틈이 박물관 견학, 청와대 견학으로 견문을 넓히는 시간

6

생각 그만!
행동만이 살길이다

새벽 4시에 눈을 떴다. 아들 새벽 운동이 있는 아침이다. 4시간 수면을 하고 일어나 준비한 도시락을 챙긴다. 간단히 아침을 챙긴다. 큰아이를 깨우고 아침 식사를 한다. 남편 아침은 별도로 식탁에 차려 놓고 나갈 준비를 한다. 아직 잠에서 깨지 않은 막내아들을 유모차에 태우고 잠이 덜 깬 눈을 비비며 집을 나섰다.

아침, 5시 30분. 등교 전 6시부터 7시 30분까지 새벽 운동을 했다. 새벽 훈련은 쇼트트랙 훈련을 한다. 새벽이라 안양 운동장을 한 바퀴 돌고 어느 정도 몸을 푼 상태에서 들어가야 부상이 없다. 큰아이는 그렇게 새벽 훈련을 시작했다. 그 사이 막내가 잠에서 깨고, 준비해 온 도시락으로 아침을 챙긴다. 잠시 여유를 가지면서 오늘 일정 기록을 했다. 시간이 어느 정도 흘러, 큰아이가 훈련을 마치고 오면 학교로 출발했다. 중간에 막내를 어린이집에 맡기고 상혁이는 8시까지 학교 정문 앞에 내려 준다. 난, 백화점으로 출근한다.

오늘부터 녹즙 배달은 혼자 한다. 두려움 반 설렘 반 그렇게 나는 녹즙 배달을 시작했다. 명단을 보고 층별로 분리했다. 이렇게 하면 잘할 수 있을 것 같다. 녹즙 병 종류, 고객 이름, 매장 이름, 층별 위치. 다시 한번 읽어 본다. 백화점 오픈 전 가져다 놓는다. 시간 싸움이다. 사람 이름도 혼란스러운데 녹즙 이름과 병 색상이 비슷해서 더 혼란스럽다. 오늘은 철저히 준비했으니 층별 배달 후 시간적 여유가 있으리라 생각했다.

백화점 보안 요원에게 신분증을 맡기고 백화점 직원들이 출근하는 길로 들어선다. 오늘 녹즙 배달은 생각보다 빠르게 마쳤다. 역시 준비를 하면 발전한다는 것을 느꼈다. 인수인계 3일 하고 연락이 안 되는 전 담당자 덕분에 정신없는 일상이 시작되었지만, 내가 원하는 시간에 한 달 배달만 하면 70만 원을 벌 수 있다는 사실이 좋았다. 3개월이 지나면 일한 만큼 벌 수 있다고 생각하니 힘들어도 버틸 수 있다.

점심시간이 되었고, 배달일이 끝났다. 새벽 4시에 일어나 12시까지 오늘 하루 한 타임이 끝났다. 빨리 정리하고 집으로 가서 저녁 준비해야 한다. 집 도착. 아침에 정신없이 나가서 집안은 엉망이다. 그릇 정리하고 설거지하고, 저녁 도시락을 챙겼다. 3시가 되었다. 하교하는 아들 픽업하면, 3시 30분 학교 앞 도착. 아들 얼굴 살피면서, 인사를 하고 막내아들 어린이집으로 간다.

아이들 표정을 바라보니, 학교생활은 즐거운 것 같다. 막내도 어린이집

생활이 즐거웠는지 재잘거린다. 태릉 스케이트장으로 출발한다. 그사이 아이들은 잠들었다. 자는 모습이 사랑스럽다. 큰아이를 깨웠다. 4시부터 오후 훈련에 들어갔다. 6시까지 잠시 차 안에서 녹즙 자료 정리, 고객 명단 체크 그리고, 쪽잠을 잔다.

오전 녹즙 아르바이트는 생각보다 고되다. 몸도 고되고 시간도 빠르게 지나가니 말이다. 다행히 막내아들은 차 안에서 잠들었다. 나도 이 틈을 이용해 낮잠을 잔다. 어느 정도 시간이 흘렀을까. 갑자기 부스럭 소리에 눈을 뜨니 막내가 일어났다. 저녁 5시다. 벌써 한 시간이 지났다. 일어나서 준비해 온 간식을 준다. 이때 큰아이도 쉬는 시간. 준비해 온 간식을 준다. 간단히 먹고 저녁 훈련을 들어간다. 6시 스케이트 타는 시간이 되었다. 잠시 스케이트장으로 들어갔다. 저녁 7시. 마무리하고, 집으로 출발한다. 오늘의 두 번째 일정이 끝났다.

집에 도착하고 분주하게 저녁 준비를 한다. 아들들은 씻는다. 저녁을 준비하고 각자 자리로 돌아가 큰아이는 학교 숙제를 한다. 막내는 TV 속 도라에몽을 본다. 무엇이 저리 재미있다고 웃는지 웃는 모습을 보고 있으면 허탈하게 나도 따라 웃는다. 막내는 도라에몽처럼 소원 들어주는 로봇을 만드는 과학자가 되고 싶다고 한다. 남편이 들어왔다. 저녁을 차려주고, 하루를 정리한다. 10시가 되었다. 아이들을 재우고 내일을 준비한다. 12시가 되었다. 내일을 위한 잠을 청한다. 하루의 마지막 세 번째를 마무리했다.

오늘 하루도 잘 살았다. 씻고, 눕는다. 눕자마자 알람 소리가 벌써. 새벽 4시가 되었다. 힘들다. 하지만, 한다고 했으니 해야 한다. 어깨가 뭉쳤다. 녹즙 가방이 꽤 무거웠다. 고개도 안 돌아가 간다. 그래도 일어나자. 5, 4, 3, 2, 1. 발사 벌떡.

어제와 같은 시간. 난 백화점 점원 앞에 서 있다. 어제 자신이 휴가인데 녹즙을 놓고 간 것을 내가 오늘 배달한 줄 알고 먹었다고 한다. 화를 낸다. '휴가면 휴가라고 알려줘야지. 알려주지도 않고 왜 나에게 화를 내지. 그리고 녹즙이 3시간 실온에 있으면 상하는데 뚜껑을 열었을 때 냄새가 나는데 어떻게 마시지.' 말도 안 되는 화를 내었다. '아! 미치겠다.' 예전 같으면 사모님이라고 나에게 인사를 하던 점원이 이제는 녹즙 고객이 되었다고 말도 안 되는 진상이다.

"고객님 죄송해요. 제가 초보라 잘 모르고 그랬나 봐요. 그런데 휴가가 어제셨구나. 미리 알려 주시면 챙겼을 텐데 말이지요. 이번에는 제가 체크 안 하겠습니다. 그만 마음 푸세요."

20대 초반인 그 친구는 아직도 분이 가시지 않았는지,
"언니 오늘까지 녹즙 넣고, 어제 것은 계산에서 빼주세요. 내일부터 녹즙 넣지 마세요."

진짜 마음 같아서는 한마디 하고 싶은데 꾹 참았다. 옆 매장에서 쳐다보

고 있다. 2천 원 녹즙에 마음이 상했다. 그런데 문제는 거기서 끝나지 않았다. 다음 매장을 지나 녹즙을 다 그만 먹는다는 것이다. 이유를 물어보니 시골에서 올라온 호박즙이 있단다. 원래 그만 먹는다고 이야기하려고 했는데 사람이 바뀌었다고 했다.

그날 나는 총 70명의 고객 중 거의 20명의 고객이 녹즙을 끊었다. 이러면 보조하기로 했던 월급을 받지 못하는데 당황스러웠다. 다음날도, 녹즙 중단 고객이 늘어나, 이제 고객은 20명만 남았다. 갑자기 이럴 수도 있을까. 이상하다. 무엇이 잘못된 듯한 기분이 든다. 백화점 비상계단에 앉아 생각했다. 사무실에 전화했다. 사실을 이야기했다. 3개월은 수습 기간이니 상관없이 70만 원을 준다고 했다. '휴. 3개월은 버티고 보자.'

3개월은 급여 보장하는 기간이다. 고객 수가 줄어들면 일하기 수월하다. 그냥 이렇게 3개월만 버틸까. 마음이 안 좋다. 공돈을 받고 싶지 않다. 원인이 무엇일까? 비상계단에 앉아 있으면, 고민이 해결될 것 같지 않았다. 가방에 남은 것을 보고 배달하러 매장을 지나가는데 내가 배달하는 매장에서 P사 배달원이 웃으면서 나온다. 지난주에 같은 녹즙 배달원이라고 자신을 소개하면서 친하게 지내자고 한 언니다. 그런데 내가 배달하는 곳에서 나오니 이상했다. 가서 인사를 하니 백화점 매장 관리자는 오늘까지만 녹즙을 놓고 가라고 하셨다.

내가 비호감인가 궁금했다. 조금 전 상황이 왠지 느낌이 왔다. 그래서

관리자를 따라 들어갔다. 녹즙 그만 드시는 이유를 물었다. 혹시 서운한 것이 있다면 솔직히 이야기해 주시면 개선하겠다고 했다. 무엇이 부족한지 알아야 개선하지 않냐고 말씀드렸더니 그런 일은 없다고 했다. 상황을 설명하는 나의 태도가 진지해서 그랬는지 관리자는 미안한 마음으로 이야기했다. 최근 일하는 것이 서툴고 실수로 배달한 이야기를 해주셨다. 백화점이란 곳이 벽이 없어서 한번 실수를 하면 소문이 다 난다고 했다. 마침 경쟁 업체에서 이번 달 프로모션이 걸려서 녹즙을 한 달간 무료로 배달한다고 해서 바꾸게 되었다고 했다. 한 달간 무료로 주는 이벤트요. '그런 것도 있나?' 말씀해주셔서 감사하다고 하고 나는 밖으로 나왔다.

마침 비상구 계단에서 경쟁 업체 직원을 만났다.
"이벤트 있어요? 서로 같은 일을 하면서 왜 제가 배달하는 곳에서 그렇게 말씀하시는 거예요?"

그분은 내 단호한 태도에 당황한 듯 보였다.
"그건 고객 선택이지. 나는 내가 한 달 배달해도 손해 보고 고객을 확보할 수 있어서 좋고. 그런 고객은 한 달로 무료로 마시는 것을 좋아해 선택했는데 나에게 와서 왜 따지니? 고객한테 가서 따져야지."

그분은 나에게 반말로 이야기했다. 그리고 계단 아래로 도망가듯 도망쳤다. 이 상황을 한 번도 생각하지 못했다. 어떤 목표를 가지고 달릴 때 좋은 것만 생각했다. 만약의 경우를 생각했어야 했다. 경험은 이렇게 나를 성장시킨다. 잘 된 경우 말고, 우여곡절 시각화가 중요했다. 아들의 부상을 통해 이미 느꼈는데, 목표를 이루는 과정에는 늘 예상치 못한 장애물이 발생할 수 있다.

중요한 것은, 유연하게 대처하는 나의 태도이다. 이미 벌어진 상황을 바꿀 수 없다. 이 상황을 바라보는 나의 태도를 바꾸자. 어떻게? 전략을 짜야 한다. 생각은 그만하고 행동 전략을 짜자. 내 손에는 펜과 메모지가 있다.

큰아들의 새벽 훈련 후 공부 그리고 막내의 로봇과학자 꿈

7

배우고 익혔으면
돈을 벌고 성장하라

문제가 발생했을 때 감정은, 일단 화가 났다. 말로 표현이 안 되었다. 첫째, 2천 원밖에 안 하는 녹즙을 가지고 이런 말도 안 되는 상황이 너무 싫었다. 단돈 2천 원에 의리도 없는 이 세계가 싫다. 둘째, 고객이 선택한다고 했다. 고객은 그렇게 쉽게 마음을 바꿀 수 있단 말인가. 셋째, 이 상황이 화가 난 자신이 매우 싫다. 여기까지 생각하니 결국, 나는 내 환경에 대해 화가 난 것이라는 것을 알았다. 내가 갑이 아닌, 을이라 화가 난 것이다.

알아차리고 나니 서글퍼진다. 나도 모르게 눈물이 났다. 비상계단 한쪽에서 흐르는 눈물을 멈출 수가 없었다. '어쩌다 내 인생 이렇게 꼬여가고 있지. 대학교 나오고 이름 있는 회사에서 영업 기획 마케팅으로 전략도 짜고, 교육도 하고 전국 지사에 이름도 날리던 내가 어떻게 녹즙 2천 원에 자존심이 상할 수 있지. 도대체 무엇이 잘못된 것이지. 전생에 잘못했나.' 신사임당이란 꿈이 욕심이었을까 주제 파악을 못 한 내가 원망스러웠다. 두통이 밀려왔다.

엄마라는 직업은 고된 거구나! 아이의 재능이 마냥 좋은 것은 아니구나. 생활 최전선에서 열심히 일하는 요구르트, 우유, 커피 배달원 모두 각자의 삶에서 최선을 다하고 있다. 서로를 경쟁의 눈으로 고객이 오늘 아침에 녹즙을 선택했다는 이유로 나의 인사를 받아 주지 않는 현실들이 떠오른다. 2천 원이 뭐길래. 삶의 최전선은 이렇게 처절하구나, 느끼는 순간이었다. 동종업계의 배달원까지도 고객을 빼앗아 가기 급급하니 말이다. 그만두자. 이 일은 사람이 할 일이 아니다.

하루 일정을 마치고 저녁 식사 후 큰아이를 불렀다.

"아들, 운동 다시 생각해 보면 안 될까. 아들이 원하는 꿈을 이루기 위해서 녹즙 배달을 했는데, 막상 해보니까 자존심이 많이 상하네. 아들은 공부도 곧잘 하고 동생은 아침저녁으로 고생하는데 조금만 생각을 달리 해 주면 좋을 것 같아. 공부는 진로도 다양하지만, 운동은 1등만 알아주잖아. 우리 조금 편하게 살자. 예전처럼 부상이 오면 다시 시작한다는 것도 힘들고. 엄마 많이 생각하고 이야기하는 거야."

묵묵히 듣고 있던 아들의 두 눈에 눈물이 흘렀다. 그리고 서재에서 책 한 권을 들고 왔다. 나폴레옹 힐의 『놓치고 싶지 않은 나의 꿈 나의 인생』 '젠장! 저 책은 왜 내 인생에 자주 등장하는 걸까?'

"엄마, 저 이 책을 읽었어요. 제 꿈은 스피드스케이팅 월드 챔피언이에요. 저는 이 꿈을 놓치고 싶지 않아요. 엄마 이번 한 번만 제 편을 들어 주시면 안 될까요. 저 정말 포기하면 평생 후회할 것 같아요."

아이가 울면서 이야기한다. 책을 가슴에 안고 이야기한다. 저 책은 왜 결정적일 때마다 내 앞에 나타나는지 가슴이 먹먹하다. 말을 이어 하고 싶은데 목이 잠긴다. 순간 많은 생각이 스쳐 간다. '그래 내 꿈은 신사임당이다. 이 시간을 잘 버티자. 지금 포기하면 아이도 나도 먼 훗날 아쉬워할 수 있다. 정신 차리자.'

잠시 후, 침묵을 깨고 이야기했다.
"그래 아들. 오늘 엄마가 녹즙 배달하면서 자존심이 많이 상했어. 아마도 태어나서 처음으로 '자존심 상했다.'라고 기억되는 하루가 될 거야. 너 생각이 그렇다면, 너의 꿈을 이루렴. 엄마는 내일부터 집에 간과 쓸개를 놓고 갈게. 생각도 집에 놓고 출근할 거야."
목이 잠겨 말이 잘 나오지 않았다.
"꼭 기억하렴. 네가 품은 꿈이 엄마의 자존심을 밟고 이뤄 가는 과정이라는 것을 말이야. 어떤 일이 있어도 포기하지 마. 너의 꿈은 스피드스케이팅 월드 챔피언이야. 아들이 국가대표가 꿈이었다면 엄마는 자존심을 버리면서까지 녹즙 배달을 하고 싶지 않아. 그런데 너의 꿈이 세계 챔피언이라고 하니 엄마는 내일부터 자존심 놓고 나갈게. 그러니 너의 꿈을 반드시 이루렴."

안방으로 들어왔다. 이불 덮고, 울었다. 목소리가 새어 나갈 것 같아서 크게 울지 못했다. 행여 아들이 들으면 기죽을까. 괴로워할까. 자책할까. 운동하는 아들이 기가 죽으면 아무것도 안 된다. 우는 소리를 죽이면서 이불 안에서 흐느꼈다. 서럽게. 어느 정도 울고 나니 마음이 진정이 되었다. 그리고 차분해졌다.

전략을 짜야 한다. 과거의 기억은 버린다. 마케팅 부서에서 배운 고객만족만 취하자. 2천 원 녹즙도 못 팔면서 무슨 미래의 카페를 차린다고. 저렴한 상품을 판매하는 능력부터 만들고, 더 큰 사업을 생각하자.

2000년 3월 보험회사에서 설계사 영업 교육을 맡아 진행했던 적이 있다. 열심히 강의했지만, 지금 생각해 보면 부족하고 모자랐던 점 투성이다. 늘 완벽하게 했지만, 몇 년 지나 보면 부족함이 보인다. 그러니 그냥 행동한다. 내게 수업을 들은 사람들이 나를 얼마나 우습게 여겼을지 생각하면 얼굴이 달아오른다. 녹즙 판매를 하면서 매 순간 고개를 떨구게 된다. 반성과 성찰을 통해 거듭나야지 다짐해 본다. 다시 해보자. 그동안 배우고 익혔으니 성과를 내야 한다.

다음날, 마음을 잡고, 출근했다. 가장 먼저 기존 고객을 생각했다. 왜 이 녹즙을 드시는지 물어봤다. 그냥이었다. 건강해지려고 커피 대신 선택한 분이 대부분이었다. 대학 때 전통조리학과 영양학을 배웠다. 한 분 한 분 상담을 했다. 평소 식생활을 체크했다. 불편한 점도 체크했다. 맞춤 영양제인 아침에 배달되는 녹즙을 권했다. 기존에 별생각 없이 드시던 녹즙을 자신에게 맞춰 드시니 몸이 가벼워졌다고 했다. 백화점 안에 소문이 나기 시작했다. 한 분 한 분 건강 상담을 신청하는 분들이 늘어났다.

다음은 목표를 가지고 실행한다고 생각했다. 보험 영업 교육에 활용했던 내용을 이제 녹즙에 대입하고자 했다. 이 영업 반드시 성공시킨다. 지식이 아닌 실전 경험을 익히자. 2천 원 녹즙 팔아 대리점에서 1등을 할 정도면 나는 앞으로 무엇을 팔아도 잘 팔 수 있을 것이다. 이론을 현실화하자. 지금부터 시작이다.

세상은 우리가 원하는 방향으로 흐르지 않는다. 왜를 묻지 말자. 어떻게만 생각하자. '어떻게 이 과정을 보낼까?' 생각하면 답이 보인다. 문제는 '왜'가 아닌 '어떻게'이다. 질문하고 답하라. 고민하면 다음 문이 열린다. 정답은 언제나 내 안에 있다. 그렇게 결정 후, 옳게 만드는 과정을 무한 반복했다. 배우고, 익혔으면 돈을 벌고, 성장을 하자. 나의 생활신조가 되었다.

8

적자생존 - 꿈을 적자

꿈을 적으면 이뤄질까? 꿈을 적으면 이뤄진다. 기록을 남긴다는 것 우리가 생각하는 것보다 강력한 힘을 갖는다. 출근하는 아침. 자존심과 간 쓸개는 놓고 출근한다. 지금 현재 나의 고객은 70명에서 남은 고객은 18명이다. 18명부터 시작한다는 마음으로 오늘을 버티자. 오늘 목표는 18명을 유지하는 것이다. '어떻게 유지할까?' 나에게 질문을 던졌다. 온 정성을 다하는 것은 기본이고 일찍 가져다주어야 한다. '일찍 가져다주면 고객 얼굴을 못 보는데 또 문제다?' 생각이 미치는 순간 '메모해야겠다'고 생각했다. 첫날은 주머니에서 메모를 꺼내어 다음과 같이 메모를 했다. 질문하면, 내안에서 답이 나온다.

"안녕하세요. 이른 아침 고객님의 상쾌한 비타민이 배달되었습니다. 얼굴 뵙지 못하고 먼저 신선함을 놓고 갑니다. 잠시 후에 뵙겠습니다." 이렇게 책상에 메모를 남기고 배달을 마쳤다.

하루 두 번째 방문 고객들은 "앗! 저 마셨습니다." 왜 또 오셨을까? 물으셨다. 불편한 상황이 있었는지 여쭤보았다. 개선할 점이 있으면 말씀해 달라고 이야기했더니 감동이라면서, 고마워하셨다. 첫날은 고객 유지가 되었다.

집으로 돌아온 후 나는 목표 30명, 글자를 적어 나의 화장대 앞, 욕실 거울 앞, 현관문에 적어놓았다. 일주일 안에 30명을 만든다. 다짐했다. 녹즙 드시는 분들 옆에 있는 고객들에게 친절하게 정보를 주고 서비스 시음 녹즙을 전달해 드렸다. 소개해 주신 분들에게 감사함을 전해주는 이벤트를 열었다. 다음 날부터 목표를 정하고, 일하는 나의 자세는 어제의 나와 많이 다르게 느껴졌다. 발걸음에서 씩씩함이 느껴졌다. 목표를 정하고 일을 대하는 태도는 그전과 사뭇 달랐다. 밝게 인사했고, 한 분 한 분 고객 대하는 마음가짐이 달라지기 시작했다. 둘째 날 이런 나의 모습을 지켜본 분 중, 세 분이 관심을 가졌다. 내일은 이 세 분에게 좀 더 집중해서 찾아가야겠다고 생각했다.

다음 날. 나는 고객에게 제품을 전달하기 위한 정보 용지를 만들었다. 당근즙을 드시는 고객에게 당근즙이 어떤 도움을 주고, 회사가 어떤 당근을 취급하는지 구체적으로 적은 정보 용지를 만들었다. 녹즙 드시던 고객은 물론 주변의 반응이 좋았다. 일주일이 지났다. 나는 고객이 20명이 늘어서 목표한 고객보다 훨씬 많은 고객을 확보했다. 집에 붙여 놓았던 목표를 60명으로 수정했다. 이 모습을 지켜보던 어린이집 다니던 막내가,

"엄마 저 숫자는 뭐예요?"

"엄마의 고객 목표."

"숫자를 적어놓고 붙이면 무엇이 좋아요?"

"이렇게 숫자를 적어놓으면 이뤄진단다."

"그렇게 적어만 놓아도 이뤄져요?"

"그럼. 온 마음 다하고 정성을 다해서 꿈을 적으면 이뤄진단다."

"엄마 꿈은 60이에요?"

"엄마 꿈은 고객 150명이 목표란다. 그리고, 너희들이 꿈을 이룰 수 있게 경제적인 지원을 마음껏 해주는 거야. 저 60은 그 과정을 담은 숫자란다."

다음 날 아들 방 앞에 그림 한 장이 붙어 있다. 막내는 글자 대신 그림을 그렸다. 여행을 즐기는 가족 그림이었다. 물어보니 가족과 함께 여행 가는 것이 자신의 꿈이라고 설명했다. 가슴이 순간 철렁했다.

형 운동시킨다고 여행 한번 못 했던 것이 소원이 되었나 싶었다. 제대로 일을 해서 아이들과 여행을 가야겠다고 생각했다. 그리고 나의 버킷리스트에 적었다.

어느 사이 3개월이 지났다. 나는 고객이 80명이 되었다. 80명의 고객을 확보하니 기본급에 성과급까지 나오기 시작했다. 하루 3시간 일하는 아르바이트 50만 원은 그렇게 월수입, 백만 원을 넘기기 시작했다.

녹즙을 드시던 고객들이 건강이 좋아지시기 시작했다. 몇몇 분들은 몇 년 동안 혈압약과 혈관계 약을 드시다가 의사의 처방으로 약을 줄이셨다.

녹즙 3년 드시고, 매일 먹는 식사를 피드백해 드렸더니, 약을 그만 먹어도 된다는 의사 선생님의 처방을 받으시는 경우가 생겼다. 이 소식이 소문이 나더니 고객분들이 찾아주시고, 소개가 일어났다. 백화점에서 별명이 생겼다. '우리 생활 주치의'가 되었다.

처음 배달 일을 선택했을 때는 자존심이 상했다. 3개월이 지나 기본급 외에 성과급이 들어오기 시작했다. 돈이 들어오니, 자존심이 상하는 것이 아니라, 자존감이 올라가기 시작했다. 3시간 일하던 아르바이트비가 퇴사 직전 달에는 현금 500만 원을 넘기는 경우도 생겼다. 그때 알았다. 자존심이 상하는 것은 녹즙 배달이 아니라 돈이 없어서 오는 열등감이었다는 것을 말이다.

통장 잔액은 자존심이라는 열등감을 사라지게 해주었다. 아들 때문에 선택한 이 일은 나에게 자부심이 되었다. 나를 만나 건강해지는 고객분들을 보면서 당시를 떠올리는 지금도 행복하고 감사하다. 그때의 고객들은, 시간이 지나도 연락이 온다. 아가씨 시절 만나, 결혼하고, 임신하고, 태어난 아이가 초등학생이 되었다. 건강을 찾은 분들의 아들이 결혼하고 할머니가 되셨다.

세상에 모든 배움은 때가 되면 넘친다. 2000년 시대의 영업 교육은 이론에서 실전으로 현장에서 일하고 적용하니, 놀라운 효과를 만들었다. **꿈을 적자. 적어야 생명력을 가진다. 나는 이것을 '적자생존'이라고 부른다. 강한**

자가 살아남는 세계가 아니라, 꿈을 적은 자가 살아남는 세상이다. 적자생존이었다. 아이들도 알고 있다. 꿈은 적어야 이뤄진다는 사실을 말이다. 소망 필사 100일. 그렇게 꿈은 이뤄졌다.

막내아들은 초등학교를 입학했다. 늘 분주한 엄마에게 용기를 주듯 막내는 무난하게 학교생활을 잘 적응했다. 감사한 일이다. 하루는 막내가 봉은사 연등 행사 공문을 가지고 왔다. 내용은 소원 성취 연등을 제출하는 내용이었다. 평생 연꽃 등을 만들어 본 적이 없는 나는 당연히 안 된다고 이야기했다. 하지만, 평소 막내답지 않게 졸랐다. 설득하려고 했지만, 실망하는 눈빛이 가득했다. 도대체 무슨 소원을 빌고 싶어 이렇게 간절하게 매달리냐고 물어보았다.

"가족하고 여행하고 싶어요. 엄마가 소원을 적으면 이뤄진다고 했잖아요."

눈물 가득한 막내아들의 평소 같지 않게 진지한 태도에 생각을 바꾸었다. 주변에, 연등 만들어 본 분의 도움으로 연등을 만들었다. 봉은사 대웅전 앞에 소원 성취 등을 마음먹고 준비를 했다. 연등을 만들려면 집에서 풀을 쒀야 한다. 김치 담을 때 만들던 밀가루 풀을 만들었다. 종이도 자르고, 등을 고정하고, 만들었다. 학교 다닐 때 가위랑 풀 사용하는 미술 시간이 제일 싫었는데 아이를 위해 하려니 성격 급한 내가 제대로 될 일이 없다.

보다 못한 큰아이도 나선다. 큰아이 꿈은 스피드스케이팅 월드 챔피언이라고 자기 소원도 적고 싶다고 한다. 남편이 퇴근했다. 남편까지 가위 잡고, 거들기 시작했다. 막내는 이 상황에서 머리에 풀이 묻어 떡이 되었다. 집안이, 엉망이 되었다. 바닥에는 끈적이는 풀 때문에 걷기도 힘들고, 안방 들어가는 남편을 말렸다. 남자아이 둘의 서툰 손짓. 남편의 가위질. 나 역시 익숙하지 않게 풀칠하면서 연등을 만들었다. 늦은 시간까지 연등을 만들고 두 아이의 소원을 연등에 달았다.

발표 날이 되었다. 발표되면 학교에서 연락이 오는데 연락이 없다. 봉은사 홈페이지에 들어가 보았는데도 아직 안 올라왔다. 학교에서 막내가 돌아왔다. 저녁에 발표가 난다고 이야기는 전해주었다. 아들들도 내심 기대를 했다. 처음으로 실력도 없이 만든 거라 당첨을 기대하긴 어려울 수도 있다. 하지만 열심히 노력하고 정성을 다해 만들었기에 당첨이 된다면 아이들의 소원도 이루어질 것만 같았다. 우리의 이런 바람이 욕심이라고 생각하면서도 꼭 그 마음이 전달되길 간절히 빌어 보았다.

절에도 안 다니던 나인데 기도를 다 했다. 오후 3시간 넘었는데도 여전히 아무런 연락이 없었다. '떨어졌나?' 그렇겠지. 우리처럼 처음 만든 작품이 될 일이 있겠어. 더군다나 만들기 소질이 별로 없는 우리가 기대한다는 것도 힘들겠지. 그나저나 어떻게 아들을 위로할 것인지 그것이 더 고민스럽다. 큰아이 운동 갈 준비를 해야겠다. 그렇게 마음먹는데 휴대전화 '메시지, 왔어요!' 알림이 울렸다. 급하게 휴대전화를 열었다.

4월 20일 부처님 오신 날. 우리는 봉은사 대웅전 바로 앞에서 소원이 커다랗게 적힌 연등 아래에서 사진을 찍었다. 꿈을 적으면, 이뤄진다. '적자생존'

"꿈을 적으면 이뤄진다. 적자생존."

희망의 트랙 위에 다시 서다

2장

상상은
현실이 된다

1

운동선수이지만 학생

아들은 초등 6년 내내 운동선수로 생활했다. 학생이기에, 마음 한구석에 공부가 중요하다고 생각했다. 운동으로 성공한 선수들을 보았다. 매스컴을 통해, 주변을 통해, 성공한 선수들은 경제적 부를 획득했지만, 긴 시간을 두고 보면 그 부를 유지하고 있을까? 의구심이 들었다. 운동선수의 길을 가고 있지만, 공부를 놓치면 안 되겠다 생각했다.

초등 6학년 때의 일이다. 새벽 4시 30분 기상. 15분 만에 아침 식사 후 5시 링크장으로 출발. 6시 쇼트트랙 링크장에서 훈련. 7시 30분까지 전후반 훈련을 마침. 차 안에서 간식 챙겨 먹고 9시 학교 도착. 3시까지 학교생활. 학교 앞 4시 30분 픽업 후 태릉 스케이트장 도착. 차 안에서 간식 먹고 훈련. 모든 훈련 종료 저녁 8시. 집으로 돌아오면서 저녁을 차 안에서 먹었다. 9시에 도착하면 씻고 그날의 학교 과제를 밤 10시 30분까지 마쳤다. 초등학생으로 과한 스케줄이다. 하지만, 공부할 시기는 초등학생 시절뿐이겠다는 가능성을 두고 생활했다. 중학교 입학하면, 집중하려고 해도 훈련시간이 늘어난다. 따라서 초등학교 시절 공부 방법을 연구해야 했다.

차로 이동하는 시간이 많았다. 매일 외국영화를 무 자막으로 하루 1시간 이상 들었다. 주로 〈해리포터〉와 〈반지의 제왕〉 등을 보았다. 얼마나 많이 보았으면 아예 대사를 외울 정도였다. 일주일 주 5편의 일기를 기록했다. 월요일은 시사일기, 화요일은 독서일기, 수요일은 영어 에세이, 목요일은 과학일기, 금요일은 생활일기. 태릉 도착 후 훈련을 들어가면 전날 쓴 일기를 체크해주고, 그날 저녁에 학습할 문제집을 체크해주었다. 이 과정에서 독서 논술 지도사 교육을 받고, 아이 교육에 집중했다. 일부, 운동세계의 엄마들은 이런 나를 두고 욕심이 과하다고 했다. 운동도 잘하는데 학습까지 시킨다고 말했다. 난 그분들의 의견이 중요하지 않았다. 아이가 갈 길은 분명했고, 지금 시간을 잘 활용하는 것이 맞다 생각을 했다.

하지만 자만이었을까. 어느 날 새벽 운동 끝나고 나온 아이가 눈 아래 다크서클이 유독 눈에 띄었다. 왠지 느낌이 안 좋았다. 아이한테 오늘은 학교보다 하루 쉬는 것이 좋을 것 같다고 했다. 하지만, 아들은 곧 기말시험이라고 학교는 간다고 했다. 나보다 욕심이 더 많은 녀석이다. 나 역시 내심 아들이 학교 간다는데 싫다고 할 일이 아니다. 학교에 데려다 주었다. 오후 시간이 되었다. 아들이 학교에서 나오는데 멀리서 보아도 상태가 안 좋아 보였다. 아이에게 오후 훈련은 쉬어야겠다고 했다. 하지만 시합이 얼마 안 남았다고 훈련장을 가길 원했다. 웬만하면 가는데 오늘은 아무래도 느낌이 별로라고 집으로 가자고 했다. 아이는 자신의 꿈을 위해 이렇게 쉬면 안 된다고 했다. 훈련장에 갔다.

길게 생각할 여유는 없었다. 여전히 조급했고 바빴다. 저녁에 문제집 풀어놓은 것 훈련시간 안에 채점해야 했다. 독서기록장도 체크 한다. 막내아들은 한글을 가르치고 있다. 스케이트장에 들어가서 아이 훈련을 보았다. 오늘 몸이 무거워 보인다. 며칠 쉬어야겠다. 생각이 드는 순간, 아이가 스케이트 타다가 넘어졌다. 그런데 상태가 이상하다. 바로 일어나지 못한다. 피곤해서 저런가 했다. 그렇게 아이는 업혀 나왔다. 그리고 병원을 갔다.

발목 골절. 상태가 생각보다 심각했다. 성장판을 다쳤고 의사는 수술해야 한다고 했다. 순간 '멍'. 그렇게 입원했다. 며칠 후 수술했다. 병원에 같이 운동하던 학부모들이 방문했다. 위로의 말을 건네었다.
고맙다 배웅하고 아이에게 간다고 하고 병실로 돌아왔다. 아차! 간호사에게 잊은 메시지를 전달한다고 하고. 다시 돌아가던 중 병문안 왔던 학부모들이 엘리베이터 앞에서 나눈 대화를 들었다.

"엄마가 욕심이 가득해서 그래. 운동도 힘든데 학교를 왜 보내. 학교도 다니면서 운동을 하니 아이가 저렇게 다치지. 우리 아이 그래서 학교를 안 보냈잖아."
"그러게. 운동 하나 잘하면 되었지. 엄마도 애도 무슨 욕심이 저리 많아 두 마리 토끼를 잡으려고 그래. 그러니 다치지." 엘리베이터 문이 열리고 그들은 돌아갔다.

병실 앞에서 눈물이 났다. 나의 욕심으로 아이가 다친 것 같아 미안했다. 수술한 후 아이는 일주일 넘도록 밥 먹을 때만 눈을 뜨고 계속 잠을 잤다. 이상해서 주치의 선생님께 물어보니 아이가 과로로 밀린 잠을 자는 것이란다. 오전 내내 우울했다. 경쟁자 엄마들 이야기가 마음을 무겁게 했다. 아이한테 미안했다. 운동에 재능이 있으면 다 되는 줄 알았다. 선수한테 부상이 어떤 의미인지 그때 알았다. 선수한테 부상은 말 그대로 그저 평범한 아이가 되는 것이다. 아이가 간절히 원하던 동계체전 전 종목 챔피언이 아니라 그냥 학생인 것이다.

아이의 꿈이었을까. 나의 꿈이었을까. 처음으로 아이 꿈을 핑계로 나의 욕심을 채우려고 했다는 사실을 인정했다. 못난 엄마였다. 나의 열등감이 열정이라고 착각했다는 것을 알았다. 그 후 열정과 욕심은 종이 한 장 차이라는 사실을 인지했다. 잘 되면 열정이었고, 안되면 욕심이었다.

6년 운동선수 생활을 하면서 바쁘다는 핑계로 현실을 외면했던 나는 병실에서 현실점검을 했다. 옆에서 아이는 곤하게 자고 있었다. 둘째는 어린이집 종일반으로 변경하고 남편은 직장을 갔다. 백지 위에 나의 재산 상태를 적어 내려갔다. 두 번째 눈물이 터져 나왔다. 가계는 엉망이었다. 아이 사교육비에 남편 수입의 80% 이상이 들어갔다. 세계적인 선수를 만들겠다고 학교도 사립을 보내고 운동도 시키고 책도 읽고 전집으로 온 집을 도배했다. 영어도 놓치면 안 되고 영어 비디오만 집 한 벽면을 다 채울 정도였다. 가계 통장은 잔인할 정도로 마이너스가 꽉 차 있었다. 자산을 분석하고 부채 금액을 정리했다. 열심히 살았는데 그동안 무엇을 한 건지. 자기반성을 했다. 이대로 무너져 내린다. 통장 속 찍힌 마이너스 숫자가 마치 현실 속 인생 평가표가 되어 돌아오는 것 같았다. 마이너스 인생. 잔인하다.

누굴 탓하랴. 내 선택. '앞으로 어쩌지?' 흐르는 눈물을 닦다가 큰아이와 눈이 마주쳤다. 깨서 나를 멀뚱멀뚱 쳐다본다. 놀란 것 같다. 아이가 괜찮냐고 물어온다. 답답하다고 산책 다녀오자고 했다. 병원 옥상에 가서 바람을 느끼고 싶다고 했다. 휠체어를 가지고 왔다. 아이가 일어나서 휠체어에 앉는데 이미 초등 6학년이라 앉다가 휘청한다. 아이는 한 발로 버티고 팔에 힘을 주어 휠체어에 앉는다.

4층 병원 옥상으로 갔다. 가을바람이라 시원하다. 사진을 찍었다. 아들은, 세계 챔피언이 될 사람인데 기록으로 남기고 싶다고 했다. 핸드폰을 꺼내어 사진을 찍었다. 아이는 환하게 웃었다. 앞으로 이날을 기억해서 다치고 싶지 않다고 했다. 선수로서, 몸 관리를 잘못했다 하면서 엄마는 괜찮은지 물어와 주었다. 그 물음에 나도 모르게 눈물이 났다. 아이 앞에서 울었다.

"상혁아, 미안해. 엄마 때문에 다친 것 같아. 운동도 힘든데 엄마가 공부 욕심도 있어서 공부도 하고 잠을 못 자서 이렇게 된 것 같아. 엄마가 엄마 된 것이 처음이라 이것이 맞다고 생각했는데 엄마 잘못이 큰 것 같아."

아이는 나를 한참이나 바라보았다. 초등 6학년인 어린 아들에게 지금 생각해보면 왜 그랬는지 모르겠다. 그런데 그 아들은 정말 내가 안쓰러웠는지 위로를 했다.

"엄마. 선수가 자신의 몸 관리하는 것은 당연한 거예요. 제 잘못이에요. 저를 위해 이렇게 애써주셨는데 제가 마음 아프네요. 엄마는 그날 저 쉬라고 했는데 제 욕심이에요. 절대 지고 싶지 않아, 조급했어요."
어린 아들이었지만, 운동해서 그런지 마음이 깊다.

"다쳤지만, 며칠 푹 잤어요. 큰 선수가 되려면 겪는 과정인 것 같아요. 그러니 슬퍼 마세요. 주인공은 늘 시련이 있잖아요. 엄마한테 미안해요. 그날 고집부려서요."

고마운 아들이다. 도대체 운동 1등이 뭐라고 또, 공부 1등이 그리 중요했던지. 내 생각이 부족했다. 내가 조바심을 내었다는 생각에 아들의 위로도 괴로웠다. 아들은 며칠 후 퇴원을 했고 두 달 반 동안 목발에 의지해서 학교를 다녔다. 그해 겨울 시즌은 그렇게 마무리되어 가는 줄 알았다. 한 달이 지나니 몸이 너무 힘들다고 다시 링크장을 가고 싶다고 했다. 고민했다. 하지만 완강했다.

선수 생활하면서 공부에 온전히 집중하지 못했다고 한 달 시험 뒤 스케이트장으로 돌아간다고 했다. 그리고 시험공부를 했다. 평상시처럼 하루 4시간 자고 한 달 동안 집중해서 시험공부 했다. 초등학교 6학년 전국 사립 모의고사에서 평균 99.9점을 받았다. 학교 교장 선생님 교감 선생님 주변 학부모 담임선생님도 학원 하나도 안 다닌 아이가 한 달 공부해서 전국 사립고사 1등을 하니 대단하다고 했다. 그때 과목당 문제집 3권을 풀고 달달 외웠다. 시험이 끝난 후 깁스를 풀고, 스케이트장으로 돌아갔다. 지상에서는 절뚝거리면서 걸었지만, 얼음(빙상) 위에서는 스케이트를 잘 탔다. 얼음 위에 올라가면 아픈 느낌이 없다고 했다. 신기했다. 아이는 두 달 만에 서울시 대표 선수가 되고, 두 달 후, 초등학교 전국체전 금, 은, 동메달을 목에 걸었다. 초등학교 교문에 플래카드가 걸렸다. 100회 전국체전 금, 은, 동메달 석권.

시간이 지나 아들은 이제 대학을 졸업하고 성인이 되었다. 아들과 산책했다, 추억이 된 이야기를 했다. 그때, 병원에서 경쟁자 엄마가 와서 했던 이야기들을 편하게 했다. 아들에게 당시 미안했던 생각을 대화했다.

"엄마 주니어 세계 대회 나갔을 때요. 유럽을 갔는데요. 식사하는데 유럽 감독님이 개고기 먹는 나라라고 놀렸어요. 그 자리에 있는 우리나라 선수나 감독은 그 이야기를 알아듣지 못했지요. 특유의 영어 발음 때문에요. 그런데 매일 영어 비디오 보고 초등학교 때 원어민하고 대화했던 저는 그 말을 알아들은 거예요. 순간 밥 먹다가 화를 내었어요." 그 외국인 감독은 당황했지만, 계속 대한민국 팀을 놀렸다고 했다. 주니어 종합 우승으로 우승컵을 받고 난 후에야 사과하듯 먼저 와서 축하 인사를 건네었다고 했다.

"제가 어려서 공부가 안되었다면 저를 놀려도 몰랐을 거예요. 지금도 그때의 엄마 선택이 옳았다고 믿어요." 오늘도 아들은 나를 위로했다. 그 시간이 흘러 약이 되었다.

아들은 운동선수이면서도 학생으로서 최선을 다했다. 공부를 통해 더 많은 선물을 받고 있다. 지금은 말할 수 있다. 아이의 선택을 존중해주는 엄마였다고, 스케이트를 타면서도 성적을 유지했던 아들. 이제 어른이 되어 추억에 젖는다.

배움의 자세는 중요했다. 자녀를 키우고 보니, 평생을 살아가는 삶의 태도였고, 전부였다. 학교 공부와 규칙은 중요했고, 공부하는 법을 익히는 시간은 삶의 풍요로움을 선물로 만들어주었다. 많은 부분 부모들의 삶에서 배움의 본질을 알려주는 초등학교 시절을 소중히 여기듯 나 역시 그 과정을 잘 보낼 수 있었기에 오늘 아들의 따스한 목소리를 들을 수 있었다.

그렇게 만들어진 아들의 세계관은 세상과 나가서 맞서 싸울 힘을 키운다. 운동만 잘하는 아들이 아닌 운동도 잘하는 아들이 지금도 세계관으로 세상과 소통을 한다. 세상을 자신의 동네처럼 다닐 수 있고 즐길 수 있는 시간이 감사한 대화였다. 모든 교육이 중요하겠지만, 초등학교 시절 친구와의 관계 선생님으로부터 가르침을 소중하게 여겨주는 시간이 되었기에 감사한 순간들이다.

2020년 시즌 주니어 월드컵 500m 우승(연지 곤지 전 우승으로 알려짐)

2

아이의 훈련시간
엄마의 노트

스케이트 학생 선수는 훈련 장소가 스케이트장이기에 엄마가 픽업했다. 보통은 아이 훈련시간에 엄마도 주차장에서 함께 했다. 집에 오고 가는 시간도 꽤 걸리기에, 주변에 있으면서 아이들을 기다리는 시간이 짧게는 3시간에서 5시간 정도이다. 주변 엄마들과 수다 시간을 갖는다.

주차장에서 대기하고 아이들을 기다리는 엄마들은 어떤 생활을 할까? 모여서 커피를 마시고 마트를 가서 그날 장을 보기도 한다. 어떤 분들은 드라마를 정주행하기도 한다. 나 역시 처음에는 선배 어머님들과 소통을 하고 운동선수에게 무엇이라도 도움이 될 것이 있나 싶어, 하나라도 배우려고 커피를 마시러 다녔다. 하지만, 시간이 흐를수록 그 많은 시간을 흘려보내는 것이 아쉬워지기 시작했다. 둘째인 준혁이는 형하고 9살 차이라 곁에 있으면, 엄마들하고 진지한 대화를 낄 수 없다.

시간을 주도적이고 효율적으로 사용하기로 마음먹었다. 시간 가계부를 활용하기 시작했다. 단순한 일상이지만, 하루 일과 중 3가지 목표를 설정했다. 시간은 급하지 않지만, 중요한 일을 최우선으로 두고 작성해야 한다. 당시 나의 삶은 급하고 중요한 일을 처리하기에도 시간이 부족했다. 급하고 중요한 일은 늘 쌓여 있었다. 시간 가계부를 작성하고 보니, 모든 시간은 자신에게 맞는 시간의 때가 존재한다는 것을 깨달았다.

하루가 다람쥐 쳇바퀴처럼 흘러갔다. 그 안에서 중요한 일을 하기 위해 틈틈이 시간 활용했다. 매일 형 운동이 끝나고 나면 막내가 눈을 뜬다. 큰아이도 아침 훈련을 마치고 차에 탄다. 학교로 출발하는 사이 큰아이와 둘째는 도시락을 먹는다. 도시락을 다 먹을 때쯤 학교에 도착해 등교한다. 둘째 아이를 어린이집에 데려다준 후 나는 녹즙 배달하러 백화점으로 출근했다.

3시간 녹즙 배달이 끝난 후 집으로 돌아오면 아침에 정신없이 나간 집은 엉망이다. 정리한 후 저녁 준비를 한다. 어느 사이 2시간이 훌쩍 지나갔다. 큰아이 픽업하고 둘째 아이를 픽업 후 태릉 스케이트장으로 출발한다. 오후 간식을 간단히 차 안에서 먹고 나면 큰아이는 스케이트 오후 훈련 들어갔다.

막내 준혁이는 새록새록 잠들었다. 주차장에는 엄마들이 있지만, 경쟁하는 운동이기에 자칫 시합 전후 예민해지는 경우가 종종 있다. 이럴 경우, 에너지 소비가 크다. 나는 아이 훈련시간을 좀 더 효율적으로 사용하기 위해서 새벽에 짜 놓은 일정표에 맞춰 혼자 시간 활용을 했다.

아직 막내가 잠든 차 안 시간은 온전히 나를 위한 시간이다. 나는 오늘의 투두 리스트(To do list)를 꺼내어 확인한다. 큰아이가 풀어 놓은 문제집을 채점했다. 매일 연산 문제집을 체크 채점해서 요약해 놓는다. 아이 학교 홈페이지에 들어가 오늘의 숙제를 확인한다. 훈련 마치고 집에 가서 지친 몸으로 당일 과제를 하려면 짧은 시간이라도 이 시간에 과제를 체크해야 했다. 요일별로 살펴보면서 아이의 미래를 생각하는 시간은 매우 중요했다. 아직 초등학생인 아이가 전문 선수로 가는 과정으로 학업에 몰입할 수 있는 시간은 한정되어 있다. 초등학교 과정은 공부할 수 있는 최적기라고 판단했다.

아이는 스케이트 선수로 살아가는 기간보다 일반인으로 살아갈 날이 길다. 아이의 인생에서 중요한 시간이다. 운동하는 초등학생은 기초 체력을 쌓아가듯 공부 역시 집중적으로 기초를 준비해 놓아야 한다. 중학교, 고등학교, 대학교 가서 선수를 해도 기본기를 갖춘 아이는 경쟁의 도구를 다양하게 확보한다. 모든 일에는 때가 있다 생각했다. 선수에게 공부는 경쟁력이다. 과제 체크. 채점을 마무리하면 막내가 일어났다. 간식을 먹이고 스케이트장 주변 산책했다. 산책 후, 막내에게 한글 숙제를 내준 다음 오늘 아침 녹즙 배달을 하면서 놓치고 간 것들을 체크했다. 아침 시간에 작성한 투두 리스트는 하루 계획을 위한 노트이다. 노트에는 목표가 있다. 이번 달, 이번 주 세부 목표를 세워 놓고 타깃층을 분석하는 노트이다. 처음에는 쉽지 않았다. 시간 루틴을 만들어 가는 환경을 어떻게 생활에서 만들 수 있을까? 생각 끝에 아이의 훈련시간에 가능하다는 생각을 했다.

문제가 발생했을 때 자신에게 질문하면 좋은 해답을 얻는다. 시간 관리 툴을 활용해서 녹즙 매출을 체크했다. 아침에 고객들과 나눈 대화를 생각했다. 한정된 시간에 배달하려니 고객이 질문해도 제대로 답해줄 수 없었다. 질문에 대한 답을 하다 보면 배달 시간이 부족했다. 오늘 받은 질문을 이 시간에 하나씩 체크하면서 자료를 찾아서 카카오톡으로 답변을 보냈다.

고객들도 핸드폰에 온 답변을 보고 자신이 편한 시간에 답을 읽고 생활에 적용하기 시작했다. 녹즙 배달 후, 고객의 건강을 체크했다. 3층 여성 의류 고객님은 3년 전부터 고혈압 약을 드시기 시작했다. 노트에 적고 식생활 체크라고 옆에 적어놓는다. 6층 고객님은 다이어트에 관심 많다. 다이어트 일상이라고 메모에 적어놓았다. 카톡으로 자료를 보냈다. 지하 1층 고객님은 요즘 아들이 군대 가서 우울하신 것 같다. 그러면 재미있는 내용을 찾아서 카톡으로 보냈다. 나의 노트에는 그날 녹즙을 배달하면서 짧게 나눈 대화를 적고 대안이나 선물을 해 드릴 것을 생각해 메모한다. 몇 장의 메모는 내일 녹즙 배달 시 녹즙 병에 붙여서 안부를 전하거나 고객을 생각하고 있다는 인상을 평소에 만들었다.

매일 아이 훈련시간에 나의 노트에는 고객의 분석 데이터가 쌓여갔다. 데이터를 활용한 결과 고객들의 생활에 변화가 일어나기 시작했다. 고객들의 일상에서 식단 관리가 시작되었다. 모르던 건강 상식이 늘어가셨다. 당시만 해도 유튜브가 활성화되지 않았고 정보가 턱없이 부족한 시대였다. 나의 자료는 매우 귀하게 여김을 받았다. 대학 과정에서 영양학을 전공한 자료는 이렇게 효율적으로 잘 활용이 되었다. 건강의 원리를 알게 되니 고객들에게 소문이 나기 시작했다. 소개가 이어졌다. 소개가 이어지니, 나의 한 달 목표가 자연스럽게 이뤄졌다. 그리고 3년 후 아르바이트로 시작한 녹즙 일은, 동종업계에서 상위 1% 매출이라고 소문이 나기 시작했다. 단 3시간 일하고 매출 업계 1% 구간 소득을 얻었다. 정확한 데이터가 없는 시대였지만, 회사 관계자가 상위 매출 1위라고 했으니, 그런 것 같다. 그 뒤 나는 이 노트 작성으로 업계에서 전략적인 존재가 되었다.

노트를 작성하고 나면 저녁때까지 막내와 휴식의 시간을 가졌다. 시간 관리에는 휴식과 회복의 시간이 있어야 한다. 잠시 영어 비디오를 보는 아이를 옆에서 지켜보다 살짝 선잠을 잔다. 일어나면 피곤한 몸이 한결 가벼워짐을 느낀다. 동화책을 읽고 뇌를 좀 더 말랑말랑하게 만든다. 물론 이렇게 생활하는 나를 오해하거나, 뒷담화하는 경우도 있다. 같이 수다 떨고 싶은데, 통 어울리지 않기 때문이다. 상관없다. 그들이 내 인생을 책임질 수 없고, 오늘도 내 할 일을 한다. 결정했고 행동했다.

지금도 시간 가계부와 감사일기를 매일 작성하고 있다. 오감을 활용해서 적는다. 성장일기와 행운일기를 함께하고 있다. 오늘을 충실히 살고, 좋은 상상을 끌어당긴다. 연간, 월간, 주간 계획 모두 목표와 연결한다. 하루 세 가지씩 우선순위도 정한다. 이때 매일 한 습관이 지금까지 시간 관리할 수 있도록 도와주고 있다. 현재는, 급하고 중요한 일보다 급하지 않지만 중요한 일에 우선순위를 두고 있다. 가령 독서 운동 글쓰기 시각화까지. 모든 좋은 습관들이 현재와 미래를 윤택하게 만들어주는 나의 시간이 되었다.

글쓰기의 경우 새벽 시간을 선택했다. 집중이 잘되기 때문이다. 노트를 작성한 덕분에 루틴이 생겼고 일관성을 유지할 수 있게 되었다. 일관성 있는 루틴을 만들기 위해서는 시간 가계부를 권하고 싶다. 아침에 계획하고, 저녁에 하루 있었던 성장을 기록한다. 기록은 강력한 힘으로 연결되었다. 꿈을 꾼다. 그리고 목표를 세웠다. 그 목표를 시간 가계부 안에 기록하고 조정했다. 적자생존. 이것은 강한 끌어당김의 복을 선물로 준다. 그리고 시각화한다. 꿈은 이뤄진다.

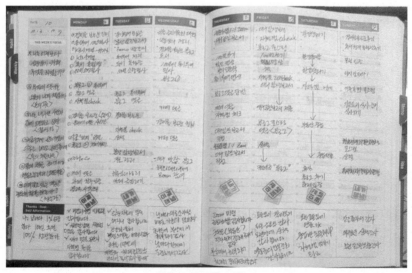

꿈꾸고 목표를 세우고,
일과를 일주일, 하루, 시간별로 나눠 기록하는 시간 가계부

3

책 읽어주는 엄마

아이들이 책을 보면 좋다는 것은 부모라면 알고 있다. 그런데 아이들이 엄마의 마음처럼 책을 잘 안 읽는다. 다양한 이유가 있겠지만, 우리 집 아이들은 학교와 운동을 병행하는 큰아들과, 형 일정 맞춰 생활하는 막내아들 둘이 있다. 오전에는 어린이집 오후에는 스케이트장에서 마음껏 뛰어놀고 오기에 책 집중을 하지 못했다.

자녀들에게 책을 읽게 할 때는 명확한 이유로 설득해야 했다. 책은 왜 읽을까. '책 읽으면 좋아.' 이런 막연한 이야기 말고. 왜 아이에게 필요한지를 이해하고, 아이의 꿈에 연결해야 한다. 우리 집의 경우, 큰아들은 국가대표를 넘어 세계적인 선수의 꿈을 가졌기 때문이다. 정상에 올라가기 위해서는 강인한 멘탈과 다양한 사람들을 만날 기회가 많기에 논리적 사고가 필요할 것 같았다. 강인한 정신력, 스스로 극복하는 힘 논리적 사고를 한 번에 해결할 수 있는 것은 단연 책이 최고의 무기라고 생각했다. 하지만, 운동선수 길을 가고 있는 아들은 평일 낮에 논술 학원을 보낼 수 없었다. 나는 아이들의 현재상황을 파악하며 고민했다. 큰아이가 운동하고 집으로 돌아오면 숙제가 있었다. 책 읽을 체력이 안 되었다. 숙제하고 나면 밤 10시. 밤 10시에는 무조건 재웠다. 지금도 우리 집은 밤 10시면 다들 잘 준비를 한다.

'어떻게 하지?' 생각했다. 방법은 내가 책을 읽어주기로 했다. 필요해서 아이들 논술 공부를 직접 익혔다. 아이들은 책을 읽고 생각할 나이가 있기에 이 시간을 놓치면 돌릴 수 없는 시간이라는 것을 알고 있다. 문제는 집에 읽어줄 책이 충분하지 않다는 것이다. 도서관은 거리가 멀고 학교 도서관에서 책을 대여받았다. 추가로 필요한 책은 직접 구매했다. 중고서적을 찾기 시작했다. 밤 10시에는 엄마가 책 읽어주는 시간으로 정했다.

종일 에너지를 다 쓰고, 2층 침대에 두 녀석이 위에 올라가면 나는 책을 펼쳤다. 방에 불을 끄고 전등 아래에서 책을 읽어주었다. 그런데 문제는 책을 읽으면서 아들들은 질문했다.

"엄마, 이순신 장군이 이길 수 있다고 생각했을까요. 무섭지 않았을까요. 책에서는 멋있게 이야기하지만, 저라면 무서웠을 것 같아요."

1층에서 자려고 했던 막내도
"남자는 안 무서워 해. 그런데 나는 무섭기는 해. 나는 어려서 무서운가?"

"용기는 무서운 것을 이기는 것이 아니라, 무서움이 있지만, 한 발자국 나아가는 거란다. 아마도 이순신 장군은 우리 배의 숫자를 보고 마음속 두려움이 있었을 거야. 하지만, 나의 뒤에는 나의 조국 가족이 있으니 용기를 내서 나아가시지 않았을까? 그래서 이름이 후손에게 남아 그분의 생각을 읽을 수 있는 거겠지. 이순신 장군은 기록을 남겨서 우리 아들들에게 용기에 대해 생각할 시간을 주셨네. 상혁이가 일기를 작성하면, 훗날 소중한 너만의 역사가 되겠지. 오늘 독서는 여기까지. 잘 자렴."

아들들의 세계에도 이런 날이 오겠지. 어른이 되어가는 과정은 수많은 선택의 연속이니까. 그날 나다움이 무엇인지 생각하고 아들들이 결정했으면 좋겠다. 나다움으로 선택하는 날들에 아쉬움이 없길 소망해 본다.

불을 끄고 나오면서 생각을 했다. '나다움이란 무엇일까. 지금 나는 나답게 살아가고 있는가?' 나의 꿈이 신사임당이라고 생각하고 이 길을 가고 있지만, 생각처럼 세상은 만만치 않은 것 같다. 그때는 상혁이가 감당할 시련을 상상 못 했다. 다만 엄마로서 그날이 오더라도 아이가 강인한 멘탈을 가지기 위해 해줄 수 있는 것은 지금 책을 읽어주는 것이라고 판단했을 뿐.

문득 에디슨의 일화가 생각이 났다. 에디슨의 어린 시절, 어머니는 학교에서 더는 자녀를 가르치기 힘들다고 연락을 받았다. 그런 에디슨을 엄마는 직접 가르쳤다. 그렇게 성인이 된 에디슨은 백열전구를 개선, 발전시키고 생산까지 발명 특허만 천 종이 넘게 발명했다. 에디슨은 15세 때 역장

집 아이의 생명을 구해준 후 전신술을 배우게 되었다. 우연히 패러데이의 『전기학의 실험적 연구』를 읽고 1868년 전기 투표 기록기를 발명하여 최초의 특허를 받았다.

학교 과정을 밟지도 않고 수많은 발명품을 발견한 에디슨의 일화에서 엄마의 위대함을 느꼈고, 에디슨의 성장 과정에 책이 있음을 알게 되었다. 아이가 큰 꿈을 꾸고 그 과정을 버틸 수 있으려면 인성과 책이 필요하다고 생각했다. 늦은 시간까지 엄마가 자녀들에게 책을 읽어주는 이유이다.

초등학교 6년 과정 내내 아이는 1년에 70-80권 정도의 책을 직접 읽고 기록을 작성했다. 책을 읽을 시간이 없다면 엄마가 책을 읽어주면 된다. 어린 시절 책을 읽어서일까. 아이들은 커가면서 자신에게 위기가 오면 책을 찾고는 한다. 책은 정답을 알려 주지는 않지만, 나만의 방식으로 해답을 알려 주기 때문이다. 어린 시절 책을 읽고 대화를 나눈 것처럼 책에서 얻은 정보와 내용을 잘 공유해 준다. 어른이 되니 엄마인 내가 읽은 내용보다 더 깊은 사색을 하고 이야기한다. 책의 힘은 위대했다.

엄마가 책을 읽어주면, 자녀들은 질문했다. 세계관이 생기고, 꿈이 성장했다. 책으로 소통이 되었다. 가정에 나름의 질서도 이뤄졌다. 아이가 책을 읽기 싫어하고 피곤해한다면 엄마가 환경을 만들어주면 된다. 잠들기 전 30분. 책을 읽어주면 재미있는 상상을 하며 잠들었다. 책의 모든 마무리는 긍정으로 했다. 잠들기 전 무의식에 큰 꿈을 꾸고 성장할 수 있으니 말이다. 주변 분들이 자녀가 꿈이 없어서 고민 이야기를 하고는 한다.

　고민하는 분들에게 "책을 보여주세요." 하면

　"책을 보고 싶어 하지 않아 해요. 게임을 더 좋아하는데요."라고 답한다.

　"그러면 책을 읽어주세요. 소리 내서 읽어주고 옆에 앉아 있으라고 하세요." 하면

　"책을 읽어주면 힘든데요." 한다.

　할 수 없는 상황을 이야기하면 할 수가 없다. 할 수 있는 일을 하면 된다. 초등 6학년 때까지 잠들 때 책을 읽어주었다. 막내는 초등학교 들어가면서 읽어 줄 기력이 안 되었다. 초등 저학년 때까지 틈틈이 읽어주었지만, 이 부분은 아쉬운 부분이다. 부족한 시간이었지만, 막내 역시 문제와 고민이 생기면 책을 펼치고는 한다.

　부모가 책을 읽어주면 좋다. 자녀의 사춘기 시절 자연스럽게 소통이 되었다. 문제가 생기면 시기에 맞는 책을 찾았다. 그 경험이 쌓여 성인이 되어서는 오히려 트랜드에 대해 설명을 해준다. 그러니 책을 가까이하는 자녀를 원한다면, 엄마가 책을 읽어주면 된다. 책은 아이들이 평생 살아가면서 세상을 헤쳐 나아가는 통찰력을 만들어주는 과정이 되었다. 가치 있는 과정은 쉽지 않다. 하지만, 강력한 아이로 성장한다. 그러니 책을 읽어주는 엄마가 되어 보자.

4

두 마리 토끼는 늘
시간과 싸움

프랑스 소설가 생텍쥐페리는 『어린 왕자』에서 배를 만들고 싶다면 목재를 수집하고 일을 분배하고 명령을 내리기보다 광활하고 끝없는 바다를 동경하게 하라고 했다.

세상에 많은 변명이 있다. 나는 그 변명 중에 가장 어리석고 못난 변명은 '시간이 없다.'라는 말이라 생각한다. 시간이란 누구에게나 24시간이 주어져 있다. 이 시간을 어떻게 활용하느냐에 따라 효율성이 극대화된다. 운동선수를 하면서 학업까지 어떻게 두 마리 토끼를 잡았냐고 평소에 질문을 많이 받았다. 두 마리 토끼를 잡기 위해서는 시간 관리에 앞서서 원대한 꿈을 가져야 한다. 이 일을 왜 하는지 자신에게 끝없이 질문하고 답을 찾아야 두 마리 토끼를 잡을 수 있다. 무엇이든 잘하려고 하면 지친다. 하지만, 어떤 일을 왜 하려는지 명확한 꿈과 비전을 세우면 결과는 우리가 원하는 방향으로 흘러간다. 생각해 보니, 자녀의 재능을 보고 그렇게 판단하면서 키워나갔다. 늘 우선순위를 정하고 행동했다.

배를 잘 만들기에 앞서 바다를 동경하게 만들듯 공부를 잘 시키려고 애쓰기보다 세계 챔피언이 갖추면 좋은 덕목들을 상상하고 비전 제시를 했다.

"엄마는 너희들이 넘버원 되는 것이 기분 좋은 일이란다. 하지만 엄마가 너희들에게 바라는 것은 넘버원 아니라 온리원 되었으면 해. 어떤 일을 할 때 이 일이 너의 인생에 어떤 영향을 줄까 생각해 보아야 한단다. 그 일을 왜 해야 하는지, 왜 너여야 하는지 이유가 명확하다면 어디서든 너는 최고보다, 소중한 존재가 되어 있을 거란다. 남들 속에서 잘하려면 지친단다. 무엇이든 잘하려 말고, **남들이 할 수 없는 일을 해내는 것. 그것이 너를 특별한 사람으로 만들어 줄 거란다.**"

아이들은 공부할 때 가장 먼저 꿈과 비전을 명확히 하고 시작했다. 과정에서 원대한 꿈을 꾸고 노력을 했다. 상혁이의 경우 공부와 학업을 병행했다. 공부하는 아이들은 운동하면서 어떻게 공부도 놓치지 않느냐고 물어오고 운동하는 부모들은 어떻게 공부를 놓치지 않고 할 수 있는지 물어온다. 결론은 시간 관리이다. 그렇다면 시간 관리는 어떻게 할까. 우선순위를 정하는 것이다. 큰 틀에서 아들은 전문 운동선수의 길을 선택했기에 공부와 운동 두 가지를 선택해야 하는 경우 운동을 선택했다. 그리고 그다음 공부를 선택했다. 두 마리 토끼를 같이 잡을 수 없다. 한 마리를 잡아놓고 그다음 한 마리를 잡아야 한다. 다음 한 마리를 잡으려면 결국 속도싸움을 해야 한다. 시간을 허투루 써도 안 된다.

일주일 중 6일 훈련을 했다. 운동은 강약 중간 약을 반복하면서 일주일 훈련 스케줄이 나온다. 코치님에게 운동 스케줄을 받으면 주중에 하루 쉬는 날을 체크하고, 주말에 쉬는 날을 살펴본다. 다음은 학교 스케줄이다. 체험 학습은 있는지 시험은 언제이고, 교내대회는 언제인지를 본다. 달력에, 공부와 운동 과정을 기록한다. 틈틈이, 박물관을 간다든가 혹은 미술관 방문을 넣는다. 뇌를 말랑말랑하기 위함이다. 한 달 과정을 공간에 채워 넣는다. 큰 틀에서 강약을 조정한다. 교내대회 또는 시험은 한 달 전부터 준비한다. 아주 적은 양을 매일 부담 없이 준비한다. 상혁이는 그 덕분에 초등 6년 내내 학교에서 하는 교내대회에서 우수한 성적을 거두었다. 글쓰기, 영어 말하기 대회, 교내 스포츠대회까지 모든 일을 해낼 수 있었다.

하루 잠자는 시간은 매일 밤 10시였다. 특별한 경우를 제외 후 지금도 밤 10시면 잔다. 나도 10시에 잠을 잔다. 아이들이 다 성장해서 큰아들은 선수촌으로 작은아들은 학교 기숙사에서 생활한다. 이제는 10시에 잠을 잔다. 행복한 순간이다. 하루 수면시간은 보통 6-7시간을 유지하고 있다. 충분한 수면은 다음날 집중을 도와준다. 공부도 할 수 있다.

한 달에 한 번 박물관을 갔다. 때로는 놀이동산을 갔다. 운동하고 공부하고는 전혀 상관없는 일을 한다. 가서 즐기는 것을 최우선으로 한다. 그래야 다시 일주일 혹은 한 달을 몰입할 수 있다. 물론 부모는 힘이 든다. 하지만, 아이들 성장은 그때가 있다. 체력적인 한계를 느끼기도 한다.

자녀들의 스무 살이 되기 전 시간 관리방법을 알려줘야 한다고 생각했다. 시간 관리는 앞으로 살아가는 세월 속에 자녀들이 온리원이 되는 방법 중 과정이라고 생각했다. 두 마리 토끼는 시간 싸움이다. 시간 싸움을 잘하려면 체력을 키워야 한다. 나만의 경험을 통해 체력을 위한 시간 관리법이 있다.

체력을 위한 시간 관리에는, 첫째, 정해진 시간에 충분한 잠을 잔다. 부족한 잠은 반드시 주말을 이용해 보충한다. 뇌에 수면 부족이라는 무의식을 넣지 않기 위함도 있다. 충분한 수면은 집중력을 키워준다. 두 번째, 사전계획을 세워 생활에 여유 공간을 불어 넣는다. 두 마리를 잡는다는 것은 두 가지 일에 몰두하는 것이 아니다. 한 마리를 잡은 후 다른 한 마리를 잡기 위해 달려야 한다. 중간중간 호흡을 하면서 강약을 조절한다. 공부하고 운동을 하면서 전시회도 다녀오고, 음악 감상하는 시간도 가진다. 때로는 놀이동산 가서 신나게 논다. 운동과 공부를 잊고 전혀 다른 공간에서 숨고른다. 셋째, 원대한 꿈을 가져야 한다. 꿈과 비전이 명확해야 한다. 온리원의 의미는 나답게 나다움으로 성장해 가는 과정이다. 나에게 집중하는 과정이다. 누구에게 휘둘리지 않고 나의 길을 선택하는 과정. 그 과정에서 두 마리 토끼를 잡을 수 있다. 철저한 시간 관리는 반드시 휴식도 있어야 한다. 넷째, 모든 결과에는 과정이 있다. 가는 길에서 실망스러운 일도 생길 수 있다. 그 결과를 받아들일 힘도 필요하다. 과정을 즐기는 사람이 두 마리 토끼를 끝까지 잡을 수 있다.

체력관리, 사전계획, 원대한 꿈과 비전, 결과를 받아들이는 힘. 시간이 지나면, 두 마리 토끼를 잡는 순간이 온다. 과정 속 행복이 숨겨 있다. 행복을 즐기면서 성장하자.

시간을 만들어 박물관 견학을 했다. 배움은 모든 과정에 숨어 있다.

5

자신과 마주 서게 하는 독서

보통의 경우, 경쟁하는 운동선수 부모들은 심각한 만성 스트레스, 불안, 강박증이 생긴다. 환경에 영향을 받기 쉽고, 시합 결과가 눈에 보이기 때문에 스트레스에 쉽게 노출이 된다. 엄마의 감정 관리가 안 되면 그 감정은 온전히 자녀에게 쏠릴 수 있다. 마음의 관리를 잘 해줘야 한다. 어떻게 잘할 수 있을까? 엄마이기 전에, 자신을 잘 챙겨야 한다. 기본적인 건강관리를 해야 한다.

보통 '나는'이라고 설명할 때 나의 감정과 느낌을 이야기한다. 감정은 날씨와 같다. 같은 하늘이 없듯이 내 감정도 그렇다. 나를 지켜야 한다. 지금 당장 나를 칭찬하는 3가지를 작성해 본다. 나부터 나를 칭찬해야 타인의 칭찬이 자연스럽게 받아들여진다.

자신을 지키기 위해 2가지 행동을 실천했다. 첫째, 감사일기를 매일 작성했다. 일상에 감사할 것을 늘 생각하고 기록했다. 감사일기는 만성적인 불평과 강박을 벗어나게 해주었다. 둘째는 독서다. 어떤 사건에 대한 기억을 돌아보면, 주관적이고, 왜곡되거나, 변형된 경우가 많았다. 결국, 자녀의 모든 문제는 부모인 내가 감정을 잘 조절해야 한다는 결론을 얻었다. 사건이 일어날 때 감정에 의해 영향을 받고 있다는 것을 알아차리게 되었다. 책을 읽고 마음의 평정심을 가지려고 노력했다. 감정의 기복을 극복하는 방법 중 가장 탁월한 것은 종이책을 읽는 것이다.

긍정적일 때는 어떤 상황에서도 그럴 수 있다고 이해하지만, 몸도, 생각도, 피곤할 때는 별일 아닌데 민감하게 해석하고 예민하게 반응한다. 주변 상황이 다 불편하고 공격하는 것 같고 미성숙함을 느낀다. '~할까 봐.', '~될까 봐.' 아직 일어나지 않은 일에 대해 시나리오를 쓰고 해석한다는 것을 깨달았다. 이런 생각은 특히 자녀들과 대화에서 소모적인 에너지를 쓰게 만든다는 사실을 알아차렸다.

한번은, 대회에서 아쉽게 1등을 놓치고 2등을 한 적이 있다. 속상했다. 아들은 더 속상했을 것이다. 마음과 마음으로 대화해야 한다. 2등을 했으니 감사의 마음을 우선으로 생각해야 했다. 그런데 아쉬운 감정만 전달했다. 상황을 설명하고, 아쉬운 점을 이야기했다. 자녀는 상처를 받고, 부족함을 부정적으로 생각했다. 무의식에 담았다. 사춘기가 시작되면서, 대회에서 자신감을 잃고 부담으로 다가오기 시작했다고 고백을 했다. 그렇게 운동을 잠시 쉬었다. 부모의 감정선이 무너졌다. 고백하자면, 불행의 씨앗을 심어주는 시간을 보냈다.

그때, 잠시 놓았던 독서를 집중적으로 했다. 자녀에게 "내가 널 어떻게 키웠는데." 이 말을 경계한다. 내가 널 어떻게 키웠는데 뒷말은 "나를 희생해서 너에게 모든 것을 쏟아부었다."라는 말이 생략된 것이다. 부모에게 자식은 생명보다 더 귀한 존재이지만, 사춘기 자녀는 고맙다는 생각보다, 부담감을 가졌다. 엄마의 희생이 자신의 존재를 부정하고 키웠는데, 어느 날 자신을 인정하라고 이야기하니 부담스러웠을 것이다.

책을 읽으면서, 지금까지 엄마라는 희생의 아이콘이 사춘기가 시작되며 아이의 전부를 통제하려고 했다는 것을 알게 되었다. 자녀 양육은 희생이 아니라, 자녀의 삶을 올바르게 도와준다는 마음으로 선택해야 했다. 평정심을 가지고 나를 세우기 위해 전략 독서를 했다. 당시, 육아 서적을 집중적으로 읽었다.

독서를 통해 자녀를 키우면서 하루에 일어난 일에 크게 슬퍼할 일도 없고, 크게 기뻐할 일도 없다는 것, 알아차리기 시작했다. 일어날 일들은 일어난다. 다만 안 좋은 일에 대해 유연하게 감정을 조절했다. 독서를 통해 깨달음을 얻고, 주변을 배려하려고 노력했다. 잘 처리하지 못하는 감정의 미성숙함을 마주하고 그 감정을 대화했다. '슈퍼 에이저 시대'를 맞아 100세를 넘어 120세를 바라보며, 나를 마주했다. 마음과 감정을 경계해야 하고, 문제를 문제로 보지 않았다. 차분히 해결하는 시선을 가지면서, 사고력을 키웠다. 책에서 수시로 깨달음 얻고, 자신을 존중하며 감정과 마음을 지키기 위해 독서를 습관화했다.

자청의 『역행자』에서는 '**앞으로 독서의 격차가 경제적 빈부 격차보다 무섭고 양극화를 만들 것**'이라고 했다. 자녀가 성장해 스무 살이 되어 사회 구성원으로 잘 지낼 수 있도록 부모는 잘 양육해야 한다. 어떤 감정과 느낌으로 자녀를 양육하려 애쓰기 전에 엄마인 나를 돌봐야 한다. 나를 마주했다. "인생은 고해다." 좌절 고통 불안 아픔이 수시로 온다. 하지만 겪어야 한다. 피할 수 없다. 이런 아픔 뒤에 오는 가치를 느껴야 한다. 경험의 가치를 존중해야 한다. 책 안에는 작가들의 경험이 녹아 있고, '이런 행동을 할 때 원하는 목표에 도달할 수 있다'는 사실이 함께 적힌다. 때문에 책은 인생의 공략집 역할을 한다. 모든 상황에 적용할 순 없지만, 대부분 심리에 관한 경험이 데이터로 녹여져 있기에 독서를 통한 올바른 극복이 가능하다.

최근 **2024년 1월 3일 KBS 9시 뉴스에 '중위 연령'이 46.1세라고 나왔다.** 이는 30년 전 '중위 연령 29.8세'에서 무려 17세가 올라간 나이다. 30년 전 29세의 삶의 나이가 지금의 46세라는 이야기이다. 한국의 중간 나이는 현재 46.1세이다. 자신의 나이에서 17세를 빼면 그때의 감정이 나의 중위 나이를 알 수 있다. 우리는 부모 세대와 다른 세대를 살고 있는 것이다. 현재 나이에서 17세를 뺀 지금의 나의 나이는 어떤가? 17년이나 젊어진 나는 다양한 공부를 해야 했다. 나의 감정과 생각에 중립을 지키기 위해서 독서로 나를 찾아야 했다.

부모가 독서하는 것은 자녀에게 여러 가지 이유로 좋다. 첫째, 독서를 즐기면 자녀는 독서를 중요하게 생각하고 따라 할 확률이 높아진다. 지식과 상상력을 키우고, 긍정적인 영향을 미칠 수 있다. 둘째, 소통이 쉬워진다. 언어능력과 읽기 이해력 향상에 도움이 된다. 자녀의 다양한 주제와 생각의 폭을 수용하는 힘을 만들어준다. 세 번째, 독서를 통해 지식과 정보를 습득하고, 의문이 되는 문제에 대해 관점을 넓힐 수 있다. 창의성은 물론 문제를 보는 통찰력이 넓어진다. 넷째, 독서 자체가 주는 힐링이다. 저자와 공감을 통해 마음이 안정되고, 행복을 증진시킨다. 잠시 지금의 문제에서 벗어나 뇌를 다른 관점에서 바라보게 만들면서 주변 환경을 풍요롭게 만들어준다.

아이를 키우느라 시간이 없어서 혹은 맞벌이로 독서할 시간이 없다고 합리화하면 안 된다. 자녀를 키우기에 더욱 시간을 계획해서 독서를 해야 한다. 독서는 미성숙한 부모인 나에게 가장 합리적인 육아 제안을 할 수 있는 도구이기 때문이다. 더 나아가 '슈퍼에이저'시대에 유일하게 나다움을 찾게 만들고, 삶의 양극화를 막는 통로이다. 자녀의 성공과 나의 삶을 풍요롭게 만들고 싶다면, 부모가 독서를 하면 된다. 대한민국 엄마들이 책을 통해 성장하는 시간을 많이 만들면 좋겠다.

희망의 트랙 위에 다시 서다

6

무엇을 상상하든 현실이 된다

운동선수이지만, 학생인 아들. 두 마리 토끼를 잡을 수 없다는 주변 의견들. 열정과 욕심은 종이 한 장 차이라고 생각했다. 운동선수이지만, 공부도 잡고 갈 수 있다는 믿음은 모든 일에는 때가 있다 생각했기 때문이다. 아들의 인생을 놓고 보면 공부의 시기가 정해져 있다. 초등학교 때 집중하고 중학교 때부터는 전문 선수의 길을 걸어가기에 어린 시절 공부로 학습량을 채워야 한다고 생각을 했다. 물론 쉬운 길도 아니고, 주변에 훈련하거나 학습을 해서 이룬 경우는 찾아볼 수 없었다. 하물며, 성공한 운동선수 중에서도 보기 드문 내용이다. 이 길이 옳다면 열정이고, 이 길로 인해 아쉬움이 남는다면 그건 욕심이 되는 것이다.

남들이 가보지 않은 길을 간다는 것은 자신에 대한 확신이 있어야 한다. 자신을 충분히 신뢰해야 한다. 끌어당김의 법칙에 대하여 들어 본 적이 있는가? 마침 그때 나는 로저 배니스터 이야기를 통해 한 가지 사실에 주목했다. 1954년 5월 6일 당시 25세 옥스퍼드 의대생 로저 배니스터는 세계

최초로 1마일을 3분 59초 4로 주파했다. '마의 4분 벽'이라고 일컬어지는 벽을 깬 것이다. 전 세계의 육상계가 놀라는 사건이었다. 더 기막힌 사건은 그로부터 1년이 지난 후 37명이, 2년 후에는 300명이 4분의 벽을 깼다는 사실이었다.

로저 배니스터의 기록은 사람들이 '마의 4분 벽'에 대한 두려움을 깨는 계기가 되었을 것이다. '의대생이던 로저 배니스터가 해냈다면 나는 왜 못해?'라는 생각이 어느새 선수들의 마음속에 자리 잡았을 것이다. 이 글을 읽던 날. 나는 생각했다. 운동선수라고 해도 자신의 몸을 잘 알아야 한다. 의대생은 누구보다 자신의 기량과 체력을 잘 알았을 것이다. 아이에게도 이런 이야기를 해주었다.

아이 인생에서 100세를 넘게 살아가는 시대가 되었다. 운동선수의 길은 길면 30세 혹은 30세 중반일 것이다. 남은 100세를 살기 위해서는 기초공부가 중요했다. 초등학교는 아이에게 그런 시간이다. 6년만 아이랑 집중해서 공부와 운동을 병행해 보자 생각했고 학업과 운동을 함께해야 한다고 알려 주었다. 상혁이는 초등 저학년이어서 엄마의 마음을 거절할 용기는 없었을 것이다. 하지만, 그만큼 나는 아이 인생에 있어서 이 시간이 중요한 시간임을 인지시켜 주고 싶었다.

운동으로 1등도 중요하지만, 세계적인 선수로 자라기 위해서 기초공부는 매우 중요했다. 일반적인 삶을 사는 사람보다 세계를 동네처럼 다니려면 언어가 중요했다. 초등학교 때부터 영어, 중국어에 집중했다. 생각을 글로 표현하는 글쓰기에 집중했다. 모든 성공에는 작은 시작점이 있다. 시작은 신중해야 했다. 하지만, 결정 후에는 생각보다 행동했다. 꾸준히 그 길을 걸어갔다. 아들과 나는 그런 시작점을 만들어나갔다. 보편적인 남들이 가지 않는 길을 간다는 것은 생각처럼, 쉽지 않다. 외롭다. 고독함도 즐겨야 한다. 과정을 즐기면, 결과는 감사로 돌아온다.

지금의 아들은 외국인 친구가 많다. 언어는 언어로 전달되는 힘이 있다. 영어 못하는 엄마이지만, 아들은 매일 영어 비디오를 보고 미국드라마를 보면서 영어를 익혔다. 중국어 동요를 들으면서 어린 시절 중국어를 익혔다. 상혁이가 초등학교 시절 나의 담당 교수님의 배려로 중국을 일주일 동안 방문한 적이 있었다. 그 결과, 상혁이는 적당한 시기에 중국에 대한 문화와 언어를 쉽게 익힐 수 있었다. 교수님의 배려로 상혁이가 더 큰 꿈을 가질 수 있었다. (교수님! 감사합니다.) 더 자라서는 중학교 한일 친선 한국 대표로 나가 현지 친구들과 몇 마디 하면서 동기부여를 받고 왔다. 고등학교 시절 담당 코치님과 한 달 동안 일본 전지훈련을 다녀와서 일본어 소통을 하기 시작했다.

아이는 성장하면서, 자신의 학업을 일상에서 활용하기 시작했다. 대부분 주위에는 두 마리 토끼를 잡을 수 없다고 이야기했다. 하지만, 무엇을 상상하든 현실이 될 수 있다. 생각의 끌어당김이 작용한다. 스무 살부터 적어 온 꿈 목록은 해마다 성장하고 있다. 기록하면 많은 일이 이뤄진 덕분이다. 기록은 그 자체로, 힘이다. 선택하는 순간까지는 고민이 되어도, 선택했다면 행동만 한다. 목표한 것을 묵묵히 실행하는 것은 최고의 방법이 된다. 좀 더 효율적인 것은 없다. 그냥 묵묵히 실행하다 보면 익숙해지고, 익숙해지면 효율적으로 된다. 나만의 방식으로 말이다.

지금 이 글을 읽는 독자는 어떤 상상을 할까? 무엇을 상상하든 현실이 된다. 이 말은 안 좋은 상상도 이뤄진다는 이야기다. 좋은 상상만 하자. 이미 안 된다고 생각하는데 이뤄질 수 있을까? 우리가 이루지 못할 꿈은 없다. 다만 꿈을 꾸지 않았기 때문이다. **영국의 철학자 버트런드 러셀은 "우리가 뭔가 해 낼 수 있다는 최고의 증거는 바로 다른 사람들이 이미 그것을 해냈다는 사실이다."**라고 말했다.

상상만 가지고는 꿈이다. 꿈에 기간을 정하면 목표가 된다. 목표를 세분화해서 행동으로 실천하면, 현실이 된다. 무엇을 상상하든 현실이 될 수 있다. 모든 성공에는 작은 시작점이 있다. 운동선수 부족한 학습량을 채워서 자신의 삶을 개척해 나가는 아들이 그랬다. 그 과정을 함께 한 나의 삶도 그랬다. 켈리 최 회장님의 말처럼 "나도 할 수 있다. 내가 했고, 그녀도 했다면 이젠 당신 차례이다." 이젠 당신 차례가 되었다. **무엇을 상상하든 현실이 된다. 꿈을 적자. 목표를 세우고 계획하자. 행동하자. 꿈은 이뤄진다.** 이 말이 내겐 큰 힘이 되었다.

2020년 세계 주니어 월드컵 시즌 500m, 1000m 우승컵

7

원인을 제거하면 결과가 바뀐다

인간관계는 힘들다. 자녀들을 통해 만난 인연은 생각보다 깊고, 좋을 수도 있지만, 반대 경우도 있었다. 겨울 스포츠를 하는 운동선수다 보니, 선수 장비 외에 용품 중 가장 큰돈이 들어가는 것이 패딩이다. 패딩은, 여러 가지 상황이 있지만, 가을쯤 또래 엄마들 틈에서 아이들 기죽이지 않기 위해 준비가 시작된다. 각 브랜드 잠바의 한정판을 구매하고, 그 겨울 시즌 아이들 기 살리기가 시작된다. 초등학교 때부터 운동세계에 있었기에 겨울 잠바는 생각보다 있는 척을 해야 했고, 각 브랜드를 전부 알고, 장단점을 파악한 후 아는 척을 해야 했다. 물론 고가의 겨울 패딩을 살 여력이 되시는 분들도 있지만, 대부분 소득수준이 이렇게 높을 수 있을까 감탄스럽다. 두 벌 또는 세 벌 정도가 보통 있었다.

큰아이는 사립초를 다니고, 운동선수 생활을 하기 때문에 한 달 고정 교육비 지출이 보통 가정하고 다르다. 편하게 잠바를 선택할 수 있는 가정이 있는가 하면, 의지와 상관없이 다른 사람의 기준에 따라 선택 경우가 있다. 여기에 있는 척하려면 결국 빚내고 브랜드 한정판 잠바를 사주어야 한다. 운동하는 자녀가 기죽는 것 싫어 동조된 경우도 있다. 나는 현실을 직시했다.

돈을 사용할 때는 편리함과 가치를 비교하고 선택해야 했다. 보통 사람은 편리한 것을 선택한다. 남하고 다른 선택을 했을 때 감당해야 하는 불편함을 돈으로 편하게 선택한다. 하지만, 돈이 가져다 주는 편리함 뒤에는 반드시 대가를 치러야 하는 것이 현실이었다. 편리함은 순간 편할 수 있지만, 계속 휘둘릴 수 있다. 주위 시선으로 인해, 아는 척 있는 척 척척박사가 될 것인가, 아니면 온전히 나의 기준과 형편에 맞게 선택할 것인가 두 가지 갈림길에서 선택해야 했다. 외모는 중요하다. 그렇다고 운동선수의 실력이 아니다. 운동하는 아이의 자존심도 걸려 있다. 어떻게 할까? 척척박사가 될까 아니면 소신을 지켜야 할까? 아들에게 충분히 지금의 상황을 공유했다.

"아들, 이번 겨울 시즌에 신상 패딩을 사주고 싶은 마음은 있지만, 학교 잠바는 있고, 아들이 버겁지만 서울시 대표가 되어 잠바를 얻으면 좋겠어."

이제 초등학생에게 지금 생각해 보면 부담되는 생각 전달이었다. 그렇다고 매번 무리수를 두고 싶지 않았다. 어리지만, 강하게 커야 한다고 생각했다. 집안 형편을 같이 아는 것이 중요하다고 여겼다. 자신의 말과 행동에 책임감을 가져다 주는 행동이라고 생각했다. 운동선수라면 자신의 멘탈을 지킬 수 있어야 한다고 말이다.

매해 초등부에서는 꿈나무를 달성하고, 중학교 때는 한일 친선 대표가 되고, 고등학교에서는 상비군이 되어 겨울 잠바를 마련했으면 좋겠다는 의견을 나누었다. 아이는 성장 과정에서 꿈나무, 한일 친선 대표, 상비군이 되었다. 대학교 때 주니어 대표가 되었다. 지나고 보니, 아들도 어린 나이에 브랜드 옷을 정말 입고 싶었을 것이다. 과정을 잘 지켜준 아들이 고맙다. 성인이 되어 산책할 때 잠바 이야기를 나누었다.

"그때 다들 노○페이스 한정판을 입었을 때 입고 싶었어요. 저만, 일반 잠바였잖아요. 초등 저학년 때 서울시 대표가 될 이유가 잠바였어요. 전국체전 때 서울시 잠바 입고 운동하는 초등 꼬맹이를 보고, 지나가는 어른이 "너도 대표니!"라고 놀라면서 물으셨어요. 갑자기 힘이 났어요."

"그때 잠바를 사주기 힘든 시기라서, 운동하는 아들이 기죽을까 걱정이 되었어."

"엄마가 말씀하셨어요. 사람은 결코, 외모로 판단해서는 안 된다고요. 하지만, 나의 외모는 신경 쓰라고 했어요. 많은 사람이 외모로 판단하기 때문이지요. 조건을 잘 갖춰야 한다면서, 초등 3학년인 저에게, 서울시 대표가 되는 이유를 설명하신 그날을 기억해요. 남들 다 하는 실력을 갖춘 선수가 아닌, 남이 할 수 없는 실력을 갖춘 선수는 잠바조차도 무색하게

희망의 트랙 위에 다시 서다

만든다고 하셨어요. 사실 그때 많이 신경 쓰였는데, 서울시 대표 안 되면 '창피하겠다.' 생각하고 정말 열심히 스케이트 탄 기억이 있어요. 잠바 때문에 달린 기억도 있지요. 허허.”

세월이 지났다. 아들은 생각보다 강해졌다. 과거는 현재의 틀과 관련이 있다. 과거는 충분히 재해석 될 수 있다. 재해석 시점이 긍정적이면 과거의 기억도 긍정적으로 바꿀 수 있다. 현재가 부정적이면, 과거의 기억도 부정적인 틀에 끼워 맞춰진다. 현재를 잘 살게 되면 자기 인식의 틀을 바꿀 수 있다. **원인을 제거하면 결과가 바뀐다.**

아들의 성장 뒤에는 결핍의 에너지가 있었다. 남들처럼 모든 걸 다 갖췄다면 열심히 달릴 수 있었을까? 결핍의 에너지 잠바 하나 사줄 돈이 없겠는가? 카드가 있어 마음먹으면 충분히 해줄 수도 있다. 있어도 편리와 가치를 보고 판단한다. 해줄 수 있어서 해주는 것 아니라, 가치를 어디에 두느냐는 자녀를 키우면서, 매우 중요한 요소로 작용했다. 결핍 에너지를 극복하면 디딤돌이 된다. 결핍 에너지가 나의 시선을 방해하면 장애물이다. 장애물은 걸림돌이 된다. 당신 앞에 있는 결핍 에너지는 과연 어떤 돌일까? 디딤돌인가 아니면 걸림돌인가. 선택은 오로지 나의 몫이다.

주위 시선을 의식해서 돈을 쓰고, 척척박사가 되어 나의 기준이 아닌 남의 기준을 따라가다 보면 어느 순간 멘탈이 흔들린다. 선택에 내가 없기 때문이다. 남한테 휘둘리면 결국 내가 사라진다. 정신적으로 독립해야 한다. 보통은 선택의 앞에서 편리한 선택을 한다. 정신적으로 독립한 사람은 가치를 선택한다. 삶의 의미와 목적, 실력 있는 사람은 그렇게 성장하고 행복해진다.

미국의 시인 로버트 프로스트는 '숲속의 두 갈래 길이 있다. 나는 적게 간 길을 선택했다. 그리고 그 선택이 모든 것을 바꿔 놓았다.' 했다.

자녀를 키우면서 겨울 잠바는 추억 이야기가 되었다. 그 과정에서 많은 관계와 사건이 있었다. 그때 나의 선택은 시간이 지나서 알게 되었다. 인간관계에 휘둘리지 않고 사람들이 적게 간 길을 선택한 것은 나만의 방식이 되었다.

나의 의지를 무시하고, 자신의 의지를 강요하려는 사람들 때문에 고통받을 필요가 없다. 어떤 일에 갈등이 일어난다면 충분히 대화를 통해 견해를 좁혀 갈 수 있다. 하지만, 대화 속에서 공감과 소통이 안 되고, 주변의 시선까지 동원해 힘들게 하는 사람과 적당히 거리를 지켜야 한다. 과정에서 수용과 타협은 중요하지만, 전부는 아니다. 관계를 유지할 수 있지만, 무례한 경우의 사람들도 있다. 대화하고, 공감 소통하고, 수용과 타협의 과정을 지났음에도 무례하다면 과감히 선을 긋는다. 결국, 결이 맞지 않는 사람은 인연이 아니다.

물건에도 유통 기한이 있듯이 사람의 관계에도 유통 기한이 있다. 나에게 와 준 사람이라면, 소중히 대하지만, 이미 지나간 인연을 두고 마음 아파해서는 안 된다. 가족과 지인들 그리고 새롭게 오는 사람들에게 충분히 사랑을 베풀고 살기에도 우리의 삶은 생각보다 빠르게 지나간다. 인간관계의 가장 우선순위는 나를 존중하는 태도이다.

　나의 선택을 존중하지 않고, 자신 생각이 옳다고 이야기하는 사람은 그 생각이 옳은 것이다. 다만, 나와 다른 것이다. 다름을 인정하고, 선을 지켜야 한다. 자신의 가치를 인정하고, 다른 사람을 존중하는 것 감사의 결과를 만든다. 지금 인간관계 때문에 고민한다면, 이미 지나간 인연을 잡고 있는지 자문해 본다. 보내야 더 좋은 인연이 내게 온다. 비움은 채움으로 연결된다. 인간관계도 이와 같다. 원인을 제거하면 삶은 더 좋은 결과를 선물 받는다.

3장

꿈꾸는 사람은
다시 일어설 수 있다

1

정체성을 잃지 않는 엄마

어린 시절. 엄마가 강했다. 사춘기를 힘들게 겪던 어느 날 엄마에게 혼나고 다락방에 올라갔다. 그곳에서 신사임당 위인전을 만났다. **좋은 딸 좋은 아내, 좋은 엄마.** 나의 결핍이 신사임당 꿈을 가졌다. 결핍은 대학 시절, 직장 시절 기회가 되었다. 지금의 남편과 첫눈에 반해 결혼했다. 자녀를 키우면서 내 꿈은 자연스럽게 신사임당이 되었다. 지혜로운 엄마가 되고 싶었다. 아들의 훈련시간 '틈틈 독서'를 했다. 통찰력 있는 엄마가 되기 위해 꼭 필요한 한 가지를 권한다면, 책 읽기다.

다꿈스쿨 청울림 선생님은 늘 '매일 하는 것이 나를 만든다'고 이야기한다. 이 문장을 좋아한다. 매일 '틈틈' 독서. 그날 읽은 책 안에서 한 문장을 찾는다. 그 한 문장이 마음에 드는 이유를 생각한다. 현재 나의 생활에 어떻게 적용할지 생각했다. 좋은 문장은 메모해서 내일 만나는 고객의 모닝 인사 또는 카톡으로 아침의 기운을 전달했다. 책에서 읽고 생각하며 적용했다.

시간이 점에서 선으로 연결되어 지금의 '북테라피' 모임을 만들었다. 매일 읽는 책 속의 한 문장은 나를 찾아가는 큰 힘이 되었다. 점이 선이 되고 선이 공간이 되었다. 공간 안에서 책을 읽고 쓰고 감사를 나누었다. 감사하는 모임은 함께 성장을 꿈꾸는 모임이 되었다.

자녀들도 엄마인 나를 '책 읽는 엄마'라 불렀다. 엄마가 책을 읽으면 아이들도 자연스럽게 틈틈 독서가 생활이 된다. 부모의 생활은 아이들에게 기준점이 되었다. 책을 읽는 엄마는 신사임당이라는 꿈과 비전을 통해서 실행되었다. 하루 4시간 자고 20년을 버텼다. 아들의 꿈을 이루는 과정을 응원하고 묵묵히 지켜본 것도 책을 통해 매일의 깨달음이 있어서 가능한 일이었다.

큰아이가 스무 살이 되었다. 세계 주니어 500m, 1000m 종합 우승 챔피언이 되었다. 대학 4년 전액 장학생으로 합격이 되었다. 아들은 스무 살 그렇게 독립을 했다. 기숙사 짐을 챙기면서 아들은 문 앞에서 나를 꼭 안았다.

"엄마가 제 엄마라서 감사합니다. 엄마 덕분에 여기까지 왔어요. 이제 저의 엄마가 아니라 엄마의 이름 석 자로 살아가시길 응원합니다."

아들의 포옹은 지금 생각해도 감사하고 따뜻했다. 그날 나는 육아로 독립을 선언했다. 아직 막내가 있었지만, 막내는 큰아이와 다르게 독립적이었다. 나의 관심을 간섭이라고 이야기했다. 막내의 이런 태도를 존중했다.

주인 의식을 가지고 먼저 선택했고 행동했다. 그리고 신사임당이란 꿈을 이루었다. 생각했다. 다시 나의 정체성을 찾았다. 책을 펼쳤다. 책은 정답을 주지 않지만 늘 그렇듯 해답을 제시한다. 어느 날 책 속 한 문장이 찾아왔다. 자신에게 계속 질문하면 책은 해답을 전해준다.

책을 통해 나의 비전을 정했다. 톨스토이는 다른 사람의 삶을 삶답게 만들기 위해 정성을 다하고 마음을 다하면 아름답다고 했다. 또한 『인생의 지도』 다카하시 아유무 역시 내가 하고 싶은 것을 좋은 것과 연결할 때 세상을 위한다고 했다.

책을 통해 나는 "나의 강점을 바탕으로 나의 일을 잘하고 타인과 사회를 아름답게 한다."라는 비전을 생각했다. 책과 경험에서 배운 것을 나누는 사명을 가지게 되었다. '공부해서 남을 주자.' 반석 그룹 대표셨던 문형록과 오은영 부부는 독서 모임을 운영하시면서 그 시기 '공부해서 남을 주자.' 가르침을 지역 주민에게 전하고 계셨다. 남양주 독서 모임에서 배움을 익혀, 성장할 수 있었다. 아르바이트하던 회사에서 관리자 자리로 스카우트 제의를 받았다. 현장 영업 경험과 20대 기획력이 강사로 활동할 수 있었다. 점이 선으로 연결된다고 생각하고 제의를 받아들였다. 책 속에서 비전을 찾았다. **"공부해서, 남 주자."**

책을 읽고 기록으로 남긴 것을 강의화했다. 나만의 방식으로 시작했다. 관리자 발령 후 3개월이 되었을 때 코로나가 전 세계를 강타했지만, 준비한 강의안들로 동기부여가 되었고 회사는 위기를 잘 넘겼다.

그런데 정작 올림픽 선발전 5일을 앞두고 아들은 다쳤다. 큰아들은 집으로 돌아왔다. 코로나로 인해 기숙사가 외부로부터 차단되었다. 부상 치료로 인해 집에서 다시 보내야 했다. 코로나 3년은 회사에서 열정을 확인하고 배워서 남을 주자 실천으로 성과를 내었다. 하지만, 정작 내 가정은 엉망이었다.

큰아들 부상, 막내아들은 부모가 직장을 나간 사이 홀로 집에서 코로나 재택 수업을 했다. 막내아들은 외로움으로 힘든 시간을 보내었다. 초등학생이니 당연했다. 그런데 회사 일로 정신없었던 시기라 정작 관심이 소홀했다. 심한 사춘기로 부딪혔다. '말도 안 되는 상황을 어떻게 할까?' 다시 책을 들었다. 회사 퇴사를 결정했다. 마침 회사는 나에게 더 많은 담당을 주었다. 그 모습을 보고 고민을 했다. 돈 때문에, 회사의 노예로 살고 싶지 않았다.

내 가정이 우선이었다. 먼저 나를 세우고 가정을 세워야 했다. 집으로 돌아와 다시 책을 읽었다. 책을 읽으니, 두 아들도 책을 읽었다. 책을 읽고 큰아들과 산책을 했다. 서로가 책에서 읽은 내용을 공유하고 토론을 했다. 아들들은 그렇게 책을 통해서 정서적 치유를 받기 시작했다. 책을 읽고 기록으로 남기기 시작했다. 일하듯이 책을 읽고 기록했다. 온라인에서 닉네임이 필요했다. 나다운 닉네임을 어떻게 만들까 고민하던 중 일본 애니메이션 작품 '원피스'의 4대 천황 빅맘이 생각났다. 빅맘은 악당이지만, 능력자이다. 함께하는 부하는 빅맘보다 더 큰 능력자들이다. 가장 힘든 시기 자신을 찾아가는 길을 빅맘이 안내해 주었기에 사랑하고 의리를 지킨다.

나는 영감을 받고 그날 이후 나의 온라인 닉네임을 빅맘스토리로 지었다. 네이버에 검색하면 늘 일본 애니메이션의 주인공 빅맘이 등장했다. 1년이 지났다. 지금은 네이버에서 빅맘스토리를 검색하면 빅맘스토리 SNS 닉네임이 검색된다. 그렇게 나는 퇴사 후 나를 찾았다. 배움을 기록으로 남겼다. 123일 동안 123권의 책을 필사하고 기록으로 남겼다. 생각을 온전히 기록으로 남겼다. 블로그 이웃 수가 18명에서 불과 1년 사이 6천 명이 되었다. 이웃과 소통을 했다. 나의 시각화 경험과 책을 통해 얻은 시선을 공유했다. 지금의 '빅맘의 북테라피'는 그렇게 만들어졌다. **지식과 경험이 쌓여 '빅맘스토리'가 되었다.**

매일 하는 '틈틈' 독서는 엄마의 정체성을 가질 수 있도록 했다. 텔레비전을 본다면 아들은 '우리 엄마는 텔레비전을 사랑해'로 기억할 것이다. 넷플릭스를 사랑하는 엄마로 기억할 것이다. 어쩜 넷플릭스와 엄마는 동의어가 될 수도 있다. 보는 관점에 따라서 말이다. 아이들에게 세상을 살아가는 동안 엄마의 존재는 큰 힘이 된다. 엄마의 정체성을 찾기 힘들다면 책을 통해 나다움을 찾자. 책은 우리에게 우리가 원하는 방향으로 해답을 제시하여 준다.

나의 발견이 이뤄지지 않은 상태에서 자기계발은 금물이다. 자기계발은 자신이 이루고자 하는 꿈이 무엇이고, 왜 추구하는지에 대한 깊은 '자기 통찰력'을 요구한다. 자기 발견이 아직 안 된 분들은 명확한 꿈도 없고, 목표 설정을 하기도 힘들다. 따라서 책을 꾸준히 읽으며 그 안에서 닮고 싶고 싶은 캐릭터를 찾아보고, 닮아가는 것을 추천한다. 책은 정체성을 찾고 유지하고 성장하는 데 큰 힘이 된다. 그렇게 성장한 결과 자기계발이 된다. 나는 현재 자기 발견 중인가? 자기계발 중인가? 이 질문에 대한 명확한 대답이 선행되어야 성장에 속도를 낼 수 있다.

2

엄마 책이 더 많은 이유

　무더운 여름날. 태릉 스케이트장 주차장에는 매미 소리가 쨍쨍하다. 오고 가는 코치와 선수들. 주차장 대기에 있는 엄마들. 오늘은 어디 쇼핑 갈까 카페 갈까 의견이 분주하다. 차에서 돗자리를 가지고 링크장에 돗자리를 펼친다. 한여름 아이스링크장 안은 커다란 냉장고 안 같다. 돗자리 펴고 막내는 한글 공부를 시작한다. 끈적끈적 땀으로 범벅이 되던 몸은 어느 사이 보송보송하다. 앞에서 달리기하고, 엄마들은 수다 떨고, 한쪽에서는 열정적인 코치들이 구호를 외친다. 공부하기에 적합한 환경은 아니지만, 미래의 꿈이 있기에 가능한 시간이었다. 나는 책을 펼친다.

　그날도 아이 스케이트장 학부모들 덕(?)에 머리가 아팠다. 의견이 다를 수 있는데 쉽게 받아들여지지 않았다. 지금껏 살아온 세상의 관념과 나의 기준에서 다른 학부모들의 의견이 쉽게 호응이 안 되었다. 그냥 묵묵히 협력하려고 해도 동조할 수 없었던 이유는 돈 문제였다. 아이 학비 훈련비 그리고 식비를 제외하고 나면 여윳돈이 넉넉하지 않았다. 늘 아이들 훈련

시간에 커피 마시고 함께 쇼핑을 하는 것이 의리라 생각한 분들의 의견을 무시하기로 했다. 우선은 시간을 대하는 태도에 부합되지 않았고, 무엇보다 매일 쇼핑을 하다 보니 필요한 물건보다 보기 좋은 물건을 사기 시작했다는 것이다. 보이면 사게 되었다. 한 달 가계부 정산을 할 때면, 미련한 자신을 발견했다. 결국 '지금의 환경을 바꾸면 된다.'라고 생각했고, 용기를 내어야 했다. 익숙한 것과 결별하기. 아닌 것을 아니라고 말할 수 있는 용기를 내어야 했다.

한때는 엄마들 이야기를 듣고 무조건 실행하려고 했던 적이 있었다. 아이 스트레스 풀어 준다고 다들 게임기인 닌텐도를 하나씩 샀다. 가계부를 확인 후, 닌텐도를 살 수 없었다. 또 마이너스를 만들고 싶지 않았다. 훈련 외 시간에 놀러 가면 닌텐도가 없어 남이 하는 것을 바라보는 아들이 신경이 쓰였다. 엄마인 나도 이런 마음인데 어린 아들은 친구들 틈에서 얼마나 힘들까. 이 이야기를 하니 이모들이 돈을 모아 최신형 닌텐도를 사주었다. 문제는 틈만 나면 아이가 닌텐도를 한다는 것이다. 엄마들한테 물어보았다.

"상혁이가 틈만 나면 닌텐도를 해요. 유나(가명) 어머님은 어떻게 조절시켜요."

"아휴 어머님 처음이니 그래요. 한 일주일만 마음껏 해보라고 하셔요. 질려서 안 해요."

"아 그래요. 일주일만요."

그날 이후 2주간 아이는 집중적으로 닌텐도를 틈만 나면 했다. 눈이 붉게 충혈되었다. 주말에도 했다. 2주간 닌텐도 몰입도가 뛰어났고, 질려하기는커녕 더 집중하는 것 같았다. 지켜보고 있으면서도 내심 불안했다.

나는 서점을 갔다. 그리고 지금의 생각을 찾아줄 책을 찾기 시작했다. 초등 관련 서적 6권 정도를 사서 집으로 왔다. 일주일 동안 읽다 보니, 지금 무엇이 잘못되었는지 알게 되었다. 주변에 전문가가 없다면 도서관이나 서점에 가서 책을 찾아보면 생각보다 해답을 찾는 길이 빠르다. 요즘은 온라인 서점도 잘 되어 있다. 책 속에서 답을 얻었다.

아이는 끝도 없이 게임기에 빠져들어 한동안 게임기 차단하는데 들이는 시간이 더욱 힘들었다. 그때 깨달았다. 아이마다 성향이 다르다는 것. 내 아이 문제가 다른 엄마의 생각과 같지 않다는 걸 알아차렸다. 하지만, 얼마 후 나에게 이야기 해주던 엄마 자녀는 닌텐도가 재미없다고 초등학생이 PC방을 찾기 시작했다. 깨달았다. 게임은 중독이었다. 더 큰 중독을 일으키고 있다는 것을 알아차릴 수 있어서 다행인 순간이다.

책을 펼치면 시선이 느껴진다. 많은 주변 의견이 있었을 것이다. 그러나 의견은 가치가 없다. 나는 지금 펼친 인간관계 책에서 그 부분을 읽고 있다. 누구의 의견은 그의 생각일 뿐 내 인생에 도움이 될 수 없는 의견임을 알았다. 책을 펼쳤다. 고민이 생길 때마다 책을 펼쳤다.

영화 〈치킨런〉에는 이런 대사가 나온다.

"평생을 알만 낳다 나중에 털 뽑혀서 먹히고… 그렇게 살다 죽고 싶어요?"

"어떻게 해요. 그게 우리의 팔자인데…."

"그게 문제예요. 양계장 울타리가 여러분 머릿속에 있다는 것."

'이렇다.' 혹은 '저 사람은 그렇다.'라고 규정하는 순간, 어떤 상황이 발생해도 옳고 그른 것과는 상관없이 정해진 행동을 하는 경우를 자주 본다. 이것을 '**자기규정 효과(self-definition effect)**'라고 **한다.** 이 단어를 접한 후 나는 사람들의 의견을 듣고 참고만 할 뿐 그 이상의 의미를 두지 않는다.

닌텐도 덕(?)에 아이 시력이 떨어진 계기가 되었다. 모든 책임은 엄마의 무지에서 시작되었다. 그 뒤로 나는 틈 만나면 서점을 간다. 아이를 키우면서 질문을 많이 했다. 수많은 인생의 우여곡절을 겪으면서 나는 틈만 나면 책을 찾아갔다. 질문을 하고 해답을 찾는 과정에서 나는 정체성을 만들어 갔다. '틈만 나면 책 읽는 엄마.'

주변인 중에 고민이 있으면 동굴에 들어간다는 은둔생활의 다른 표현을 했다. 나는 그때마다 도서관을 갔다. 서점을 찾아갔다. 내 생각을 확장하기 위해서다. 인간관계가 힘들면 사람 심리 코너에서 책을 보았다. 아르바이트하면서 매출을 올리고 싶을 때는 마케팅 분야에 서 있었다. 사춘기 자녀 마음을 이해하고 싶으면, 청소년 상담 책 앞에서 서성인다. 책은 전문가의 영역이다. 책을 출판한 작가는 자신의 경험과 생각을 고민해서 출판했기에, 책 속에 해답을 찾아 적어놓았고 나는 보물찾기 하듯 찾았다.

요즘은, 사람 사는 이야기에 관심이 많다. 옛사람은 어떻게 살았는가 역사책 앞에 있다. 지혜가 필요하다는 생각이 들면 철학책 앞에 있다. 세상 사람들의 삶의 모습이 궁금하면 고전 책 앞에 있다. 최근 읽은 **이슬아 작가의 『가녀장 시대』**는 인상 깊게 읽은 책이다. 시대에 따라 부모와 자식의 관계가 이렇게 변화를 보일 수 있다는 생각에 재미있게 읽었다.

자녀를 키우고 가족을 챙기다 보면 궁금한 게 많아진다. 직장까지 다니는 엄마는 궁금한 게 더 많다. 아이가 어렸을 때는 갑자기 밤에 열이 날 때 어떻게 해야 할지 몰랐다. 아이가 밥을 잘 먹지 않을 때도 당황스러웠다. '엄마'로서 궁금한 점들을 책을 통해 해결했다. 다양한 육아서에는 아이를 키우는 방법과 때에 맞는 행동 요령들이 가득했다. 도서관 가서 아무 책이나 골라 초입 30페이지 정도 읽고 괜찮으면 서점에 가서 같은 책을 구매했다. 아이 책과 나의 책은 가능한 구매를 해서 읽었다. 미래를 위한 투자라고 생각했고, 닭장 울타리를 벗어나는 유일한 희망이라고 생각했다. 내 생각 틀을 깨는 선물이라고 생각했다. 책 한 권이 가장 경제적인 자기계발 도구라는 생각은 예나 지금이나 같은 마음이다.

가장 적은 돈으로 복리의 힘을 믿었다. **'미래의 나는 가치 있는 사람이다.'** 이것이 내가 나를 규정하는 힘이 되었다. 우리 집 자녀들 책보다 나의 책이 더 많은 이유이다. 그 책에 밑줄 긋고 필사한 내용이 가득하다. 자녀들이 성장하는 과정에서 책을 읽고, 밑줄 그은 곳의 내용에 아이들이 공감한다.

"엄마의 책장에는 재미있는 것이 많아요."

아마도 밑줄 그은 나의 책들을 보면서 어느 날 자신이 생각하는 질문에 대한 해답을 만날 수 있지 않을까! 생각한다. 책은 삶의 희망이다. 책을 통해 자신의 꿈이 내 꿈인지 타인의 꿈인지 생각하고, 주인 의식을 가지고 구체적으로 행동하는 엄마가 되자.

정답이 아닌 해답을 찾는 길

인생에 정답이 있을까. 인생에는 정답이 없다. 해답만 있을 뿐이다. 매일 수많은 결정을 하고 산다. 그 결정에 정답이 있을까. 아니다. 결정 후 그 결정이 옳았다는 과정만 존재할 뿐이다.

결정 시 목표를 선택한다. 녹즙 아르바이트를 결정했을 때 어쩔 수 없는 환경에 지배를 받았다. 2주 만에 좌절했다. 하지만, 그 과정을 수정 보완하면서 자존심 상하던 일은 나의 자존감 회복에 힘을 키워주었다. 꿈을 포기할 수 없다는 아들의 한마디에 이를 악물고 자존심을 버린 이유는 스피드스케이트 세계 챔피언 꿈이 명확한 아들과 나의 신사임당 꿈이 일치했기 때문이다. 모든 일은 목표가 명확해야 한다. 목표는 삶을 원하는 방향과 동력을 제시해 준다. 모호하고 흐릿한 꿈이 아닌, 구체적인 꿈을 꾼다. 그래야 목표가 명확해진다.

목표는 내비게이션 안내의 최종 목적지와 같다. 내비게이션(navigation)의

어원을 살펴보면 나위게레(navigere)에서 유래되었다. 이는 배(navis)와 항해(agere)의 합성어다. 즉 목표는 뱃사람에게 꼭 갖춰야 할 조건이었다. 배를 항해하다 보면 좌충우돌 바람과 파도로 인해 항로에서 벗어나는 일도 있겠지만, 결국 자신이 원하는 방향으로 찾아간다.

콜럼버스가 인도에 간다고 출발한 항해에서 결국 아메리카 대륙을 발견했다. 이 과정에서 그의 목적이 잘못되었다고 할 수 있는가? 목적이 있으면 우리는 움직인다. 콜럼버스가 인도에 도착하지 않았다고 실패한 삶이 아니듯 우리의 인생도 이와 같다. 운전하다 보면 잘못된 길로 갔을 때 '띵띵' 소리로 내비게이션이 안내한다. 내비게이션하고 소통이 안 된 경우다. 과정을 반복하다 보면 내비게이션과 소통이 잘 된다. 경험이 쌓였기 때문이다. 인생도 살다 보면, 실수도 할 수 있고 실패를 보기도 한다. 실수했다고 목적지를 앞에 두고 그만 포기하겠는가? 경험은 해답을 찾아가는 열쇠다. 삶에서 일어나는 일들은 우리가 통제할 수 없지만, 문제를 바라보는 시선은 통제할 수 있기 때문이다.

녹즙 배달 일을 처음 했을 때 눈 깜짝할 사이 고객이 70명에서 20명이 되었다. 자존심이 상하던 이 일을 생존이 걸린 문제로 알아차리고 원인을 파악하게 되었다. 20명 고객만 남았는데, 더는 물러설 자리가 없었다. 여러 원인 중 고객들은 배달사원이 바뀌면 제품을 그만 먹는 경우가 많았다. 이 부분은 내가 어떻게 할 수 있는 영역이 아니었다. 두 번째로 경쟁 업체 사람이었다. 아침 시간에 우유, 요구르트, 커피 등 보이지 않는 음료수 전쟁이 시작된다. 서로 고객 유치에 애정을 기울인다. 20명 남은 고객에게 찾아가 자신에게 브랜드를 바꾸면 한 달 무료 보상한다는 이야기를 듣고 그분에게 찾아가 상도의 없다고 따졌다가, 그분이 고객의 선택이라고 이야기한 순간 멍한 기억이 있다. 한 달 무료인데 변하는 고객의 마음을 서운해할 것이 아니라, 그 순간 어떻게 잡을 수 있을까 생각했어야 했다. 목표가 명확하지 않았다면 흔들려 쓰러졌을 것이다. 포기했을 것이다. 온갖 변명을 가져다 놓았을 것이다.

변명은 사실이지만, 나의 성공과 성장에는 의미가 없다. 목표를 생각했다. 나의 현재 위치를 바라보았다. 현재 위치를 자각해야 한다. 그 위치에 따라 전략이 달라지기 때문이다. 이제 출항하는 배와 중간에 항해하는 배에 따라 전략이 달라지듯, 지금 내 위치를 정확히 알고 전략을 짜야 한다. 그 결과, 고객 20명 지키는 것이 첫 번째 목표였다. 현재 위치를 알고 나니 양보는 안 된다는 생각을 했다. 목표를 적어 시각화했다. 화장실 벽면, 화장대 벽면, 문 앞에도 붙여서 시각화했다. 콜럼버스가 아메리카 대륙을 발견한 마음으로 지그재그 순항을 하면서 목표를 달성하기 위해 공부했다. 일단 실행 후 반응이 없으면 다음 실행을 했다. 이 과정에서 목표는 생각보다 중요하다는 것을 깨달았다.

첫째, 목표를 가지면 삶에 의미와 동기부여를 할 수 있다는 것이다. 시작은 아이 스케이트 레슨비로 시작했다. 이 과정에서 나와 아이의 꿈을 이루는 도구가 명확해지고 이기고 싶다는 생각에 전략을 짜는 시간을 만들었다. 목표는 스피드스케이트 세계 챔피언이 되는 것이다. 지금은 과정이다. 생각보다 동기부여가 되었다.

둘째, 목표는 집중하고, 방향성을 제시한다. 목표가 명확하고 구체적이면 무엇을 해야 할지 알고 그에 맞춰 행동할 수 있었다. 잠시 옆으로 방황할 수 있지만, 다시 한 방향으로 방향을 잡을 수 있었다.

셋째는 목표를 향해 노력하는 과정에서 필요한 지식과 기술을 습득했다. 책을 통해 고객의 심리를 분석하고 마케팅 전략을 찾기 시작했다. 다시 영양학을 공부하면서 더 나은 가치를 전달하는 사람이 되었다. 녹즙 배달원이 아닌 '건강 전도사'가 되었다. 고객들은 나에게 '나의 행복 주치의'라는 별명을 붙여 주었다. 그 결과 3개월 만에 기존 고객 70명은 물론 6개월 만에 고객 100명을 채울 수 있었다. 그날 이후로 나는 내 인생에서 마이너스 통장을 만나지 않았다.

넷째는 과정에서 목표를 달성하면 자기 신뢰와 성취감을 얻는다. 목표를 성공적으로 이루면 나에 대한 자아존중감과 자신감이 향상됨을 느꼈다. 자존심 상하던 녹즙 배달은 자존감을 올려주는 일이 되었다. 녹즙 배달을 하면서 녹즙 전달이라는 용어로 바꾸어 사용했다. 녹즙 배달원에서 '건강주치의'라는 닉네임을 고객들이 불러줄 정도로 공부를 열심히 해서 정보를 나눴다.

인생에 정답이 있을까? 해답이 전부다. 결정했다면, 옳게 만드는 과정만 존재하는 것이다. 내 생각에 의존하는 것이 아니라 책을 통하고 실행을 하면서 수정 보완했다. 책만 읽는 것은, 반쪽 실행이다. 배우고 익혔으면 돈을 벌고 성장해야 한다. 모든 배움에 목표가 있어야 한다. 성공에는 작은 시작점이 있다. 멀리 내다보고 작게 시작해야 한다. 마치 내비게이션에서 나의 현재 위치를 알고 목적지를 설정하는 것처럼 말이다. 목표는 우리의 성공과 만족을 위한 필수 요소 중 하나이다. 과정에서 경험을 쌓아 옳은 결정이었음을 증명하는 것이다. 정답이 아닌 인생의 해답을 찾아가자.

정보, 지식은 기본이다. 중요한 것은 실행력이다. 꿈을 일관성 있게 유지하고 지속적 노력을 통해 탄력성을 가질 수 있다. **'아는 것은 힘이다.' 그러나 이 문장을 완벽하게 만들려면, '아는 것을, 실천해야 힘이다.' 실천하는 힘. 그 힘이 진정 위대함을 만든다.** 긍정의 힘! 확언! 시각화! 다 좋다. 하지만, 이 모든 것을 하기에 앞서서 목표를 정하고 실행해야 한다. 실행하면서 필요한 것은 긍정의 힘, 확언, 시각화가 되어야 한다. 적어도 나는 그렇게 행동했고, 생각한 최종의 목표와 꿈에 다가갔다.

4

생각이 가난해지면
생활도 가난해진다

운동선수 아들을 키우는데 흔들린 적은 없는지 질문을 받고는 한다. 왜 없었겠는가. 꿈이 명확해도, 가는 방향이 맞을지 의문이 들 때가 있다. 그때마다 책을 펼친다. 책 속에 해답을 얻기도 하지만, 지금 가는 길의 방향을 확인하기 위함이다. **생각이 가난해지면 생활도 가난해진다.** 결핍을 생각하면 계속 부족한 일들이 일어난다. 책을 통해 풍요로운 생각과 마음을 유지할 때 점점 더 좋은 일들이 내게 오고 있음을 생활에서 배우고 익혔다.

독서 자체로 얻는 것이 많다. 생각의 폭, 세상을 보는 관점의 다양성, 집중력 향상. 문해력을 통한 통찰력 및 사회적 관계 등 많은 것 배우게 된다. 특히 '책을 통해 나라면 어떤 판단을 했을까?' 주인 의식을 가지고 책을 읽는 순간 선택했던, A, B가 떠오른다. 일어날 수 있는 변수를 예측해 보는 힘을 키울 수 있다. 경험과 지식에 갇혀 한쪽 면만 보기 쉽지만, 아직 가보지 않는 방향에 대해 간접 체험, 다른 시야, 다양한 관점에 책을 통해서 도움을 받았다. 주식을 할 때도, 부동산을 투자할 때도 책에서 배운 시선은 풍요로움을 선물해 주었다.

독서는 해야 했다. 독서가 취미가 될 때는 취미로 끝나지만, 독서를 통해 성장할 때는 치열해야 한다. 읽고 핵심을 요약하고, 필사하고, 블로그에 기록했다. 독서 완성은, 기록이다. 중학교 때 셰익스피어의 『로미오와 줄리엣』 중 유명한 발코니 장면에서 줄리엣이 로미오에게 "이별이라는 것이 이토록 달콤한 슬픔일 줄이야!"라는 대사를 읽고 '달콤한 슬픔'이란 것은 어떤 것일까 생각한 적이 있다. 이별이 달콤할 수 있을까? 성인이 되어 첫사랑이 짝사랑으로 끝날 때 안타까움에서 생각나는 한 단어가 문득 '달콤한 슬픔'이란 단어였다. 책에서 읽은 내용이 어느 날 나도 모르게 내 삶을 통해 이해가 되는 순간들이 있다. 책을 읽을 때 질문하고 사색하고 메모하는 독서는 시간이 지나면서 발효된다. 어느 날 어느 순간 삶 속에 깨달음이 된다. 잘 익은 간장처럼 삶을 구수하게 한다. 책을 통해 얻은 깨달음은, 올바른 방향으로 안내 해주는 힘이 되고는 했다.

책을 읽고, 핵심 내용을 파악한 후 아이디어를 만들고 실행했다. 지금 당장 실행하지 않더라도, 언젠가는 써먹을 기준이 나의 부자 노트에는 가득하다. 내 생각에 빠져 '이 길이 옳다.' 생각하고 밀고 나가는 뚝심은 중요하지만, 판단이 맞는 방향인지 다양한 책을 통해 끊임없이 해답을 찾아가고 질문을 해야 한다. 자칫 자신만의 생각에 빠져, 머나먼 길을 돌아오는 사람들을 꽤 본다. 지금 가는 길이 의심이 들 때, 확고한 신념의 부족으로 추진력이 떨어질 때, 혹은 결과에 연연해서 조급해지면, 책을 읽는다. 그리고 명상을 하고 산책을 했다. 책 중에 제일 좋은 책이 산책이기 때문이다. 책 읽고 걷는 산책은 오감을 키우는 보물이 되었다.

아들이 운동선수이기에 늘 선택에 앞서 생각이 많았다. 겨울 운동이라 비시즌인 여름 훈련을 했다. 가을이 되어 전국에 있는 선수들이 태릉 스케이트장에 모인다. 기록경기인 시합에서 첫 대회를 통해 대략 어느 정도 기량으로 올해 기록이 나올지 예측된다. 생각보다 기록의 차이가 날 때 조급했다. 함께 달린 선수들을 바라보았기 때문이다. 비교하면 조급해진다. 한 해 과정을 다시 생각해 보아야 했다. 아이를 키우면서 이런 경험은 수없이 일어난다.

평정심이 중요한 것은 알고 있지만, 눈앞에 보이는 순위를 두고 평정심을 가지기는 힘들었다. 지난여름 훈련한 것이 아무것도 아닌 것처럼 느끼는 순간들이 많았다. 분명 과정이라고 생각을 하지만, 마음에 이르기까지 쉽지 않았고, 머리로 이해가 되어도, 가슴에서 받아들이지 못하는 일들이 다반사였다.

그때 만난 책이 헤밍웨이의 『노인과 바다』였다. 헤밍웨이의 『노인과 바다』에는 84일 동안 고기 한 마리 낚지 못한 산티아고 노인에게 85일째 큰 대어가 낚였다. 3일을 사투 끝에 잡은 고기는 상어 떼의 밥이 되었고, 돌아온 배에는 커다란 물고기의 뼈대만 있었다. 결과로 보면 산티아고는 패배했다. 하지만, 온 마을 사람들은 노인을 실패자로 생각하지 않았다. 어

희망의 트랙 위에 다시 서다

떤 역경과 고난에도 굴하지 않고 끝까지 목표 달성을 위해 노력했던, 위대한 승리자로 기억했다.

소설 속의 산티아고 노인처럼, 운동선수 길을 걸었다. 누구 하나 보아주지 않아도, 자신의 목표를 위해 꾸준히 그날 할 일을 하는 것이다. 변명하지 않았다. 결정했고, 목표를 정했다면, 하는 것이다. 과정을 자신이 안다. 주변이 아닌 자신이 성장하고 있음을 알고 있다. 때가 되고, 운이 따르면 빈틈없이 해내는 것이다. 아들은 그런 멘탈로 하루를 살아갔다. 진정한 성장은 그런 것이다. 누구 하나 보아주지 않아도 묵묵히 자신의 길을 걸어가는 산티아고 노인의 위대함처럼 그냥 완벽이 아닌 완성을 향해 걸어가는 것이다.

부상 후, 다시 운동선수 자리로 돌아가는데 산티아고 노인처럼, 우리의 경험이 틀리지 않았다는 것을 증명해 주었다. 실력을 키우고 때를 기다리면 좋은 때에 좋은 일이 일어난다. 자녀를 키우는 과정은 3년 후 5년 후 10년 후 과정을 보고 한 걸음씩 나아가야 한다. 큰 나무가 되려면 시간이 필요하다. 그 시간을 만들어 가는 과정에는 사랑과 정성의 보살핌이 필요하다. 책은 과정에서 나침판과 같다. 작은 성과들이 모여 성취를 이루고, 성취가 시간이 지나면 발효되어 하나의 업을 이룬다.

수시로 독서를 통해 지금 걸어가고 있는 방향과 경험을 확인했다. 책 속 주인공이 되어 어떤 선택을 했을지 생각했고, 얻은 내용을 메모했다. 기록은 언제든 내 삶과 연결하는 힘을 길러주었다. 독서의 완성은 완독이 아니라, 기록이다. 우리 기억력에는 한계가 있기 때문이다. 경험을 통해 독서를 확인했다. 그렇게 오늘도 성장 독서를 했다. 다만, 편식 독서는 추천하고 싶지 않다. 부동산, 금융 전문가라면 자신의 전략에 맞춰 편식 읽기도 필요하지만, 그렇지 않은 경우, 다양한 인문과 고전을 찾는 노력을 했다. 사실 부동산, 금융투자도 다양한 독서를 하고 사고를 확장할 때 더 좋은 시선을 선물 받는 경험이 있었다. 그러니 골고루 섭취하자. 음식처럼. 책을 통해 생각을 풍요롭게 한다. 경제공부를 할 때도, 자녀를 키울 때도 책은 필수이다. **생각이 가난해지면 생활도 가난해진다. 풍성한 생각을 위해 나는 오늘도 책을 펼친다.**

초등학교 시절 기초 한자 공부는 독해력 향상에 많은 도움을 준다.

희망의 트랙 위에 다시 서다

5

적자생존 서바이벌

절대 반지라고 들어 봤는가? 강력한 힘을 가진 절대 반지를 갖고 싶었다. 아침마다 녹즙 배달일은 전쟁터였다. 처음에는 2천 원 녹즙 한 병 전달하는 단순한 일로 생각했다. 하지만 우유 대리점 사장, 모닝커피 던킨도너츠 대기업들 그리고 요구르트 언니에 이르기까지 아침마다 고객의 선택을 받는 치열한 전쟁터를 경험한다.

전술이 필요했다. 당시 영화 〈반지의 제왕〉을 보면서 절대 반지의 힘을 현실에서 어떻게 만들까 생각했다. 현대판 절대 반지는 오프라인 영역을 온라인에 접목하면서 생기는 힘이 아닐까. 문득 떠오르는 생각이 행동을 요구했다. 2016년 당시에 생각한 내용이니, 그 경험이 지금의 나를 만들었다고 생각한다. 대표적인 예가 김미경 작가이자 강사셨다. 이미 오프라인에서 유명 강사로 인정받고 있던 그분이 온라인 세계를 빠르게 접목해서 성장해 나가는 모습을 보면서 절대 강자는 절대 반지를 가지시겠구나! 생각했다. 평상시 '사모님'으로 불리던 내가 녹즙 한 병으로 고객에게 선택

되어야 했다. 말 그대로 적자생존의 세계였다. 내가 선택되지 못하는 순간 아들의 꿈도 나의 꿈도 사라진다는 생각에 전략을 짜야 했다. 어떻게? 김미경 강사님이 생각났다. 그분처럼 하는 것은 힘들겠지만, 지금 있는 이곳에서 전술을 짜야겠다는 생각을 했다.

영국에 철학자 스펜서가 제창한 적자생존의 뜻은 '환경에 적응하는 생물만 살아남고 그렇지 못한 것은 도태되어 멸망하는 현상이다.' 말이 생각되었다. 영업한다는 것에 대한 거부 반응이 있었다. '영업은 특정인들만 하는 거야.' 생각했다. 하지만, '다음에', '나중에'라는 생각을 매일 하다 보니 현상 유지가 아니라 도태되어 가는 현실을 맞이해야 했다. 매출 결과를 보면서 깨달았다. 오늘에 집중하고 오늘 실천해야 한다. 아침마다 소리 없는 전쟁터에서 살아남는 전술을 짜야 한다. 나는 3가지에 집중을 했다.

첫째, 마인드를 변화시켰다. 일어나는 현상을 바라보고 시선을 변화했다. '아마추어는 상대와 경쟁하지만 프로는 나와 경쟁'한다는 마음을 가졌다. **어제보다 1% 성장하는 것이 목표였다.** 어제 주문보다 오늘 녹즙 한 병 더 전달하는 것이 최선이었다. 지나간 월요일보다 이번 주 월요일에 집중했다. 아침 3시간의 전쟁에서 승리하는 것이 목표였다. 이번 주 수량을 체크했다. 성장했다면 그날은 나의 수고에 퇴근 후 맛있는 커피 한 잔을 선물로 주었다.

둘째, 경쟁 업체 사장님에게 나의 수량을 노출하지 않았다. 아침 시간에

서로 경쟁하는 우유 사장님과 요구르트 사장님이 대결은 서로 누가 물건을 더 많이 가지고 출근하냐는 것이었다. 둘을 보면서 나의 성장한 수량은 보여 주지 않았다. 관심을 가지면 녹즙은 신선도가 중요하다고 둘러대었다. 얼음을 채워 꽁꽁 감싸고 안 된다고 했다. 얼음 무게 때문에 힘들다고 하소연도 했다. 공공연하게 경쟁자를 부추길 필요가 없다. 이는 아들이 운동세계에 있으면서 많이 배운 부분이다. 굳이 적을 만들 필요가 없다. 일부러 우유와 요구르트를 샀다. 어차피 아이들 성장기라 필요한 부분이기도 했고, 주변이 시끄러운 것이 싫었다. 나는 싸움을 별로 좋아하지 않는다. 한번은 한여름 날씨 38도를 기록한 여름날이었다. 상온에 잠시 놓은 우유가 차 안에서 터져서 세차에 고생했다. 냄새도 지독했다. 하지만, 그 덕에 실내 세차했다고 마인드를 다시 잡았다. 아이들 상한 우유를 안 마시고 건강해서 다행이라고 생각했다.

셋째, 고객은 아침에 출근해서 녹즙 드실 때 잠시 기억을 할 뿐이다. 그리고 잊는다. 휴가 갈 때 사전에 알려 주시면 좋지만, 잊고 가신다. 한여름 휴가철에는 녹즙이 당일 소비되는데 하루 10병 이상이 남아 온전히 내가 부담하는 상황이 생긴 적도 있었다. 이유는 평소 소통도 안 하고, 아침에 이미 뇌리에서 사라진 녹즙을 기억하기에는 일상이 분주했기 때문이다. 어떻게 방법을 개선할까? 온라인 마케팅을 시작했다. 당시 카톡이 처음 생기기 시작할 때였다. 전략적으로 카톡 마케팅했다. 온라인에서 얼굴을 뵙지 못하는 분들은 좋은 정보와 인사를 했다. 오프라인에서 뵌 분, 귀찮은 것을 싫어하시는 분들은 따로 분리해서 한 달에 한두 번 인사를 드렸다. 너무 자주 드리면 스팸으로 기억될 것이라는 생각 때문이다. 그 덕에 고객들과 소통이 원활했다. 우유 사장님과 요구르트 사장님은 현장에 종일 남아서 영업을 하시지만, 나는 아침 3시간 일하고 사라지니, 다행히도 그분들의 경계 대상자는 아니었다.

오후. 아들이 훈련이 들어간 스케이트 주차장에서 고객 관리를 온라인 세계에서 했다. 오후 시간에 여유가 되시는 분들은 평상시 궁금한 내용을 물어왔다. 대학 전공으로 음식을 전공했기에 필요하면 간단한 식단을 짜서 보내드렸다. 그 덕분에 녹즙 한 병 마셨을 뿐인데 건강해지신 고객들이 늘어났다. 건강에 도움이 된 고객들은 다음 고객을 소개해 주었다.

영업에 있어서 소개가 일어나기 시작하면서 나의 성장은 눈덩이가 되듯 나날이 커졌다. 그 많은 고객을 오후 온라인 마케팅으로 일대일 관리를 했다. 아침 시간은 오프라인에서 궁금한 질문을 하신 분들에게 오후에 연락 드린다고 했다. 오후에 그분들의 궁금증을 해결해 나갔다. 결과적으로 나는 아르바이트로 시작한 그 일에서 업계 매출 상위 자리에 오르고 소문이 났다. 회사 영업 강의를 했다. 하나의 작은 점은 이렇게 선이 되었다. 그리고 7년 후 나는 전례 없는 승진으로 회사 관리자가 되었다. 팬데믹 시기 회사와 함께 코로나를 이겼다.

지금도 온라인 세계와 오프라인 세계에서 당시의 경험을 기억한다. 경험이 쌓여 세상을 보는 눈을 키웠다. 대부분 사람은 결정하기까지 생각하고 망설인다. 결정하고도 행동하는데 망설인다. 그 경험 속에서 결국 1분 이상 망설이는 사람은 1시간이 지나도 망설인다는 것을 알았다. 1시간 이상 망설이는 사람은 하루를 망설이고, 한 달이 지나도, 1년이 지나도 망설이기만 했다. 그렇게 후회한 인생에 만족을 갖지 못하고 보낸다는 것을 알게 되었다.

영업하면서 생각 패턴이 변형됐다. 영업은 특정인만 하는 것으로 생각했다. 하지만, 영업은 누구에게나 필요한 것이었다. **'나중'이라는 단어를 버리고 '지금 한다.'**를 선택했다. 그 결과 나는 적자생존의 서바이벌 생태계에서 적응하고 살아남았다. 그리고 아들의 꿈과 나의 꿈을 이루는 시간을 맞이했다. 꿈과 목표를 위해서 오늘 할 일은 오늘 한다. 태어났으면 팔아보는 경험을 추천하고 싶다. 그 경험을 통해 성장했고, 현재 내가 치열한 전쟁에서 살아남은 비결을 알게 되었다. 나에게 있어서 이제 두 번째 인생이 시작되었다.

6

아들과 함께하는 산책

바스락바스락 마른 나뭇잎이 발끝에 닿는다. 얼굴에 전해오는 햇살, 손목 끝에 전해지는 바람의 느낌. 도토리나무 위에서 우는 까치의 목소리가 정겹다. 코로나 시국 거리 두기를 하면서 산책이 시작되었다. 아들과 나는 오늘도 산책한다. 하늘이 맑다. 구름 한 점 없는 하늘을 올려보니, 나무와 나무 사이가 적당히 거리를 두고 있다. 자연도 적당한 거리를 두어 살 듯 사람도 적당한 거리를 두어야 살 수 있나 보다. 순리를 지키는 삶은 축복이다. 대학교 기숙사에 있는 아들은 오랜만에 집에 왔다. 한 달에 한두 번 집에 온 날은 아들과 산책을 했다. 코로나로 인해 멈춘 시간 덕택이었다.

그동안 있었던 훈련 이야기, 책 이야기를 두런두런 이야기했다. 때로는 과거에 있었던 이야기를 꺼내서 재해석하기도 했고, 서로의 생각과 감정을 교차하면서 과거를 흘려보내기도 했다. 좋은 경험은 추억의 사진으로 남기고, 감정은 버렸다. 안 좋은 기억은 경험으로 마무리하면서 보냈다. 과거에 일어난 일은 어쩔 수 없다. 다만, 과거를 다시 바라보고, 현재 시점

희망의 트랙 위에 다시 서다

에서 과거를 재해석하는 것은 지혜로 다가왔다.

아들과 산책하면서 주니어 대표 시절 세계 챔피언으로 500m, 1000m 종합 우승했던 기억을 이야기했다. 우승컵을 잡고 바라보던 흐뭇한 미소를 떠올리고, 흘려보냈다. 과거의 좋은 기억도 보냈다. 자칫 과거의 좋은 기억으로 현재와 미래의 발전을 막을 수 있기 때문이었다. 주변인 중 계속 '라떼는 말이야. 한때 말이야.' 이렇게 과거 이야기에서 빠져나오지 못한 분들을 본다. 과거로 인해 현재에 집중 못 하고 있음을 느끼면서, 좋은 일도 안 좋은 경험도 흘려보냈다. 그래야 현재를 제대로 응시하고 미래를 바라볼 수 있기 때문이다. 그런 면에서 산책은 아주 좋았다. 혼자 하는 산책도 좋고 누군가와 함께하는 산책도 좋았다. 이 시간은 오감을 이용해서 모든 것을 흘려보낼 수 있기 때문이다. 지금 현재에 집중하는 가장 좋은 습관은 산책이다. 산책은 순간에 집중하는 놀라운 힘을 준다.

아들은 낙엽을 밟으면서 "엄마. 지난 시절 저 때문에 힘든 일 많이 하셨지요. 엄마 희생으로 성장해서 죄송해요. 저로 인해 어깨 통증도 있고, 허리도 아픈 것 같아요. 제가 앞으로 더 잘하겠습니다."

우리는 잠시 말없이 산책했다. 발끝에 닿는 낙엽 모습이 세상 예쁘다. 소리도 정겹다. 새소리, 바람 소리, 운동기구를 이용하는 동네 주민들 평화롭다. 이렇게 잠시 멈춤을 허락한 것이 얼마 만인지 좋다.

"상혁아, 배달 일 처음에는 자존심이 상했어. 꿈을 이룰 수 있게 도와 달라고 한 날을 기억해. 그런데 일을 시작하면서 매월 마이너스였던 가계부가 플러스가 되더라. 막내가 소원하던 여행도 갈 수 있었고, 외국 여행은 아니지만, 대한민국 구석구석을 느낄 수 있는 시간이 좋더구나. 그 덕에 행복한 기억도 선물 받았고, 너 역시 세계 주니어 챔피언이 되어 돌아와 주었어." 그때를 생각하니 가슴이 뭉클해지고 목소리가 떨렸다.

"녹즙 배달은 엄마로서 희생적인 선택이었지만, 그 일을 통해 자존감이 올라가더구나! 돈을 벌고 수입이 플러스가 되니 할 수 있는 일들이 많아졌어. 돈이 인생의 전부는 아니지만, 대부분이고 중요하다고 느낀 경험이 되었지." 돈을 벌고 내가 가장 먼저 한 일은 주변을 바라보는 마음에 변화가 생겼다. 함께 운동하는 엄마들에 대한 불만은 결국 내 안에 결핍이 주원인이었다는 것을 알아차리게 되었다.

"여유가 생기니 주변을 바라보는 시선이 바뀌었고, 좀 더 베풀 수 있음에 감사하기 시작했어. 시작은 희생적인 선택이었지만, 결국 일을 통해 올라간 자존감은 엄마의 선택이었단다. 그 마음 흘려보내렴. 그리고 스무 살 독립해서 너의 길을 가고 있으니 그걸로 충분히 되었어. 길을 걸어가다가 문득 쉬고 싶으면 언제든 집으로 와." 산책하고 대화 나누면서 산책하면서 아들과 감사한 대화를 나누다 보니 피부에 닿는 바람조차도 부드럽다. 오늘의 아이스 아메리카노는 꽃향기가 전해진다. 마음이 평안하니 모든 것이 감사하게 느껴지는 시간이 되었다.

"엄마는 지금 회사 관리자가 되었고 감사한 마음이 가득해. 지난 과거의 기억은 좋았으면 추억이고, 나빴다면 경험이란다. 녹즙 일은 엄마에게 좋은 경험이자 추억이 되었어. 코로나 시국이라 세계 대회도 취소되고, 덕분에 이런 여유도 생기네. 그러니 모든 일에 감사하자. 곧 나아지겠지."

"대회가 취소되고 더 성장할 기회를 흘러보내서 조바심이 나요. 생각보다 코로나가 길게 가고 여름 내내 훈련했던 것들도 스케이트장 문을 닫으니 안되고요."

"코로나처럼 큰일은 우리 손으로 어떻게 할 수 없어. 시대에 일어난 사건이지. 다만, 그 사건을 바라보는 우리의 시선은 선택할 수 있단다. 내 생각들을 통제할 수 있는 자는 넘버원이 아니라, 온리원이 될 수 있어."

그 후로도 코로나가 생각보다 오래갔다. 시간이 멈춰진 데에도 이유가 있다고 이야기했지만, 불편한 마음은 나 역시 마찬가지였다.

"모든 일이 당시는 이해 안 되지만, 시간이 흘러 과거를 돌아보면 이해되는 순간이 있단다. 그것이 경험이야. 그러니 더 독서하고 내면을 키워가면 좋을 것 같구나. **'책 읽는 운동선수'** 멋있는데. 경험이 쌓이면 세상을 보는 통찰력이 생긴단다. 모든 경험을 할 수 없으니 책을 통해 세상을 바라보고 생각하고 깨달아 가야 해. 단순한 과정이 훗날 시련이 와도 잘 버틸 수 있게 도와주지. 엄마는 책을 읽고 산책을 하고, 특히 우리 아들들과 함께 하는 이 시간이 정말 좋아."

그때는 몰랐다. 코로나가 3년이란 시간을 멈추게 할지 말이다. 하지만, 이날 산책의 대화는 미래에 아이가 맞게 될 큰 시련을 넘어가는 소중한 시간이 되었다. 모든 성공에는 작은 시작점이 있다. 멀리 내다보고 한 걸음씩 나아가면 된다. **용기는 두려움을 넘어가는 것이 아니라 두렵지만 한 걸음 나아가는 것이다.** 산책은 나에게 힘이 되었다. 아들과 산책하는 '지금 순간' 감사했다.

꿈꾸는 사람은 다시 일어설 수 있다. 꿈의 크기와 상관없이 정확한 목표를 정하고 꿈에 의미를 부여하고 매일 목표를 이루고 성장하는 사람은 언제든 다시 일어설 수 있다. 꿈에 기한을 정하고 목표와 세부 계획을 세우는 시간을 산책을 통해 함께 했다.

산책은 우리를 사색하게 한다. 안 될 것 같은 많은 일 들은 산책하면서 오감을 통해 뇌가 활성화된다. 그 결과 여유로움이 생겼다. 시간을 만들어 산책했다. 코로나 시국이 나에게 준 선물 중 하나는 멈춤이었다. 앞만 보고 달린 나에게 산책 습관을 선물했다. 앞으로 일어날 수많은 일을 이길 시간을 선물해 주었다. 지금 힘들다면, 책 읽고, 자연 속으로 걸어 들어가 보자.

지금 삶이 만족스럽지 않다면, 책을 읽고 상상을 하기 위해 산책하길 권하고 싶다. **책 읽고 산책은 체력을 키우고 마음을 북돋는 힘이 되었다. 읽고, 걷고, 생각하고 기록한다.** 이 모든 과정을 매일 3년만 하면 삶이 풍요로워진다.

7

실패는 피드백이다

아들과 산책을 매일 했다. 그리고, 꿈에 그리던 국가대표가 되었다. 인생의 목표에서 4년이 지나서 이룬 꿈이었다. 팬데믹과 부상은 아들의 인생에 깊은 흔적을 남겼다. 아들과 산책하면서 이야기했다.

"부상을 당한 건 안타까운 일이었지만, 그 과정을 거치면서 배운 것이 있어요. 4년 전 제가 국가대표가 되었다면, 아마도 그 상태로 만족하지 않았을까 생각이 들어요. 자신의 한계를 정하고 그 안에서 나름 만족하는 삶을 살고, 큰 세계를 품지 못했을 것 같아요." 담담하게 이야기하는 아들이지만, 그 과정이 얼마나 힘들었을지 생각하니 가슴이 아팠다.

"부상은 힘든 경험이었지만, 경험을 통해 제가 스케이트를 얼마나 소중하게 생각하는지 하고 싶은 일이 무엇인지 알게 되었어요. 상황이 심각하고, 앞으로 운동선수로 활동할 수 없다는 의사 판단으로 주변에 사람들이 정리되는 기분도 느꼈어요. 떠나가는 사람 중에 친구였을까 생각되는 사람도 있었고요. 어른들을 보면서 나이가 있다고 모두 어른은 아니구나! 생각하는 경험도 하게 되었어요."

아들의 목소리는 여전히 차분하게 이야기하고 있었다. 오히려 듣는 내 가슴이 먹먹했다.

"처음에는 그 과정이 힘들었어요. 진심으로 위로하는 사람은 주변에 많지 않았다는 사실을 받아들이기 힘들었지요. 하지만, 어른의 넓은 마음에 대해 배울 수 있는 시간이기도 했습니다. 의외의 곳에서 진실로 저를 대하는 분들도 만났습니다. 시간이 지나 생각하니, 제가 사람 담는 그릇이 작았던 거예요. 상황이 힘드니, 모든 생각을 부정적으로 생각했고, 판단했어요. 부상은 겪지 않았으면 좋았겠지만, 그 실패로 새로운 목표를 설정하고 달성하기 위해 좋은 경험이었습니다."

경험을 통해 아들은 성장했다. 기존 방식이 아닌 새로운 생각을 할 수 있는 시간이었고, 사람을 사귈 때 지혜로움의 중요성도 인지했다고 했다. 실패는 인생에 피드백이 되었다. 현재는 지난 과정이 소중하고 감사하다는 아들의 목소리 속에, 더 큰 세상을 품게 되었다는 담담함이 나의 마음을 진정시켜 주었다.

아들의 이야기를 들으면서 눈물이 흐른다. 내게는 이제 갓 스무 살 넘긴 아직도 어린 아들인데, 깊은 고뇌와 번뇌를 보내었다는 생각이 든다. 가슴 아픔과 아픔을 통해 성장했다는 두 가지 마음이 교차했다. '너무 큰 꿈을 품어 이런 시련이 아이에게 왔던 것일까. 큰 꿈에 맞는 시련은 통과해야 했을까?' 이런 생각 끝에 결국 많은 도전을 했고, 그 과정에서 실패는 하나의 과정이라는 생각을 했다.

농구선수 마이클 조던은 "실패는 성공의 일부입니다. 실패에서 배우고 성장하며, 더 나은 결과를 위해 다시 도전하세요."라고 이야기했다. 그의 말처럼 실패는 성공의 일부가 된 것일까. 아직 과정을 걷고 있는 아들이 부상을 과정으로 받아들이고, 새로운 시작점으로 바라봤다. 자녀가 자신의 삶을 사랑하고, 하는 일에 있어 즐거운 마음을 전해 주기까지 얼마나 힘이 들까 생각이 든다. 조개가 아픔을 품고 진주 보석을 만들어 가듯 아들도 아픔을 온전히 받아들이고 진주 보석을 만들듯 자신만의 스타일로 만들어 지는 과정을 가슴 졸이며 지켜보았다.

'실패는 성공의 어머니'라는 짧은 문장의 표현이지만 그 경험을 통해 깨달음을 얻고 실행하기까지 큰 에너지를 필요로 했다. 결국, '실패는 피드백'이었다. 실패를 하고 포기하지 않고 인간의 의지를 갖춘 것은 피드백이었다. 보석 같은 인간의 의지를 선물 받았다.

실패는 어려운 경험이었지만, 그 안에서 좋은 점을 발견하고 성장했다. **실패는 피드백이다.**

첫째, 실패를 통한 배움이다. 생각한 상황과 차이가 난 경우, 무엇이 잘

희망의 트랙 위에 다시 서다

못되었는지를 파악하고, 앞으로 어떻게 개선해 갈 수 있을지 배울 수 있다. 과정에서 자신의 강점과 약점을 파악하고 성장할 기회를 만든다.

둘째, 실패를 통한 인간관계를 재정립할 수 있다. 실패 과정에서 주변 사람들의 만남이 달라진다. 더 좋은 방향으로 개선될 때 인간관계의 연결은 공감하고 도움을 받는 기회를 형성한다. 여기서 좋은 방향이 될 수 있도록 스스로 노력해야 한다.

셋째, 실패를 통해 새로운 목표 설정하고 달성하기 위해 노력하는 동기를 부여했다. 자신의 강화 의지를 시험받고, 결의를 다지는 시간을 가졌다. 더 큰 성공을 위해 열심히 노력하는 과정은 필수 요건이다.

넷째, 실패를 통해 새로운 접근 방식을 부여받는다. 창의적인 해결책을 찾아내는 계기가 된다. 자신에게 적합한 방식이 무엇인지 끊임없이 생각하고 동기 부여한다. 기존의 방식이나 아이디어에 제한되지 않고, 새로운 시각과 접근법을 탐구함으로써 자신만의 방식을 찾아낸다.

다섯째, 실패를 겪고 극복하는 과정은 내면의 단단함을 선물한다. 어려움을 이겨내고, 실패에 대한 두려움을 극복하며, 더 강해진 자신을 발견할 수 있다.

아들은 재활 과정을 거치면서 점점 더 강해지고 있다는 것을 알게 되었다. 매일 아침 거울을 보면서 자신의 상처를 보았다. 그리고 거울 속 자신에게 이렇게 이야기했다. **"나는 필요한 모든 것을 갖추었다. 갖추었다!"** 주먹을 쥐고, 그렇게 자신의 가슴에 확언했다. 아들은 국가대표 선발전을 준비했다. 강인한 체력과 정신은 한 단계씩 실패를 통해 피드백하고, 새로운 날을 선물했다. 이젠 세계를 품는다.

실패를 통해 성장 마인드. 공헌, 인격, 선한 영향력, 학습을 통해 인내심과 회복 탄력성을 배웠다. 실패는 새로운 시작점이 되었다.

4장

눈물 없는
성장은 없다

1

다시 선수 생활할 수 있을까

가스레인지에 국을 끓인다. 보글보글. 내 마음도 끓어오른다. 며칠째 아들과 냉전 중이다. 밥상을 차린다. 어제 경주 당일 출장으로 몸이 무겁다. 늦잠 자려고 했는데 오늘도 사이클 훈련한다고 주말에 잠시 기숙사에서 집에 왔다. 그사이 훈련을 한다고 밥을 챙겨 달라고 한다. 오늘만큼은 쉬고 싶다. 아들도 쉬게 하고 싶다. 지난 2년 코로나로 인해 대회들이 취소되었다. 올해 초 다시 개최되었던 대회에서 아들은 생각보다 저조한 성적으로 시즌을 마감했다. 코로나로 인해 기숙사 외출 금지가 생기면서 훈련을 하지 못했다. 타이밍이 안 좋았다. 그 마음이 한이 되었는지 시작되는 시즌에 열중했다.

"오늘 훈련 쉬면 안 되겠니. 요즘 불안한 꿈을 자주 꾸고는 해. 프로는 쉬는 시간도 넣는 거야. 오늘만, 쉬어 가렴. 너 다크서클이 코까지 내려왔어."

"내일 코로나 예방 접종하면 이틀간 쉬어야 해요. 오늘 사이클 100km

달려야 마음이 편해요. 어차피 다음 주면 국가대표 선발전이라 조금만 더 엄마가 이해하세요.”

내 고집을 닮았는지 남편 고집을 닮았는지 두 사람의 고집을 닮아서 직진이다. 지난 시즌이 아쉽기는 아들도 나도 마찬가지이다. 올해는 올림픽까지 있으니 조바심을 내는 모습이 느껴지지만 도통 타협이 안 된다.

“조바심을 조심해야 해. 지금 많이 초조해 보여. 그러니 오늘은 좀 쉬렴. 컨디션 관리해야 더 좋은 기량을 발휘해.”

“저도 스무 살이 넘었어요. 제 몸은 제가 알아요. 저도 선수라고요. 엄마 그만 잔소리하세요. 불편해요.”

아들을 째려보고 방으로 들어간다. 아들도 대충 밥을 먹고 사이클복을 챙겨입고 신발 신고, 또각 소리를 내면서 나간다. ‘어휴… 누굴 닮아서….’

다음 주 제주 출장이 잡혀 있다. 잠을 더 자야겠다. ‘으악’ 꿈이다. 금방 잠이 들었다. 옆에서 전화벨이 울린다. 기분이 안 좋다. 시계를 본다. 20분 정도 깊이 잠들었다. 꿈이 이상하다. 전화를 본다. 아들이다. 왠지 불길하다. 사이클 타고 있는 시간 전화라니 왠지 불안한 마음으로 전화를 받았다.

“엄마, 저 다쳤어요. 엄마가 와 주세요.”

보내준 위치로 간다. 욕이 나온다. 그때 처음 알았다. 내가 그렇게 방언과 같은 욕을 할 수 있다는 사실을 말이다. 욕하는 자신에게 놀라는 한편 부상으로 이번 시즌도 아무것도 안 되겠다고 생각하니 감정을 주체할 수 없었다. 보내준 위치에 보니 아들이 땅에 앉아 있다. 생각보다 심각한 것 같다.

병원에 도착했다. 아들은 내 눈치가 보이는지 끙끙 시름만 내고 말 못 한다. 엑스레이 사진 결과를 보고 알았다. '이번 올림픽도 안 되겠구나!'

의사 선생님은 엑스레이 보고 진통제를 급하게 찾는다. 사람이 참을 수 있는 범주의 고통이 아니라고 했다. 아들은 자신은 선수이기에 도핑에 관련된 약물은 안 된다고 했다. 의사 선생님은 이 정도면 일반 진통제로는 안 된다고 하고 난 멍하니 그 상황을 보고 있다. 지난 시절 감사일기만 3년째 쓰던 나는 이틀 감사일기를 쓰지 못했다. 감사가 생각이 나지 않는다. 도대체 뭘 더 이 상황에서 감사가 나오겠는가. 감사가 가식처럼 느껴졌다. 짜증이 난다. 감사가 웃긴다.

코로나 시국이라 보호자는 한 명으로 한정되었다. 남편이 회사에 급하게 휴가를 내고 옆에 있겠다고 했다. 다행이다. 아들을 돌볼 마음의 여유가 없다. 내일 당장 여수 출장이 잡혀 있다. 집에 가서 좀 쉬자.

저녁에 차에서 아들 사이클복과 헬멧을 꺼냈다. 비싼 헬멧을 쓱 본다.

상태를 보니 홈이 깊게 파였다. 순간 사고 현장이 그려진다. 도로에 머리를 안 다친 것에 감사가 나왔다. 환자복 입는다고 벗어 놓은 사이클복 상태를 확인했다. 사이클복이 길바닥에서 쓸려 피부도 녹고 사이클복은 흔적이 없었다. 이만하길 다행인가. 그때 전화벨이 울린다. 남편이다.

아들이 일반 골절이 아니라 분쇄 골절이라 상태가 심각하다고 한다. 상태가 심각했다. 헬멧 상태와 사이클복 이야기를 전했다. 그만하길 다행인 것 같다고. 머리 안 다치고 다른 곳은 괜찮으니 아들의 놀라운 회복력을 믿어 보자고 이야기하고 전화를 끊었다.

갑자기 "감사합니다. 감사합니다." 말했다. 지금 이 글을 쓰기까지 감사일기를 쓴 지가 6년이 다 되어 가는데 그 6년 중 단 이틀 감사가 안 나온 날이었다. 그날 이후 사이클복과 헬멧을 보고 다시 감사일기를 6년째 작성하고 있다.

다행히 아들 수술은 잘 되었다고 했다. 의사 선생님도 이렇게 힘든 수술은 처음이라고 했다. 아들은 2주 후 퇴원했다. 선생님은 일반인보다 놀라운 회복력을 보았다고 했다. 퇴원한 아들은 쓸쓸히 국가대표 선발전을 지켜보았다.

그날 저녁, 아들은 오열했다. 힘들어했다. 괴로워했다. 조바심이 큰일에 걸림돌이라는 것을 몸소 체험했다. 13년간 준비해 왔는데 코로나로 인해 원하지 않는 시간을 보냈다. 다시 초심으로 돌아가서 시작한 아이가 이렇게 무너지니 가슴이 먹먹했다. 아들이 괴로워하는 모습을 옆에서 지켜보는 것도 힘들었다. 그런데 해줄 말이 없다. 엄마인 나도 이렇게 속상한데 정작 본인은 어떨까 생각하니 가슴이 아프다. 얼마나 자책을 할까. 나와 눈을 마주치지도 못한다. 그렇게 한 달이 지났다. 깁스를 풀었다.

재활을 시작했다. 이번 올림픽 선발전은 지나갔지만, 여름 국가대표를 생각하자고 했다. 꿈을 꾼다. 목표와 계획을 잡았다. 실행 과정에서 문제가 생겼다. 꿈은 명확하되 목표 기한은 수정될 수 있다. 우여곡절을 지내고 있지만, 그렇게 꿈을 향해 간다고 생각했다. 훈련을 시작하면서 수술 부위가 붓기 시작했다. 부풀어 올랐다.

학교 앞 병원을 찾아갔다. 예측하지 못한 문제가 생겼다. 엑스레이를 찍어 보고 나온 답은 앞으로 일반인으로 생활할 수 있지만, 선수 생활은 힘들겠다고 했다. 갑자기 나온 이야기에 당황스러웠다. 이렇게 멀쩡한데 선수 생활을 할 수 없다니 도통 이해가 안 되었다. 오진일 것이다. 병원 세 곳을 더 찾아갔다. 운동을 계속하면 수술 부위 피부가 무너져 내려 앉는다고 했다. 앞으로 선수 생활은 힘들겠다고 했다. 생각지도 못한 의사 선생님들의 통보에 당황한 것은, 아들도 나도 마찬가지였다. 분당 병원을 찾아갔다. 결국, 수술해 주셨던 병원을 찾아가야겠다. 그리고 마음의 결정을 해야 했다.

"선생님, 아들이 다시 선수 생활을 할 수 있을까요?"

"힘듭니다. 하지만, 선수 의지에 따라 할 수도 있습니다. 선수의 의지에 달려 있습니다."

'포기하지 않는 마음' 인간의 의지를 장착시키면 된다고 했다. 병원을 나섰다. 바람이 분다. 하늘에서 흰 눈송이가 내린다. 삶은 생각보다 비극이 아니라 희극이다. 다시 시작하자. 신은 우리에게 감당할 만한 시련만 준다고 했다. 과연 그럴까? 우리가 큰 꿈을 꾸었기에 반드시 넘어야 할 산이라고 생각했다.

골이 깊으면 울림이 더 강하다. 엎드려 있는 아들을 일으켜 세워야했다. 회사를 정리했다. 지금 나에게 필요한 것은 우리 가정을 세우는 일이다. 반 포기 상태인 남편의 희망, 다시 시작할 수 없다는 아들의 믿음을 깨우는 일. 그리고 코로나로 인해 학습 부진아로 우울증을 겪는 막내아들을 세우는 일이 우선이다.

회사에 사직을 요청했다. 지금은 나를 세우고 가정을 세우는 것이 우선이다. 유교 경전인 사서(四書) 중 하나인 『대학』에 '수신제가 치국평천하'를 실행했다.

나를 세운 후, 기적이라고 불리는 '포기하지 않는 마음'을 아들 마음에 심자. 다시 책 읽고 산책했다. 거기서부터 시작했다. 마음을 정하고 나니 모든 일이 명확해졌다. 아들과 감사일기를 나누기 시작했다. 책을 보고, 토론하기 시작했다. 토론의 시간은 산책 시간이 되었다. 산책은 지금 당장 내가 할 수 있는 일이었다. 반드시 기적을 만들어낸다. 감사가 나오지 않을 때 더 감사일기를 작성해야 한다.

감사일기는 '포기하지 않는 마음'을 기적으로 표현할 수 있는 길이었다. 보통의 생각으로 나누는 감사가 아닌 기적을 만드는 감사일기를 생활에 실천했다.

지구를 여행하러 온 용감한 형제들

2

재활의 긴 터널 앞에서

인생에 정답이 있을까? 『역행자』의 저자 자청 표현처럼 '인생 공략집'이 있으면 좋겠다. 하지만, 인생에 정답을 제시하는 것은 어디에도 없다. **선택하고 옳게 만드는 과정만 존재할 뿐이다.** 내 인생에 있어서 신사임당이란 꿈을 꾸고 좋은 엄마, 아내, 딸로 살아온 삼사십 대 시절에 그랬다. 모든 결정 뒤에 옳게 만드는 과정만 존재했다. 특히 운동선수 아들의 부상이 그랬다.

초등 6학년 때 첫 부상을 겪었다. 쇼트트랙 훈련 중 미끄러져서 벽에 부딪혀, 3시간 가까이 발목 수술을 했다. 그때 운동선수의 길이 두려웠다. 이 두려움을 이길 수 있었던 방법은 감사일기와 독서였다. 일상의 감사일기를 틈틈이 적기 시작했다. 책을 통해서 정답이 아닌 해답을 찾기 시작했다.

부상을 겪은 처음의 마음은 아이 학교 공부를 위해 잠을 줄이고 운동했던 시절이 원망스러웠다. 엄마의 열정이 아니라 욕심이 크다는 것을 깨달았다. 아이는 초등 6학년인데 어른의 기준에 맞추고 훈련시켰다는 생각에 자책감을 넘어 자괴감까지 들었다. 그때 흔들리는 멘탈을 위해 책을 읽었다. 나의 확증편향을 경계하기 위함이었다.

감사일기를 쓰기 시작했다. 좌절과 낙담의 골짜기를 벗어나기 시작했다. 수술 후 재활의 시간은 더욱더 힘들었다. 퇴원 후 바로 일상으로 복귀될 줄 알았지만, 일상 생활하는 데 상당한 시간이 소요됨을 알았다. 걷는 것도 허락되지 않는 삶에서 아들은 휠체어를 타고 등교했다. 휠체어 앉는 과정이 익숙하지 않았다.

계단이 있는 곳이 나오면 순간 멈추었고, 등교하면서 사람들의 시선을 느꼈다. 사람들의 시선은 연민이었다. 그 시선이 사람을 작게 한다는 생각이 들었다고 했다. 상혁이는 경험을 통해 장애는 불편한 것이지 부족한 것이 아니라는 것이라고 말해 주었다. 일상의 불편함을 겪으면서 장애에 대해 생각을 느끼고 배우기 시작했다. 과정에서 장애를 겪는 분들을 존중하는 마음이 자라났다. 이미 일어난 일은 바꿀 수 없다. 하지만, 그 사건을 바라보는 시선은 통제하고 변화시킬 수 있다. 아들의 마음을 보면서 이번 일에 대한 배움을 감사했다.

운동하지 못하는 그 해에 아들은, 책을 70권 읽었다. 그리고 기록으로 남기기 시작했다. 기록으로 남기면서 자신의 삶을 생각하는 힘을 기르기 시작했다. 아이의 마음 근육은 이때 기초를 잡은 것 같다. 어린 나이 시련을 겪으면서 그 시기를 책을 통해 치유하기 시작했다. 마음을 단단하게 하는 힘을 키웠다.

대학 시절 코로나로 인해 세계 대회가 취소되고 방황하다가 올림픽 개최 소식을 듣고 열정적으로 훈련했다. 열정과 조바심 사이에서 아슬아슬하게 줄을 타던 아들은 훈련 중 부상을 겪었다. 이번 부상은 '선수 생활이 힘들다.'라는 의사 판단을 병원 네 곳에서 들어야 했다. 한동안 방황하고 실망했다. 학교 기숙사를 나왔다. 그리고 자신의 방에서 몇 달 동안 나오지 않았다. 회사 다녀오면 인사만 하고 자신의 방으로 들어가는 아들을 지켜봐야 했다.

다시 아들을 세상 밖으로 불러내기 위해 당시 건강이 안 좋은 엄마를 위해 산책을 권했다. 하루 삼천 보도 걷지 못할 정도로 체력이 바닥이 난 엄마를 위해 아들은 기꺼이 산책했다. 아마도 어린 시절 자기만 바라보고 온 엄마에게 미안한 마음이 있었던 것 같다.

우리는 산책을 하면서 많은 대화를 했다. 지금까지 아들과 운동 외적으로 인생을 이야기한 적이 있던가 싶다. 대화 속에 회사가 우리 가정을 지켜주지 못한다 확신했다. 회사에 사표를 내고 집으로 돌아왔다. 방 안에 널려 있는 물건처럼 쓰러진 아들과 매일 산책했다. 산책하면서 아들은 책을 이야기하기 시작했다. 아들도, 수술 후유증으로 하루 삼천 걸음을 걷기 힘든 상태였다. 그렇게 둘은 매일 산책을 하면서 체력을 늘리고 책을 통해 이야기를 나누었다. 감사한 것은 아들이 고전 책을 찾아 읽기 시작했다는 것이다.

싯다르타에서 깊은 감명을 받았다고 했다. 아직 스무 살인 아들이 싯다르타 이야기를 하는데 고민과 번뇌가 상당히 깊숙이 자리 잡아가고 있다는 생각을 했다. 묵묵히 들으면서 산책을 했다. 대화에서 '운동 말고 세상에 할 일이 많다.'라는 것을 알려주고 싶었다. 운동만 생각하고 지나온 13년의 삶에 선수 생활 포기는 사형선고라고 했다. 그리고 자신은 자신의 꿈을 놓치고 싶지 않고, 지금도 그 마음과 싸우고 있다고 했다. 눈물이 흘렀다. 아들의 고통이 온전히 전해와 나의 마음에 꽂혔다.

산책에서 『싯다르타』 이야기를 해주었다.
"책망으로 되는 일은 절대로 없습니다. 책망으로 스스로 해를 입지 마십시오."

책에서 찾은 한 문장을 가지고 우리는 수많은 대화를 했다. 현재 우리에게 이 일이 왜 일어났으며 우리가 과연 무엇을 놓치고 갔는지 알 수 있었다. 삶 속에 오만과 편견이 어떻게 찾아왔으며 그 자리에 감사와 겸손을 어떻게 채워야 하는지 알아가기 시작했다. 대화 속에서 현재에 집중할 방법이 생각했다. 지금 시간을 무의미하게 흘려보내는 것이 아니라, 어떻게 최선을 다할 것인지 생각하기 시작했다. '할 수 없다.'라고 인생에서 마침표를 찍던 자리에 어떻게 의문문으로 방법을 찾기 시작했다.

여름 끝자락에 부상이었던 아들은 수술 후 재활을 통해 꿈을 키우고 싶었지만, 의사 판단으로 좌절했다. 하지만, 다시 즐기기로 마음먹기 시작했다. 엄밀히 말하면 '지금 순간을 즐길 힘은 없지만, 최소한 현실 도피하지 않는다.' 마음먹었다.

할 수 있는 일은 무엇일까? 아들은 11월이 되면서 커피 아르바이트를 하고 싶다고 했다. 자신의 버킷리스트 중 하나가 커피 바리스타라고 했다. 지금이 그 시기인 것 같다고 이야기했다. 감사했다. 방구석에 있던 아들은 그렇게 스스로 문을 열고 커피 아르바이트를 했다. 집 앞 커피 아르바이트 말고 중심가에 있는 시스템이 갖춰진 커피 전문점을 권했다. 오고 가는 길에 사람을 보고 '시스템을 갖춘 곳'에서 일을 배우면 훗날 무엇을 하든 느끼는 것이 있을 것이라고 생각했다.

광화문에 있는 투썸에 12월 매일 출근했다. 12월 투썸의 케이크는 아들에게 하루 2백 상자가 넘는 딸기 손질로 하루를 시작시켰다. 아들은 태어나서 처음, 많은 딸기 상자를 씻고 꼭지를 따기 시작했다. 그렇게 12월을 보냈다. 1월에는 다른 곳에서 일을 해보고 싶다고 했다. 강남 로데오 거리에 있는 메가 커피 신규 오픈 점으로 옮겨 처음부터 커피 전문점이 어떻게 되는지 알고 싶다고 했다. 그해 겨울 아들은 초보 바리스타가 되었다. 오픈 매장이라 처음부터 일을 배울 수 있었다.

새벽 첫 출근을 했다. 집에서 1시간 넘게 출퇴근하면서 아침에 열심히 사는 직장인들을 보았다. 하루 커피만 수백 잔 내리는 아침을 맞이했다. 아침마다 찾는 단골손님들 취향을 확인하면 좋아해 주신다고 했다. 저녁 산책

길에서 자랑한다. 아들은 그렇게 사람들을 만나면서 치유되기 시작했다.

3월, 대학 4학년이 되었다. 모든 아르바이트를 접고 다시 학교 기숙사로 들어간다고 했다. 4학년 교생 실습 기회가 있었다. 자기 인생에 다시 안 올 경험을 한다고 고등학교 모교로 교생 실습을 지원했다. 자신이 경험한 내용을 고등학교 후배들하고 나누기 시작했다. 여름방학 아들은 집으로 왔다. 다시 훈련을 시작한다고 했다. 평범한 삶이 재미없다고 했다. 늦었지만, 지금부터 시작한다는 마음으로 훈련을 한다고 했다.

인생에 아쉬움을 남기고 싶지 않다고 했다. 온 정성을 다해 도전하겠다 했다. 그해 여름은 뜨거웠다. 교생 실습에서 고3 후배들에게 꿈의 중요성을 설명해 주면서 알았다고 했다. 과정을 즐기는 사람이 중요하다고 설명했다고 했다.

아들은 후배들에게 이야기 해주는 일로 자신의 정체성을 다시 찾아가기 시작했다고 했다. 그리고, 아들은 훈련을 시작했다. 이 시기에 만난 니체의 언어 중 신이 분명 자신에게 감당할 시련을 주신 것이라는 문장은 힘이 되었다고 했다. 그렇게 아들은 재활의 끝에 훈련을 시작했다. 놓치고 싶지 않은 나의 꿈 나의 인생을 위해서 현실에서 도망가지 않고 당당히 현재 최선을 다하며 오늘을 맞이했다.

교생으로 모교에서 실습한 시간들

희망의 트랙 위에 다시 서다

3

죽지 못한 고통은
나를 더 강하게 만든다

주말이면 기숙사에 들어간 아들이 왔다. 문을 들어선 아들의 표정을 보면 한 주간이 만만치 않았음이 느껴졌다. 가족과 식사 후 산책을 했다. 지난 2년간 매일 하던 것이 습관이 되었다. 얼굴이 핼쑥했다. 일주일이 사이 훈련이 고되었나 보다. 물어보니 체중의 변화가 있단다.

학교 기숙사 옆 올림픽 공원을 매일 달리기 시작했다고 했다. 5km 정도 되는 거리인데 부상 전 20분이면 달리던 곳이었다. 다시 뛰니 50분이 걸려서 겨우 달렸다고 한다. 심장이 쿵쾅거리고 다리 근육도 떨렸다고 했다. 숨이 차서 호흡 조절이 안 되고 답답해서 뛰다가 멈추었다고 했다. 전신 마취 후유증이다. 의사가 전신 마취를 하면 폐까지 오그라든다고 했는데 생각보다 심각했음이 느껴진다. 10개월 동안 일반인으로 살다가 매일 운동을 하니 그럴 수 있다고 위로를 해주었다. 그런 아들의 눈동자는 많은 생각이 있는 것 같다. 가장 힘들 때 위로는 큰 힘을 발휘하지 못한다. 곁에서 그냥 산책하고 대화를 전환해 이야기를 나누었다.

일주일이 지났다. 역시 오늘도 문을 열고 들어오는 아들은 까맣게 탄 얼굴로 들어왔다. 한주가 치열했나 보다. 그런데 표정이 밝다. 무엇인가 잘되었군! 느껴졌다. 산책했다. 지난주보다 목소리 톤도 올라가 있다.

"이번 주는 생각보다 훈련이 잘되었나 보네."
"어떻게 아셔요?"
"네 표정만 봐도 느껴지지. 목소리 톤도 그렇고."

"이번 주 올림픽 공원을 30분에 완주했어요. 한 주 전보다 20분 정도 앞당겼어요. 처음 달리기할 때 여자 선수들 맨 뒤에서 달렸어요. 첫날 숨이 차고 머리가 어지러웠어요. 수술 부위도 자극이 오구요. 다음날 온몸이 근육통으로 힘들었지요. 당황스러웠어요. 13년간 매일 운동하던 제가 단 10개월 만에 이렇게 변할 수 있구나! 생각하니 두려웠어요." 아들의 목소리가 오랜만에 격양되었다.

"정말 다시 선수 길을 갈 수 있을까? 의문이 들기도 했어요. 니체는 신이 감당할 능력만 시험한다고 했는데 신께서 저를 과대평가했다는 생각들었지만, 커피 아르바이트 시절 고통스러운 훈련을 그리워했던 자신을 떠올렸어요. 이 순간을 정말 많이 그리워했는데, 생각하면 눈물이 나기도 했거든요. 다음날 오늘은 1분만 앞당기자 마음으로 달렸어요. 앞에 달리는 여자 선수를 한 명씩 앞질러 달렸지요."

희망의 트랙 위에 다시 서다

언덕이 가장 힘들었는데, 이를 악물고 달렸다고 했다. 언덕에 올라갈 무렵 갑자기 기침이 나오더니 가래가 나왔고 순간 가슴이 펑 뚫린 기분이 들면서, 답답함이 사라졌다고 했다. 그 사이 여자 선수들은 자신을 지나쳐 갔는데, 순간 가래가 나온 이후 힘이 생겼다고 했다.

"달렸어요. 이번 주는 같이 훈련하는 여자 선수들보다 앞서서 속도를 단축했어요."

목소리가 활기찼고 무엇인가 성장하고 있다는 기분이 희망처럼 느껴진다고 했다. 다음 주 계획에 집중할 것이라고 했다. 한 주가 흘렀다. 이번 주는 어떤 소식을 가지고 올까. 일주일이 지나 산책한다.

"드디어 이번 주는 남자선수들 뒤에서 시작으로, 한 명씩 앞질러 달렸어요. 전에는 제가 맨 앞이었는데, 지금은 끝에서 한 명씩 앞서니 몸도 좋아지고 있어요. 다음 주에는 예전 기량이 나올 것 같아요."

그렇게 한 달이 지났다. 그리고 예전의 5km 달리기 20분을 성취했다. 여름 마지막 훈련에서 19분 자신의 평소 기록을 넘어섰다. 새삼 시스템의 힘이 놀랍다. 혼자 했으면 가능하지 않았을 것이다. 학교로 돌아가 다른 선수들과 선의의 경쟁을 하다 보니 생기는 열정이었다. 호적수(好敵手)라는 단어가 생각났다. 호적수란 좋은 맞수 또는 알맞은 상대를 의미한다. 아들의 실력에 맞게 알맞은 싸움을 벌일 수 있는 상대가 있다는 것이 감사했다.

한동안 산책을 해도 말수가 없던 아들의 종알거림을 듣다 보니 흐뭇하다. 조금씩 웨이트 트레이닝을 시작했다고 한다. 부상 전에는 준비 운동 수준이던 훈련이 다음 날 근육통으로 힘들어 고생했다고 했다. 식사 때 숟가락으로 밥을 먹는데 손이 떨려 보였다. 걷는 것조차도 힘들어 보였다. 근육통에 힘들었지만, 여전히 목소리는 밝다. 감사했다. 부상 직전 훈련 일지를 살펴보았다고 했다. 그때 적어놓은 기록을 찾고 몸을 맞춘다고 했다. 생각보다 훈련 속도가 빠르게 진행되었고, 훈련과 동시에 몸이 기억하고 있었다. 기록은 매우 중요했고, 위기의 순간 기억을 넘어선 기록이 자신을 지탱해주고 나아가게 만들어준다고 했다. 아들의 훈련일지 기록이 그렇게 아들을 성장시키고 있었다.

"조금씩 하지. 조바심내지 말고."
"조금씩 하는 거예요. 그동안 10개월 쉬고 시작하니 그래요. 예전에 준비 운동 수준이었어요. 저도 당황스러워요. 이 훈련량에 근육통까지 오니 말이지요. 그때마다 생각해요. 죽이지 못한 고통은 나를 더 강하게 만든다. 그런데 준비 훈련에서 근육통이라니, 허허! 니체의 명언 집이 많이 도움이 되었어요. 삶의 고통을 느끼고 적은 글이 위로되었어요. 생각해 보면 이 고통의 순간이 제일 돌아가고픈 순간이었어요. 근육이 찢어지면서 커지는 느낌. 숨이 차서 견디고 나를 넘어서는 기분. 운동 몇 시간 하면 시간이 훌쩍 지난 기분. 옷이 다 젖어 땀을 짜는 모습들이 제가 가장 그리워하던 시간이에요. 이 순간을 다시 맞을 수 있어서 요즘 행복하고 감사해요."

아들과 대화 속에 마음 근력이 단단해 옴이 느껴진다. 흔들리지 않고 운동에 집중하는 태도. 힘들지만 그 과정을 즐기는 모습을 보면 분명 강해지고 있다. **니체의 말처럼 "나를 죽이지 못한 고통은 나를 더 강하게 만든다."** 강해졌다. 강해지고 있다. 고통을 겪고 자신을 넘어서는 아들. 문득 **〈바람과 함께 사라지다〉의 마지막 장면에서 스칼렛이 "내일은 내일의 태양이 뜬다."** 라고 한 줌의 흙을 잡고 의지를 보여 주었던 그 장면이 겹쳐진다.

희망이 보였다. 신이 아들에게 희망을 선물처럼 전해준 기분이 들었다. 희망은 살아가는 힘이다. 무엇이든 할 수 있고, 만들 수 있다. 힘들 때 가장 꽉 잡는 것이 희망이다. 힘든 아들에게 한 줄기 희망이 보였다. 희망을 통해 용기를 선물로 받았다. 힘들다고 생각되면, 희망을 가슴에 품자. 그렇게 오늘도, 한 발자국 나아가는 것이다. 그것이 희망이고 용기가 된다.

4

멘탈을 키우기 위해
알아야 할 것

일반인으로 살 수 있다는 의사의 말을 거슬러 일반인 이상으로 다시 선수의 꿈을 꾸고 나아가는 길에는 강한 멘탈이 필요했다. 생각이 현실이 된다고 하지만, 할 수 있다고 생각하는 습관은 정말 할 수 있게 만들어주기 시작했다. 작은 목표를 매일 이뤄 나가면 자신감이 생긴다. 자신감은 내가 행동하는 것에 대한 보상이다. 자신감은 실력이 된다. 실력이 향상되면 좋은 운이 다가왔다.

아들의 부상 이후, 의사들 판단에 일반인으로 살 수 있다고 이야기했다. 그 과정에서 얻을 수 있는 것은 단 하나, 일반인보다 강화되기 위해 노력하기 시작했다. 관점을 전환했다. 일반인으로 살 수 있다 하셨으니 일반인 중에서 가장 강한 일반인이 되기로 마음먹었다. 하지만 전신 마취 후유증으로 몸이 힘들었다.

첫 달은 3시간씩 매일 산책을 했다. 몸이 회복되면서, 생각이 깨어나기

희망의 트랙 위에 다시 서다

시작했다. 대부분 불안하던 마음, 조급했던 마음은 그렇게 사라지기 시작했다. 조급하고 불안한 마음이 올라오면 신발 신고 걸었다. 걷기만 해도 그 마음이 많이 사라졌다. 산책하면서 책을 통해 소통했다. 특히 고전에서 제시하는 번뇌, 사건들을 대화로 나누고, 능동태의 형태로 연결했다. 매 순간 문제보다는 가능성과 해결책에 집중하며 배움의 기회로 삼고 한계를 극복했다. 자신이 할 수 있는 범주에서의 노력이 아닌, 자신을 넘어서는 노력을 하기 시작했다.

아들의 몸은 점점 회복되어 갔다. 불과 보름 만에 나보다 보폭이 빨라졌다. 같이 산책이 버거울 정도로 체력이 좋아지기 시작했다. 주변인보다 조금씩 강해졌다. 한 달이 지나 같이 훈련하는 여자 선수들의 체력을 넘어서고, 후배 선수들을 넘어서기 시작했다. 과정에서 피땀, 눈물을 흘렸다. 매일 '미치겠다.' 싸웠다. '이 길이 맞을까?' 의문도 들었지만, 나가서 달렸다. 그냥 했다. 이유를 달지 않고, 오늘 목표를 순차적으로 이뤄 나갔다. 부상 전 기록한 훈련일지를 보고 다시 지워 나갔다.

강한 멘탈을 키우기 위해선 알아야 할 요소들이 있다. 첫 번째, 자신에 대해 잘 알아야 한다. 어떤 경우에 감정이 조급하고 불안한지, 어떤 행동이 한계를 규정 짓는지 등 이해하고, 자신을 돌봐야 한다. 아들의 경우 어린 시절부터 서점과 도서관을 자주 데리고 다녔다. 서점 안에 종이 냄새를 좋아했다. 일주일 동안 고된 훈련을 잊고 2시간에서 3시간 동안 서점에 가서 책 읽고 지난 한주와는 다른 시간을 밀도 있게 보냈다. 또 밀린 잠을 자는 것도 선호했다.

두 번째, 문제가 발생할 때 문제에 집중하기보다는 가능성과 해결책에 집중했다. 실패를 배움의 기회로 바라보는 유연한 사고를 노력했다. 유연한 사고를 위해, 감사일기와 성장일기를 작성하고, 불안 요소를 확언으로 바꿔 이야기했다. 수시로 감사일기 성장일기를 쓰면서 자신에 대한 성찰하고 바라보는 시간을 만들도록 유도했다.

세 번째, 긍정적인 생각을 위해 마음 명상했다. 요즘은 유튜브에 워낙 잘 나와 있어서 명상을 찾고, 자신에게 맞는 명상법을 찾았다. 명상에서 자신만의 호흡법을 찾아갔다. 자연의 소리를 들었다. 명상에서 소리는 중요했다. 나는 특히 장작 타는 소리, 풍경소리, 빗소리가 좋았다. 또한, 자연의 풀벌레 소리를 들을 때 마음의 평안함이 찾아왔다. 각자 맞는 소리를 찾아서 마음의 평정심을 갖는 것은 중요하다. 밤에 잠들기 전 하루 일에 대해 흘려보내는 시각화를 가졌다. 잠든 사이 무의식을 정화했고, 아침에 일어나서는 일과에 대해 시각화를 했다. 성공적인 시각화를 하는 것과 안하는 것은 하루의 일정상의 차이가 크다.

네 번째, 주변인과의 연결을 신중히 했다. 주변 사람들의 영향은 생각보다 크다. 긍정적이고 능동적인 사람을 사귀려고 노력했다. 에너지 뱀파이어처럼, 자신의 감정을 마치 나에게 감정 쓰레기를 버리는 것처럼 취급하는 사람을 의도적으로 멀리했다. 그에게 있어서 나는 친구이기 전에 감정

쓰레기통 취급하는 사람이기에, 피했다. 비난하고, 자신이 똑똑하다고 생각하면서 주변을 평가하는 사람을 멀리했다. 그중에는 한때 소중한 친구도 있었다. 의도적으로 긍정적인 사람들을 내 곁에 두었다. 긍정적 생각을 생활화하는 친구를 두면, 삶이 긍정적으로 확대된다.

다섯 번째, 모든 일은 목표가 있어야 한다. 작은 성공이 자신감을 만든다. 매일 작은 목표는 성취감을 준다. 목표를 가져야 한다. 열정이 있어도 꾸준함이 있어야 한다. 꾸준함은 목표가 있어야 이룰 수 있다. 목표가 없고 열정만 있다면 사라지기 쉽다. 아주 작은 습관도 목표가 있어야 이룰 수 있기 때문이다. 목표 달성을 위해 시간 관리했다. 그리고 하나씩 목표를 성취해 나갔다.

아들의 2년의 공백을 다시 채워 갈 수 있었던 이유는 강인한 멘탈 덕이다. 멘탈을 위해 아들은 매일 연습했다. 자신의 정체성을 이해하고, 때에 따라 양분을 주기도 했다. 좋은 양분은 좋은 생각에서 나온다. 좋은 생각은 책과 좋은 작품을 봐야 생긴다. 책과 좋은 전시회를 찾아다녔다. 그리고 그 내용을 기록으로 남겼다. 기록이 쌓이면 무엇이 되든 된다. 매일 감사일기와 성장일기에 작은 성공을 성장시켰다. 기록이 쌓이듯 실력도 쌓였다. 실력이 쌓이니, 좋은 운도 온다. 그렇게 아들의 멘탈은 강화되고 성장했다.

5

지금부터 시작이란 마음으로

여름이 시작되었다. 산책길 풀들 색상이 진한 녹색을 띤다. 하늘도 맑다. 불어오는 바람도 따스함을 넘어 덥다. 여름 전지훈련 장소가 제주도로 정해졌다. 코로나 후유증이 크다. 예산 삭감이 되어 해외 전지훈련이 아닌 국내 제주도로 향했다. 스케이트 전지훈련은 빙상장이 반드시 있어야 하는 특수성이 있다. 보통 가까운 일본이나 중국 혹은 기록 단축을 위해 캐나다로 간다. 얼음 빙질을 고려하기 때문이다. 예산 삭감으로 떠나는 제주도는 올해 무더워 걱정되었다.

지옥훈련이 시작되었다. 모교에서 교생 실습을 마치고 전지훈련 기간이 정해져 다행이다. 아들은 제주도 가서 주말이면 톡 안부를 보냈다. 이 시간이면 함께 산책하던 습관이 기억에 남았나 보다. 요즘 해변을 달리는데 심장이 쿵쾅거리고 다리가 후들거리고 숨이 차서 고통이 엄습해 온다고 했다. 그때마다 그리던 순간이라고 생각한다는 말에 미소가 지어졌다.

희망의 트랙 위에 다시 서다

'너만 그런 것 아니야! 엄마도 그래!' 아들은 이 순간을 그리면서 살아남는다고 했다. 이 한 생애 집중해야지 생각하다 보면 눈앞에 바다가 펼쳐지고 떠 있는 배가 보이며, 하늘의 구름이 보인다고 했다. 그렇게 집중하면 마지막 지점에 와 있다고 했다.

문득 『갈매기의 꿈』 조나단 리빙스턴이 생각이 났다. 아들 역시 생각이 났다고 하면서 **"누군가에게 꿈이 주어졌을 땐, 그것을 이룰 힘도 같이 주어진다."** 문장이 떠올랐다고 했다.

"제가 가진 꿈이 크구나! 생각했어요. 꿈을 이룰 힘도 신이 주셨을 거란 믿음이 생겼어요. 점점 달리면서 자신감도 생기고 꾸준히 반복하면서 기록도 앞당겨지고 있어요."

자신에게 꿈이 있고, 큰 꿈을 가졌기에, 신은 지금 테스트 중이라는 생각이 들었다고 했다. 망상이 아닌 너의 실력으로 그것을 증명해 보라는 느낌이 들었다고 했다. 그 보상으로 신께서 선물을 주실 것이라고 했다. 자신은 현재 충분히 실력을 키우고 운을 키우고 있으니 말이다.

재능이 부족한 자신은, 어떻게든 실력과 노력을 키워 근력을 쌓는 기간이라고 생각했다. 바다를 달리다 하늘을 보면서 근육을 만들어 가고 있다고 했다. 매일 훈련을 통해서 집중력을 키우고 지속력을 증진 시켜야 재능에 실력이 쌓여 꾸준히 성장할 것 같다고 했다. 해변을 달리다 보면 어느 순간 건강하고 매력적인 자신을 발견한다고 했다. 더운 공기가 자신을 감싸면 감싸는 대로 점점 나아지는 실력을 확인한다고 했다. 오전 훈련이 끝나고 나면, 낮잠을 잤다. 잠시 낮잠을 자고 일어나면 생각이 맑아지고 집중력이 좋아졌다. 오후에는 맑은 정신으로 쇼트훈련을 다녀온다고 했다. 점점 쇼트훈련 속에서 기록을 앞당기는 체력을 키우고 있다고 했다. 모든 순간이 기록 단축. 그리고 버티는 싸움 속에서 아들의 여름은 흐르고 있다. **데이터가 쌓여 나의 노력이 빛을 발하는 것이다.**

남들보다 훈련 못 한 2년의 공백은 생각보다 크고, 평범한 일반인이 되었다. 여름 전지훈련을 통해 모든 것을 버리고 초심자의 마음을 가졌다. 평범한 한 남자는 꿈을 다시 꾸기 시작했다. 잃어버렸던 꿈을 다시 꾼다. **세계 챔피언이 된다. 될 수 있다. 큰 꿈이 생겼기에 오늘도 달린다.** 그렇게 자신의 실력과 노력을 키워 근력으로 만들어 저장한다. 꿈속에 과거의 자신의 배움은 헛되지 않았음을 안다. 몸이 기억하고 있다. 달리면 달릴수록 근육이 생기는 속도가 기존의 근육 속도와 다르다. 기술력이 더해져서 노련해졌다. 초심자였으나 몸에서 과거를 기억하고 있다. 이번 여름을 살아남는다. 그러면 겨울 시즌 다시 시작할 수 있다는 생각을 한다고 했다. 멋진 녀석이다. 지금까지 모든 것을 버리고 초심자의 마음을 가질 수 있는 용기가 대단한 녀석이다.

일반인의 몸이 된 아들은 가장 먼저 선수의 길을 가기 위해 달렸다. 힘들어했다. 다리가 후들거리고 숨이 차고 심장이 터질듯한 고통이 전해졌다. 고통을 피하지 않고 매일 했다. 달리다 보면, 어느 순간 아무 생각이 없다. 달리기는 지금 집중할 수 하는 힘을 만들어주었다. 하늘이 보이고 앞만 보고 달린다. 버틴다. 무조건 버틴다. 허벅지에 피가 쏠리는 것이 느껴졌지만, 그냥 달린다. 버티고 묵묵히 자신의 길을 달린다.

어느 정도 달리다 보면 힘이 생긴다. 러너스 하이다. 30분 이상 달리면 몸이 가벼워지고 머리가 맑아지면서 경쾌한 느낌이 드는데 이를 '러너스 하이(runners high)' 또는 '러닝 하이(running high)'라고 한다. 그 쾌감 덕에 아들은 꾸준히 자신을 관리할 수 있었다. 숨통이 튀기 시작했다. 그리고 그 과정을 무한 반복했다. 지루함을 느낄 정도로 무한 반복했다. **성장은 지루함을 묵묵함으로 반복하는 것이다.**

지금부터 시작이란 마음으로 달렸다. 조나단 리빙스턴이 멀리서 보였다. 나를 응원하러 이곳에 왔다고 생각이 들었다. 해안가에서 달리는 나를 응원하러 조나단 리빙스턴이 왔다. 일이 안 풀릴 때 달리자. 달리면 새로운 세계가 열린다. 생각 말고, 멈추지 말고, 달리자. 달리다 보면 꿈을 이룰 힘이 생긴다. 저 멀리 리빙스턴이 응원하고 있다.

6

중독 집착을 내려놓는다

제주도 전지훈련을 마치고 주말에 집을 방문한 아들은 검게 탄 얼굴과 팔을 자랑했다. 애플 워치 자리에 하얀 피부가 훈장 같다고 좋아했다. 엄마 눈에는 3주란 시간 속에 운동선수다운 몸매를 만들기 위해 고생한 아들만 보인다. 검게 탄 피부를 보면서 매일 자신과 싸워 자신을 넘어선 모습이 느껴진다.

고생했다고 이야기하려는 순간 아들 눈빛이 바뀌었다는 것을 느낄 수 있었다. 2년 전 올림픽을 준비하던 눈빛이 보인다. '몰입했구나! 고생 많았다. 결과는 하늘이 답해 줄 거야!' 하고 싶은 말을 마음속에 넣어 두었다. 큰일을 하기 위해 말 하나라도 절제를 해야 한다는 것을 지난 시간을 통해 알 수 있었다. 마음의 절제는 큰 복으로 올 수 있다는 것을 느꼈다.

실력을 키우면 운의 영역이 좋아진다. 매일 운동하면 운동하는 사람이 된다. 운동을 좀 더 밀도 있게 실행하면 동네에서 제일 잘하는 사람이 된다. 시간 투자, 횟수를 늘려 실력을 키우면 시 대표가 된다. 시 대표, 도 대표가 서로 실력을 쌓고 경쟁하면 국가대표가 된다. '국가대표' 실력이 먼저다. 실력이 쌓여 국가대표가 되면 세계 무대에 설 기회가 생긴다.

세계 무대 순위 1위에서 10위의 선수들 기량의 차이는 크게 차이가 나지 않는다. 당일 컨디션 그리고 운이 작용한다. 실력은 기본이다. 올림픽 메달리스트들 인터뷰에서 하나같이 나오는 공통의 이야기가 '운이 좋았어요.'라는 의미이다. 대답이 길어져 '운이 좋았어요.'라는 이야기가 아니라, 실력은 기본이고, 다른 모든 것은 그날의 컨디션이 좌우하기 때문이다.

운이 좋아지려면 어떤 마음가짐이 필요할까? 2년 전 아들과 나는 운에서 가장 필요한 요소인 중독. 집착을 내려놓지 못했다. 2년이란 공백의 세월 속에 우리는 많은 대화를 통해 우리에게 부족한 영역을 분석했다. 실력은 기본이고, 부족한 2%인 운의 영역을 생각하게 되었다. 운이 좋아지려면 4가지 영역이 필요하다. 시간, 중독이나 집착, 음식습관, 자세이다.

첫째, 시간이다. 내가 쓰는 시간을 들여다보아야 한다. 흔히 운이 좋아지는 영역에 '3간'을 바꾸라는 이야기를 한다. 시간, 공간, 인간이다. 이중 나는 가장 으뜸으로 꼽는 것이, 시간이다. 부자가 되고 싶으면 가계부를 잘 작성해서 꼼꼼하게 지출과 수입을 통제하고 분석하는 힘이 필요하다. 그리고 돈을 모은 후, 공부하고, 투자한다. 성장을 하려면 시간 가계부를 작성한다. 어떤 사람과 어떤 환경에서 시간을 사용하고 흘려보내는지 통제하고 분석할 수 있다. 적어보면 나의 시간이 보인다. 하루 24시간 누구에게나 선물 받은 시간을 어떻게 활용하는지에 따라 나의 꿈과 현실이 만날 수 있다. 하루 집중 일주일 집중 한 달 시간을 살펴보고 실력 키우기를 한다. 컨디션도 봐야 한다. 지속적인 몰입은 뇌와 신체를 힘들게 하기 때문이다. 휴식도 운을 상승하게 만드는 좋은 도구이다. 잘 쉬어야 한다. 아들과 내가 선택한 방법은 낮에 잠시 20분 정도 자는 습관 만들기였다. 직장인이라면 점심시간에 잠시 선잠을 자고 일어나길 권하고 싶다. 선잠은 오후 시간을 원활하게 한다. 사람이 기가 좋아야 운이 좋아진다.

둘째, 중독이나 집착이다. 운동도 몰입하다 보면 중독이 된다. 음식도 중독이다. 일도 중독이다. 자녀교육도 중독이다. 아들의 경우 2년 전 운동 중독이었다. 아침 점심 저녁 주말에도 쉬지 않고 운동을 했다. 노력하면 배신하지 않는다는 확고한 믿음이었다. 동기들은 올림픽에 출전했는데 정작 본인은 타이밍을 놓쳤다는 생각으로 운동시간에 집착했다. 쉬는 시간 없이 달려온 과정에서 두 번째 올림픽 국가대표 선발 5일 전 부상으로 사고를 겪어야 했다.

당시를 생각하면 아들과 나는 소통의 부재였다. 서로가 옳다고 주장하기에 대화가 되지 않았고, 불안감을 끌어당겼다. 여유가 아니라, 늘 무엇인가 쫓기듯 살았다. 우리는 중독과 집착이 얼마나 운에 치명적인 영향을 끼치는지 알게 되었다. 중독과 집착이 강해지면 주변 이야기가 들리지 않는다. 내 생각이 옳다는 생각에 몰입한다. 그 결과 경험하고 싶지 않았던 부상을 맞이했다. 과정을 겪으면서 이후 우리의 생각은 달라졌다. 노력은 배신할 수 있다. 내가 생각한 범위 내에서 모든 것을 해석하면 안 된다.

내가 생각하지 못한 범위까지 생각해야 한다. 이런 편견을 깰 수 있는 것이 독서였다. 부상 이후 아들은 일정 시간 급격히 책을 읽고 깨달음을 갖는 시간을 만들었다. 독서는 편협적인 뇌, 자기 합리화할 수 있는 뇌를 평정심 갖게 만드는 유일한 도구라고 생각했다. 그 과정에서 우리는 중독과 집착이 얼마나 운에 치명적인 영향을 끼치는 알게 되었다. 하루를 충실하되, 결과는 무엇이 되었든 받아들이는 마음이 생겼다.

아들의 확언은 이때부터,
"나는 필요한 모든 것을 갖추었다! 갖추었다! 갖추었다!"가 되었다.

셋째, 음식습관이다. 부상 겪기 전 음식을 바라보는 까칠함이 있었다. 매운 것 먹으면 안 되고 인스턴트 먹으면 안 되고, 고추장 간장 된장 짠 음식 피했다. 시합 며칠 전부터 육류는 피하고 등등 다양한 음식을 대하는 까칠함이 있었다. 부상 후 그 모든 것이 그리 중요하지 않다는 걸 알았다. 물론 최고의 컨디션을 유지하기 위해 인스턴트와 패스트푸드 선호하지는 않는다. 하지만, 예전처럼 거부하지도 않는다. 현재 내 앞에 있는 음식을 감사의 마음으로 먹기 시작했다.

넷째는 자세다. 운이 좋아지는 비결 중 하나는 바른 자세이다. 어깨가 축 내려가고, 고개를 떨구는데 운이 왔다가도 그냥 갈 것이다. 운동하는 아들은 척추가 곧게 펴져 있지만, 오랜 기간 책상 생활하는 나는 늘 어깨가 구부정했다. 노력했다. 바른 자세를 가지기 위해 노력했다. 걷는 것을 배우고, 연습했다. 고개 세우는 법을 익혔다. 모든 일이 순조로울 때는 겸손의 마음으로, 모든 일이 순조롭지 않을 때는 고개를 세웠다. 기죽지 않고 세상을 응시했다. 오히려 이 과정에서 주변의 가십거리로 대하는 시선이 사라짐을 느낄 수 있었다. 지금도 바른 자세를 유지하려고 애쓰면서 글을 쓰고 있다. 운이 좋아지려고 노력했다. 네 가지 과정을 매일 충실히 실행했다.

아들은 새벽 훈련부터 저녁까지 훈련을 마치고 숙소로 돌아왔다. 새벽부터 훈련한 탓에 지쳐 있었다. 유기견을 집 앞에서 발견했다. 집 앞 파출소에 데려다주었더니 안락사를 시킨다고 했단다. 인터넷을 검색하고 친구들과 통화면서 유기견을 맡길 곳 찾느라 쉬지 못했다. 밤 10시가 넘은 시각에 의정부 애견 보호소까지 직접 가서 유기견을 맡겼다고 했다. 의정부 애견 보호소는 유기견을 좋은 주인을 만나게 도와준다고 했다. 저녁에 쉬어야지 힘든데 왜 그렇게까지 했냐고 물었다.

"좋은 일 하면 운도 따르지 않을까 생각했어요. 어쩌면 그 강아지, 제게 온 선물이 아닐까 싶었거든요. 나중에 후회하고 싶지 않았어요."

과정을 한 번에 바꿀 수 없다고 생각한다. 하지만, 불가능한 것도 아니다. 생각을 바꾸면 된다. '난 운이 좋아!', '바꾸고 말겠어!' 이렇게 생각을 바꾼 후에 위 모든 과정을 뒤집을 수 있었다. 아울러 두 가지 태도도 중요하다. 첫째는, 결과를 온전히 받아들이는 마음이다. 둘째는, 내가 할 수 있는 일에 최선을 다하는 자세이다.

"나는 필요한 모든 것을 갖추었다. 갖추었다!" 아들은 **희망의 트랙 위에 다시 섰다.**

아침 확언을 하고, 국가대표 선발전 날. 출발선에 섰다. **"Go to the start. Ready go."** 탕! 소리와 함께 아들은 얼음 위를 달린다. 지금부터 시작이다.

세계를 꿈꾸며 훈련하는 시간들

7

혼자 있는 시간의 힘

게을러졌다. 아무것도 할 힘이 없다. 정신과 의사이자, 작가 문요한의 『굿바이 게으름』에서 게으름의 정의를 "게으름이란 삶의 에너지가 저하되거나 흩어진 상태이다."라고 정의했다.

모든 일에 열심히 했다.

중요한 일을 열심히 한 것이 아닌 주어진 하루에 열심히 살았다. 어느 날, 위기가 왔다. 나의 삶에도 가족의 삶에도 위기가 왔다. 잠시 멈추었다. 그리고 생각했다. 급하고 중요한 일, 또는 급하지 않고 중요하지도 않은 일 두 가지만 하고 보냈다. 혼자 생각하면서 알게 되었다. 모든 일을 열심히 했다고 생각했지만, 중요한 일들은 급하지 않다는 이유로 멀리했었다.

시간의 중요성은 누구나 알고 있다. 바쁘게 사는 것 시간을 잘 활용한다는 착각 속에 자기 합리화하고 있었다. 멈추고 나서 비로소 보이기 시작했다. 급하지는 않지만, 중요한 일을 해야 했다. 가치 있는 일에 집중해야 했다. 아들과 나의 삶은 늘 급하고 중요한 일이 우선이었다. 휴식은 급하지도 않고 중요하지도 않은 드라마 정주행 또는 게임으로 시간을 흘려보냈다. 그 안에 나의 중요성은 없었다. 존중해주는 것도 없었다. 건강상의 이유로 아들은 부상으로 그제야 멈추었다. 혼자 있는 시간을 가졌다. 혹독하고 긴 어둠의 터널을 지나왔다.

실패는 피드백이다. 피드백이 중요했다. 열심히 살았다고 착각했다. '나에게 정말 중요한 것은 무엇이었을까?' 생각했다. 그동안 생각할 시간이 없었다. 주어진 일에 하루하루 열심히 사는 것이 정답이라고 생각했다. 급하지는 않았지만, 중요한 가치 있는 일에 우선순위 계획을 세워야 했다.

혼자 있는 시간을 통해 자신을 돌아보게 되었다. 그동안 변할 수 없는 세상, 사람, 일, 가족을 통제하고 애쓰려 한다는 사실을 알게 되었다. 혼자 있는 시간을 가지면서 독서를 하기 시작했다. 생각했다. 산책했다. 그리고 변할 수 없는 상수들을 내려놓기 시작했다. 내려놓은 자리에 감사로 연결했다. 그동안의 내 인생은 논쟁, 경쟁, 비교, 욕망의 키워드가 있었다. 이제는 그 자리에 감사, 행복, 여유, 풍요로움의 감정, 삶으로 채우기 시작했다. 풍요롭다. 과정을 통해 위기를 기회로 만들기 시작했다.

혼자 산책하면서 '빅맘의 북테라피' 콘텐츠를 만들었다. 고민하고 번뇌하던 일상의 대화는 책으로 소통을 했다. 아들과 함께 나누던 감사일기, 성장일기, 시각화를 '북테라피' 도반들과 함께 나누기 시작했다. 함께한 도반들도 과거에 집착하던 분들이 현재에 집중하기 시작했다. 기록을 통해 자신의 성장을 지켜보고 용기 내어 인생의 주인이 되어가는 과정을 만들고 있다. 시간의 힘은 위대했다.

새벽 4시 30분에 기상을 20년 동안 했다. 17년 동안은 자녀를 키우면서 운동하는 아들과 9살 차이 나는 막내아들을 키우기 위해 강제 새벽 기상했다. 3년은 직장생활을 하면서 장거리 출장으로 인해 회사를 위한 기상을 했다. 기상하면 모두가 성공할까? 아침에 일어나면 다들 성공한다고 생각하지만, 중요한 것은 새벽 기상 후 행동이다.

자녀가 성장한 후 3년 동안 새벽 기상을 했다. 책 읽고 확언하고 운동하고, 회사 일을 했다. 그 결과 팬데믹 시기에 회사는 버티는 힘을 발휘했다. 20년 동안 새벽 기상을 한 덕에 알람 없이 눈을 뜬다. 앞에 17년은 자녀와 가족을 위해 뒤에 3년은 사회와 회사를 위해 열심히 살았다. 그런데 정작 그 시간 속에 나는 없었다. 모든 것을 멈추고 나서 알게 되었다. 열심히 살아도 나를 위해 열심히 살아야 했다. 모든 것이 다 나를 위하는 것이었지만, 그 어떤 상황에서도 나는 없었다. 깨달았다. 내가 세상의 중심이 되어야 세상은 아름다울 수 있다는 것을 말이다.

삶의 의미를 다시 생각했다. 그리고 두 번째 청춘을 만났다. 온전히 자신에게 집중하는 법을 알게 되었다. 나에게 집중하고 나니, 삶이 보람되고, 행복할 수 있었다. 내가 내 인생의 주인공이기에 가능한 마음이었다.

혼자 있는 시간은 많은 가치와 힘을 가지고 있다. 어떤 가치의 힘이 있을까? 첫째, 자기 자신을 발견하고 내면의 성장을 이루는 데 도움 된다. 자신과 대화하고, 생각과 감정을 탐구하고 자기 이해도가 높아지면서 삶에서 무엇이 중요한지 방향을 정한다. 두 번째, 혼자 있는 시간은 창의성을 촉진하고 자율성 키운다. 외부의 영향을 받지 않고 자신만의 아이디어와 흥미를 탐구할 수 있으며, 자신만의 시간과 공간을 만들어 표현하는 방법을 익힐 수 있다. 세 번째, 자신 내면의 평화에 도움 된다. 소음이나 간섭없이 집중할 수 있는 환경을 조성하고, 마음의 안정과 평화로 활기찬 활동을 할 수 있다. 더 나아가 신체와 정신의 회복을 위한 소중한 시간이다. 스트레스나 일상의 부담을 해소하고 자기 돌봄에 집중할 수 있다. 혼자 있는 시간은 자신의 내면과 연결되고, 성장과 휴식을 위한 중요한 시간이다. 이를 통해 자신을 발견하고 발전시키며, 삶의 여러 측면에서 긍정적인 변화를 이룰 수 있다.

아들과 내가 긴 터널을 지날 수 있었던 것은 혼자 있는 시간의 힘이었다. 온전히 자신에게 에너지를 충전시킬 수 있는 시간. 혼자만의 시간은 위대한 힘이다. 혼자 있는 시간을 즐기자. 혼자 시간 끝에 생각의 총량과 고민하는 무게가 묵직할수록 내 삶의 주인공은 내가 된다. 누군가와 함께 성장의 과정을 함께 할 수 있지만, 결국 혼자의 힘을 길러야 주인의 삶을 살 수 있다. 그리고 적당한 생각 끝에 행동하자. 생각만 말고 행동하자. 행동하면, 부족함이 드러나고, 드러나면 보완할 수 있다. 그렇게 가치 성장을 할 수 있었다.

5장

특별한 사람만
기적을 만드는 건
아니다

1

엄마의 멘탈이
선수의 멘탈을 만든다

아들은 스피드스케이트 국가대표선수가 되었다. 2년의 공백을 깨고 세계 무대에 섰다. 주변 사람들은 우리를 기적이라고 했다. 하지만, 우리는 인간의 의지가 기적을 만들었다고 생각한다. 지인이 어떻게 과정을 보내었는지 물어왔다. 감사와 독서가 삶의 많은 부분을 채워 주었다. 책은 깨달음을 준다. 그날 깨달음을 얻으면 아주 작은 것을 바로 실행했다. 그리고 반복했다. 아들의 멘탈도 니체의 언어에서 시작되었다. 싯다르타의 가르침을 통해 마음 성장을 했다. 책을 읽고 산책으로 사색했다. 그리고 특별한 스트레스 관리를 했다. 생각처럼 안 될 때는 도서관이나 서점을 찾았다.

"삶은 어떻게든 방법을 찾아낸다." 영화 〈쥬라기 공원〉의 명대사이다.

믿는다. 삶은 어떻게든 방법을 찾아가게 되어 있다. 그렇게 마음을 챙겨가며 내면의 평온함을 얻고 좋은 면을 끌어당겼다. 좋은 마음으로 좋은 것을 보면서 산책을 했다. 2년 공백 기간을 깨고, 출발선에 서게 된 아들이 집중할 수 있도록 도울 수 있었던 것은 멘탈 강화이다. 멘탈 강화는 크게 다섯 가지 형태로 정리가 된다.

첫째로 목표를 가졌다. 20대부터 결혼을 하고 아이를 키우면서 버킷리스트를 만들었다. 버킷리스트에서 지금 당장 실행할 목록을 작성해 시간 계획표에 당일 일주일, 한 달 단위로 기록하고 지우기 시작했다. 아들이 자라 초등학교에 입학하면서 매년 마지막 날 다음 해 목표를 공유했다. 가족하고 공유된 1년의 과정을 함께 응원했다. 3년이란 시간 속에 이것을 잊고 지냈다. 아들의 부상과 나의 퇴직 사이 잊고 지냈던 목표를 다시 시작했다. 가족들과 목표를 공유하고 그 일정에 맞게 나아가고 있는지 응원해 주는 가족이 되었다. 우리 모자는 만다라트를 이용해 계획을 세우고 실행하고 있다. 만다라트와 시간 가계부는 삶을 집중할 수 있게 도움 주는 도구이다. 목표를 계획할 때는 **비관론자처럼 계획하고 낙관론자처럼 꿈을 꾸었다.**

둘째로 감사일기를 작성했다. 확언은 아직 이루지 않은 것을 이야기하지만, 감사는 현재 내가 가지고 있는 것에 집중하는 것이다. 매일 아침 감사는 주변에 사소한 것부터 시작해 만나는 사람을 소중히 여기는 습관을 만든다. 감사도 습관이다. 감사는 뇌파를 활성화한다. 단, 무조건 긍정적이면 위험하다. 자기 합리화를 할 수 있기 때문이다. 현실을 직시하되, 그 안에서 얻을 수 있는 낙관적인 시선을 가졌다. 철학자 니체의 태도와 미국 해군 장교 제임스 스톡데일 패러독스에게 영향을 받았다. **스톡데일 패러독**

스 장군은 베트남 포로로 8년 동안 막연한 긍정보다는 감사하며 삶을 받아들이되 오늘을 직시했다. 미국으로 돌아와 정상적으로 생활하는 그의 멘탈을 따서 '패러독스' 용어가 생겨났다. 무조건 긍정적인 태도보다, 현실을 직시하고 감사하는 태도 유지가 중요했다. 그 후, 감사와 확언이 주는 비율을 7:3으로 생각했다. 1년 이상 운영하는 가치 성장 독서 캠프 '빅맘의 북테라피'에서 감사함으로 삶이 풍요로워진 사람을 많이 본다. 확언보다 강력한 힘이 감사라고 확신했다. 아들과 내가 감사로 멘탈 강화했듯, 다른 분들의 삶도 그렇게 감사로 채워졌다. 감사일기를 작성할 때 사용하는 언어에 집중했다. 단어와 단어, 문장과 문장 사이 배치도 적극적 긍정으로 채워 나갔다.

셋째, 스트레스를 관리했다. 감정이 평온하지 못하면 움직였다. 스트레스 관리를 위해, 아들은 운동선수지만, 산책을 권했고, 나도 4년째, 평일에 1만 보 이상을 걸었다. 최근 달리기를 하고 있다. 마라톤 대회도 나갔다. 달리면 현재에 집중할 수 있었다. 날이 안 좋은 날은 실내에서, 날이 좋은 날은 하늘을 보면서 달렸다. 현재 하늘의 색을 보고 흐르는 냇가 물줄기를 보면서 달렸다. 화가 날 때도 달렸다. 걸었다. 그렇게 마음 잡았다. 불안할 때는 명상했다. 호흡했다. 기분 좋을 때 집중력이 좋을 때는 눈을 감고 명상했고, 집중 안 될 때는 눈을 뜨고 일정한 물건을 바라보고 호흡하면서 명상했다. 촛불 켜고 하기도 하고 창밖 먼 지평선을 바라보고 심호흡했다.

마음에 안정이 찾아왔다. 짜증이 날 때도 있다. 그때는 알아차리고 산책했다. 산책하면서, 왜 짜증이 났는지 생각했다. 대부분 피곤이 원인이다. 마음에 여유가 없었구나! 느끼고, 잠을 잤다. 그때부터 선잠 즉 하루 20분 낮잠이 습관으로 자리 잡았다. 낮잠을 자고 일어나면 집중이 잘 되었다. 일에 몰입이 잘되었다. 무기력한 날도 있다. 그러면 샤워한다. 샤워하고 나면 마음이 한결 가볍다. 마치 긍정의 샤워한 듯 긍정의 확언을 외치면서 샤워를 하고는 했다. "나는 내가 정말 좋다." 한결 마음이 평안해졌다. 의심이 드는 날도 있다. 이 경우는 책상에 앉아 글을 쓴다. 특히 나에게 편지를 적는다. 내가 나에게 힘을 주는 미래 편지를 적어 본다. 적다 보면 힘이 생긴다. 의심이 사라진다. 무엇을 행동할지 떠오른다. 일상에서 스트레스를 받지 않고 마음의 평화를 가지려고 하는 나의 노력이 삶을 긍정의 도구로 채워 갔다. 이때의 경험으로 미래의 나를 만나는 '빅맘의 미라클 데이방'도 운영하기 시작했다. 매일 루틴을 실행하는 방에서, 새벽 기상부터 책 읽고 산책까지 만들어 가고 있다. 이 과정 끝에 만나는 미래의 나는 어떤 모습일까? 이미 충분히 그 생활을 한 나는 적극적으로 도반들과 함께 만드는 세상을 믿는다.

넷째, 멘탈의 요인 중 인간관계가 차지하는 비중이 크다. 존 고든『에너지 버스』, 발타자르 그라시안『사람을 얻는 지혜』책을 읽고 인간관계를 정리했다. 옷장의 옷은 한계가 있다. 나의 옷장에 귀한 옷을 선택했다. 인간관계에 우선순위를 정하고 귀한 우정을 나누었다. 내가 에너지 버스 운전기사가 되어 버스 승객을 선택했다. 인간관계로 인해 삶이 풍요롭고 감사함이 넘치는 시간을 선물 받았다. 마음이 불편하신 분들에게 권하고 싶은 책이다. 책을 통해 나와 결이 맞지 않은 분들은 정중히 거리를 두었다. 책은 깨달음을 준다. 인생의 지침서이고 안내자이다. 책은 생각의 끈을 만든다. 자신의 삶을 좋은 방향으로 이끄는 힘을 준다.

다섯째, 휴식과 취미를 선택했다. 휴식이나 취미는 그냥 생기는 것이 아니다. 선택해야 한다. 지난 직장생활에서 번아웃을 경험했다. 다행히 회사를 그만두고 가정에 정성을 쏟으면서 자신을 돌봤다. 멈춤에서 오는 휴식의 중요성을 알아차렸다. 번아웃은 열심히 살아온 사람들에게 온다. 열심히 살다가 보니, 몸이 지친다고 신호를 준 것이 번아웃이다. 중요한 것은 그 열심 안에 내가 없다는 것이다. 어느 날 방향성을 잃은 것이다. 멈춰 생각했다. 지금 방향이 맞는지 말이다. 난 운이 좋은 사람이었다. 그 시절 잠시 멈춤을 선택했으니 말이다. 우리 가족은 큰아들 시즌이 끝나는 3월 말 여행을 간다. 여유가 없을 때는 가까운 찜질방으로 다녀 왔다. 그리고 닭갈비로 외식했다. 1년 열심히 산 우리에게 보상했다. 아이들이 성장하면서 박물관을 다녔다. 전국에 있는 사찰을 찾았다. 그러고 나면 1년 다시 살 힘이 생긴다. 취미생활은 책 보고 걷고 뛰기다. 책 중에 가장 좋아하는 책은 산책이다. 집으로 돌아오는 길에는 풍요로운 마음이 가득하다. 삶이 즐겁다. 산책을 통해 자연에서 치유를 받았기 때문이다. '일상을 여행처럼.' 나의 삶의 기본이 되었다.

멘탈 강화에 필요한 요소가 있다. 첫째, 목표를 갖는다. 둘째, 감사일기를 작성한다. 셋째, 스트레스를 위한 나만의 방법을 찾는다. 넷째, 인간관계를 생각하고 나만의 기준점을 정한다. 다섯째, 휴식과 취미를 정하고 실천한다. 멘탈이 강화된 삶은 즐겁고 풍성하다. 부모는 자녀를 믿고 지지해주며 그들이 능력과 잠재력을 발휘할 수 있도록 도와준다. 신뢰와 지지를 받은 아이는 타인과의 관계에서도 안정감과 용기를 얻고 오늘도 세상에 발걸음으로, 용기 내어 나간다. 세상이 아름답다.

고등학교 부상 회복 후 평창 올림픽 스케이트 스타터로 참가

희망의 트랙 위에 다시 서다

2

밥상 혁명의 과정

엄마 밥은 아이들이 세상에 나가 싸울 힘을 만든다. 상혁이가 중학교 때 일이다. 손이 많이 가기는 하지만, 가족들이 좋아하는 손만둣국을 만들었다. 고기와 함께 즐겁게 식탁으로 모이는 가족을 보고 있노라면 흐뭇하다. 오늘따라 유독 기분이 좋아 보이는 아들이 한 숟가락 먹더니 '엄지 척'을 해준다.

"역시 엄마가 만들어준 만둣국이 최고."
평상시 표현을 잘 하지 않던 아들의 엄지 척이라 기분이 좋다.

"오늘 상혁이 기분 좋아 보이네. 엄마 음식에 엄지 척까지 해주고. 기분 좋은 일이라도 있니?"

"학교 급식 시간에 함께 먹는 친구들이 저 포함 4명인데요. 그 친구들이 어제 계란말이가 짜다고 했어요. 앞에 있는 용환이가 된장국은 싱겁지 않았냐 하구요. 성준이는 어묵은 먹을 만했다며 어제저녁에 올라온 음식을 평가했어요. 신기해서 물었죠."

"너희 한집에 살아? 어떻게 저녁 반찬이 똑같아?"
친구들은 입 모아 말했어요.

"집 앞 반찬가게에서 엄마가 조리된 음식을 사와 저녁에 차려준다고 했어요. 일주일 3번은 배달음식을 먹거나 외식으로 식사한다고 했지요. 순간 저는 와! 외식 자주 해서 좋겠네! 우리 집은 엄마가 매일 차려주셔서 맛있기는 한데 외식하고 싶을 때도 있어."
그 말을 듣는 순간 우리 아들들이 외식을 좋아했구나! 생각이 들었다.

"그런데 아이들 반응이 한두 번 외식이나 배달음식이지, 매일 먹으면 맛이 없고, 질린다고 했어요. 대화 나누면서 매일 다양한 음식으로 밥해주시는 엄마가 감사하고, 힘이 났지요. 친구들도 부러워했어요. 자기들은, 엄마가 해준 밥이 맛이 없어, 외식이 차라리 낫다고 했어요. 이야기를 들으면서 엄마 밥이 최고다! 라는 생각을 하게 되었어요. 아마 만두를 직접 빚어 끓여 준다고 하면 놀랄 걸요."

아들의 이야기가 흥미롭다. "엄마 밥이 최고다!" 해주니 어깨가 으쓱한다. 음식 전공했지만, 음식 만드는 것을 매번 좋아할 수 없다. 집밥을 선호하게 된 이유는 불편하지만, 여러 가지 유익한 점이 있기 때문이다. 제일 먼저, 운동선수 길을 가면서 경제적으로 절약했다. 먹는 양을 감당할 수 없었기에 대형마트 가서 대량으로 고깃덩어리를 사와 조리 방법에 따라 종류별로 나누면서 식비를 절약했다. 그 결과, 넉넉한 상차림을 추구할 수 있었다. 외식이나 배달음식보다 집밥이 경제적으로 더 절약된다. 그리고 틈틈이 '냉파'(냉장고 파먹기)를 했다.

둘째, 집안 건강에 가족력이 있기에 예방 차원에서 잡곡밥을 먹고, 고기에 따른 다양한 채소 과일로 식단을 조절했다. 고기 종류도 닭고기, 돼지고기, 소고기, 오리고기, 생선 등 종류와 조리법을 다양하게 만들어 제공했다. 식사를 직접 만들어 먹음으로 대회 한 달 전, 한 주 전부터 몸이 가벼워지고 속이 편안해져 건강하게 보낼 수 있었다.

셋째, 나의 조리 기술이 늘어났다. 음식을 전공했다고 처음부터 음식을 잘한 것은 아니다. 보통 사람보다 익숙한 조리법을 머리로 많이 알고 있다는 장점은 있지만, 음식 만드는 것은 늘 어렵다. 자주 요리하다 보니 조리 기술이 좋아지고, 우리 집만의 새로운 레시피와 간단 레시피를 시도해 볼 기회가 많아졌다. 실력이 늘어나니, 요리가 즐거워지고 맛있게 먹어주는 가족들 미소를 보면서 요리의 즐거움을 느끼기 시작했다. 즐겁고 재미있으니 실력이 점점 향상되었다. 최고의 음식 재료는, 위생상태를 스스로 관리하고 병균으로부터 가족을 보호할 수 있는 지혜가 생겼다.

넷째, 가족과의 소통이다. 각자 시간이 바쁘지만, 집에서 식사하면 바쁜 아빠도 일주일에 3번 이상은 함께 소통을 했다. 음식을 준비하면 아들들이 식탁 차리는 것을 도와준다. 자연스럽게 남편도 나와 자녀들과 대화를 한다. 오늘의 메뉴를 이야기하고, 각자 삶에서 있었던 이야기를 주고받는다. 자녀들의 성장 과정을 자연스럽게 남편도 알고 나도 알게 된다. 함께 식사하면서 나누는 이야기는 대부분 좋은 질문에서 시작된다. 좋은 질문을 통해 자녀들과 유대 관계가 돈독해졌다. 아들들이 성장하면서 식탁에는 주로 경제 이야기가 주제가 되어 서로 이야기했다.

20년 동안 하루 4시간을 자고, 생활했다. 결코, 자랑은 아니다. 개인적으로 나는 잠을 6시간 자야 심신이 편한 사람이다. 환경이 그럴 수밖에 없었다. 새벽 4시 30분부터 시작했다. 일어난 이유는 집밥 때문이다. 그 당시 돌이켜 보면 내가 생각해도 억척스러웠다. 지금은 밀린 잠을 자고 있다. 하루 잠을 6시에서 8시간을 충분히 잔다. 자녀들 성장기에 투자할 때가 있다. 그때는 젊어서 괜찮다. 지금은 직장생활을 접고, 나의 생활에 집중하고 있다. 그 시기에 해야 할 일을 잘해야 평안한 오십을 맞이할 수 있다.

보통의 30대에는 부모를 떠나 가족 구성을 한다. 30대에서 40대에는 집안을 위해 많은 투자를 해야 한다. 엄마로서, 아내로서, 며느리로서, 그리고 사회인으로서 딸로서 멀티가 되는 것, 권하고 싶지는 않다. 하지만, 삶에 최선을 다하면 다음의 문이 열린다. 그렇게 두 번째 청춘을 맞이할 수 있다. 50대가 되니, 20대에 자신에게 집중했던 것처럼, 남편도 자식도 각자의 삶에서 자신이 원하는 방식으로 살아간다. 나 또한 나의 방식으로 내 삶을 살아간다. 지금 삶이 힘들다고 느낀다면 그건 아마도 내가 최선을 다하고 있기 때문이다. 다만, **자신의 체력을 잘 알아야 한다.** 몸에서 보내는 신호를 무시하면 행복할 오십에 여기저기 아플 수 있기 때문이다.

방황과 변화는 살아 있다는 증거다. 현재는 과거의 선택들이 모여 보이는 현상이다. 변화는 쉽지 않다. 도전은 늘 쉽지 않다. 힘들다는 것은, 내가 살아 숨 쉬고 있다는 증거다. 집밥으로 따스한 가정을 만드는 것이 최선의 방식이었다. 긴 시간이었다. 그 시간을 통해 집을 따스한 공간으로 만들 수 있었다.

집밥의 힘은 첫째, 가정 경제에 도움을 준다. 둘째, 어려서부터 먹는 것의 중요성을 알려주고, 건강한 식습관을 만들 수 있다. 자신을 사랑하는 방법은 좋은 것을 선택하고 좋은 것 먹는 것이다. 셋째, 음식 솜씨가 나날이 좋아진다. 엄마의 음식을 통해 가족들의 소통이 원활해진다. 성장하면서도 엄마의 밥에 대한 그리움이 있고 사랑을 느낀다. 임신하면 어릴 적 먹었던 음식들이 기억이 나듯 말이다. 아프면 생각나는 엄마의 음식은 그리움이 된다. 넷째, 가족들과의 소통 시간이 자연스럽다. 아들과 아빠 그리고 남편과 내가 자연스럽게 한솥밥의 힘으로 세상을 살아갈 힘을 만든다. 그렇게 엄마의 밥상은 세상에 혁명을 일으킨다. 세상과 맞서 싸워 이기고 돌아온 저녁 시간. 집밥은 위로와 힘이 되었다.

부모는 애정을 담아 자녀가 사랑과 존중을 받기를 원한다. 부모라면, 자녀가 성장하면서 겪는 어려움과 실패를 인내심과 끈기로 감싸주며 함께 성장해야 한다. 포기하지 않고 노력해야 한다. 따뜻한 밥 한 숟가락이 용기가 되고 그리움이 된다. 그러니 엄마들이여! 집밥을 하자.

'healing_blingfood' 인스타 매일 집밥 게시물

희망의 트랙 위에 다시 서다

3

시련을 극복하는 힘

"바람이 불지 않으면 노를 저어라." 라틴 격언이다. 인생에 있어 불어오는 바람을 막거나 조정할 수 없다. 바람은 자연적인 현상이다. 다만, 돛을 이용해 문제를 최소화하고 나아갈 수 있다. 또는 노를 이용해 방향을 바꿀 수 있다. 우리 인생도 이와 같다. 하루에도 수많은 사건 사고가 일어난다. 이미 벌어진 일은 어떻게 할 수 없다. 다만, 문제를 바라보는 관점은 바꿀 수 있다. 돛을 가지고 바람의 방향을 바꾸고 나아가듯 시련을 바라보는 관점을 이용해 방향을 바꾸고 나아갈 수 있다. 문제를 보고, 생각 전환을 통해 문제 해결력을 성장시킬 수 있다.

올림픽을 바라보던 아들의 부상은 내 인생에 큰 시련 중 하나였다. 13년 동안 소망하던 일이 한순간 배가 뒤집히듯 뒤집어졌다. 물론, 아들이 제일 힘들었을 것이다. 자식이 힘들어하는 모습을, 바라보는 부모의 마음이 찌릿찌릿하다는 것을 그때 알았다. 아픔의 크기를 알지 못하기에 조언도 할 수 없었다. 마음의 실망은 부모인 우리도 컸지만, 정작 본인의 일이 되어 버린 아들의 마음을 위로조차 할 수 없었다. 20살이 감당할 고통의 크기가 가늠이 안 되었기에, 묵묵히 곁에만 있었다.

"아는 만큼 보인다." 했다. 하지만, 그 고통의 깊이를 알 수 없었다. 의사들이 일반인으로 살 수 있지만, 이젠 선수 생활 힘들다고 판단했다. 기숙사에서 나와 집으로 돌아오라고 했다. 언제든 돌아올 수 있는 곳이 있는데 혼자 힘들어하냐고 그냥 와서 먹고 자라고 했다. 집에서 쉬면서 다시 생각해 보자고 했다. 무엇을 결정하든 부모인 우리는 너의 판단을 믿는다고 했다. 아들이 돌아왔다. 집에 온 아들은 며칠째 방에서 나오지 않았다. 회사에 사직서를 내고 가정에 집중했다. 아들과 산책을 했다.

"운동선수에게 이제 선수 생활을 할 수 없다고 이야기한 것이 사망 선고로 들렸어요. 처음으로 자살을 생각했어요."

놀란 가슴이 뛴다. 아들이 자살을 생각했단다. 부모가 된다는 것은 '담력도 필요하다.' 스치듯 생각이 든다.

"자살. 생각처럼 쉽지 않을 텐데. 용기가 필요했을 텐데. 자살은!"

"어떻게 아셔요? 자살하려고 할 때 용기가 나지 않았어요. 죽는다는 것이, 용기가 필요하다는 것을 알게 되었어요."

아들의 눈에 눈물이 고인다. 얼마나 괴롭고 힘들었을까?

"엄마 사춘기 때, 할아버지가 사업하다가 크게 망했어. 당시 할머니는 신경이 예민해졌지. 한 마디로 '풍비박산'이 이런 것이구나! 중2 어린 나이에 단어를 이해하게 되었어. 어린 동생들이 4명이나 있었고, 밥하는데 쌀이 없고, 집은 엉망이고, 어린 동생들을 돌보는데 힘들더구나!"

잊었던 사춘기 이야기를 지금 할지는 상상도 못 했고, 이 감정을 내 입 밖으로 처음으로 이야기하는 대상이 아들일 줄은 생각도 못 했다.

"할머니는 매일 밖으로 나갔어. 지금 생각해 보면 돈을 빌리러 다니신 것 같기도 해. 환경을 받아들이지 못한 할머니 때문에 더욱 힘들었어. 엄마도 그때 자살을 생각해 봤지. 그때 알았어. 자살은 용기 있는 사람이 할 수 있는 잘못된 선택이라는 것을 말이지. 그날 이후 삶에 최선을 다했어. 학교 다녀오면 가족을 위해 밥을 했지. 마당 있는 큰 집에서 단칸방으로 이사 온 후, 가족들이 잠들면 가로등 밑에 가서 책을 보고 공부했어. 어린 마음에 죽을 용기는 없었지만, 그 용기로 세상을 선택하고 살아갈 힘을 얻었거든. 내가 할 수 있는 최선은 공부였어. 그런데 환경이 넉넉하지 않더구나! 가로등 불빛 아래 공부하면서, 꼭 잘 살아야겠다, 생각했지. 아는 만큼 세상이 보인다고. 아니더라. 삶을 사랑하고 살아 보니, 보는 방법을 알게 되었지."

사랑하면 보인다. 아는 만큼 세상이 보이기도 하지만, 사랑하면 알지 못해도 보인다. 아들의 아픔이 전해졌다. 그리고 잊고 있던 나의 사춘기 이야기를 해주었다. 그날 산책 이후 아들은 스케이트를 내려놓고 커피 아르바이트를 했다. 시청으로 갔고, 강남으로 갔다. 1시간 넘는 출근과 퇴근을 했다. 일반인의 삶으로 살았다. 3주 동안 케이터링 서비스를 했다. 매일 아침 커피 100잔을 내렸다. 4개월 삶을 살면서 자신이 '스케이트를 사랑했구나!' 알게 되었다고 했다.

어느 날, 산책하면서, 아들은 내게 "엄마, 스케이트 1등인 아들이 될 수 없을 수도 있어요. 그런데 스케이트가 좋아요. 다시 스케이트 해보고 싶은데 제가 할 수 있을까요?"

"처음 시작은 1등 할 수 있다고 생각해서 스케이트를 시켰어. 1등 좋지. 원하기도 해. 하지만, 그 시간 후, 중학생 때 두 번째 선택은 달랐어. 그때는 부상도 생각했고, 경제력도 생각했지. 무엇보다 부상이라는 것이 어떤 것인지 안 후에는 마음이 달라졌어. 엄마가 녹즙 배달할 때 나폴레옹 힐의 『놓치고 싶지 않은 나의 꿈 나의 인생』 책을 가지고 와서 꿈을 이루고 싶다는 너의 표정이 지금도 생생하게 기억이 나는구나! 그때 꿈을 이뤄주고 싶었어. 결과가 좋으면 좋지만, 지금의 엄마는 상혁이가 있을 자리로 돌아가는 것이 다행이고 감사해. 돌아가서 해보고 아니면 언제든 집으로 돌아와. 아빠와 나는 아들이 무엇을 선택하든 너의 편이란다. 너는 우리에게 소중한 아들이니까."

"엄마가 녹즙 배달해서 희생하고 길러주셨는데 너무 죄송하고 미안해요."

"처음 선택은 너를 위한 희생이었어. 하지만, 얼마 지나서 알았지. 돈이 생각보다 인생에 많은 걸 좌우하더라. 그리고 엄마는 선택했어. 다시는 돈으로 휘둘리지 않겠다고 결심했지. 내가 정당하게 벌 수 있고, 그 안에서 성장할 기회를 보았어. 그 선택은 희생이 아니라 엄마의 선택이었지. 그러니 고마움만 남기고 미안함은 버리렴. 편하게 하고 싶은 것하고 살아. 이제 20대인데 세상 무엇이 두렵니. 아르바이트하면서 보는 현실. 보통 사람은 그렇게 살아가. 그 경험 생각하며, 세상을 살아가면 좋겠어. 좋아하는 것을 선택하고, 지금처럼! 너 자신이, 희망이라고 느끼는 트랙 위에 다시 서면 엄마는 그걸로 되었어."

아들하고 대화 속에 시련을 극복하는 힘은 여러 가지 요소가 필요했다. 첫째, 현실을 직시해야 한다. '지금보다 나아지겠지.' 막연하게 긍정적이지 않았다. 비관적으로 계획하고, 낙관적으로 세상을 봤다. 무엇이 문제인지 현실을 보고 오늘에 감사했다. 희망을 품었다. 상황을 바라보고 해결책을 찾아가면서 새로운 기회를 발견하려고 했다. 둘째, 시련을 통해 삶을 대하는 태도가 유연해졌다. 시각화와 확언을 통해 마인드 셋을 했다. "나를 죽이지 못한 고통은 나를 더욱 강하게 만든다." 니체의 말이 회복 탄력성에 도움이 되었다. 셋째, 가족의 든든함이 있었다. 친구와 선생님들이 있었다. 인적 네트워크를 형성했다. 상혁이에게는 좋은 선생님들이 많았다. 넷째, 문제 해결 능력을 위해 책을 찾았다. 책에서 정답을 주지 않지만, 수많은 아이디어와 생각을 선물 받았다. 나는 "필요한 모든 걸 갖추었다. 갖추었다." 생각했다. 경험하며, 배운 교훈을 통해, 그리고 개인적 성장을 위해, 어려움에 대처하는 필요한 지식과 기술을 배우고 익혀 나갔다. 다섯째, 명확한 목표를 설정했다. 구체적인 계획과 실행력을 키웠다. 단계별로 목표를 달성해 나가면서 매일 작은 성취감을 느꼈다. 시간 가계부를 작성하고 훈련 양을 성장시켰다. 어제의 나보다 1% 성장하면서 나아갔다. 정기적인 운동 체크, 충분한 수면, 건강식을 체크했다. 부상의 원인이 수면 부족이었다. 수면 부족은 조급함으로 드러난다. 피곤해서 무엇이든 조급한 마음이 표현된다. 그 과정에서 일어날 수 있는 변수를 생각하지 않았다. 운동, 수면, 건강식은 시련 극복의 필수 요건이다. 이번에는 다르게 준비했다. 잠을 충분히 잤다. 여섯째, 사건은 언제든 일어날 수 있다고 생각했다. 바람은 언제든 불어올 수 있다. 예측의 영역이 아니라 대응의 영역으로 생각했다. 돛을 이용하는 방법을 익히고 대응하면 된다.

시련이 왔을 때 여러 전략을 사용해 시련 극복 방법을 생각해 보았다. 이 과정에서 내면 근력이 생겼다. 아들에게도 나에게도 내면의 단단함이 뿌리 내렸다. 시련이 왔을 때 도망가면 위기이다. 시련이 왔을 때 도서관에 가면 위기는 기회가 된다. 시련은 나를 더욱 단단하게 만들어 주었다. 평온한 삶은 결코 유능한 선수를 만들 수 없다. 시련을 통해 선물 받았다. 위기는 기회인가! 그 선택은 온전히 나에게 달려 있다.

걸음마 배우는 아이가 넘어져도 일어서서 걸을 수 있는 이유는 부모의 응원 덕분이다. 부모는 안다. 넘어져야 다시 걸을 수 있다는 것을 말이다. 아들이 시련으로 넘어졌다. 다시 일어서서 걷는다.

누군가에게 꿈 생긴다는 것은, 이룰 힘도 함께 주어진다는 것이다. 아들은 돌아갔다. 자신이 있을 자리로. 시합날 "스피드스케이팅 1000m 조상혁, '날카로운 눈빛'"이 신문에 나왔다.

OSEN

[사진]스피드스케이팅 1000m 조상혁, '날카로운 눈빛'

입력 2022.10.20. 오후 4:54

최규한 기자

😀 2

🔊 가가 [

"지금부터 시작이란 마음으로 트랙 위에 다시 섰다."

4

조바심 대신
인내심을 키우는 시간

지금 삶이 힘든가. 인생의 절반을 살아 보니, 시련 대부분은 시간이 해결했다. 국가대표가 되는 과정에 부상이 3번 있었다. 뒤돌아보니 조바심을 낼 때마다 벌어진 일이었다. 초등 6학년 때는 엄마의 조바심으로 아이에게 힘든 시간을 허락했다. 자책했다. 중학교에 올라가서 6개월이란 공백을 가지고 다시 운동으로 돌아갔다. 힘든 사춘기를 보냈다. 두 번째 부상은 고등학교 2학년 상비군으로 발탁되어 합숙 훈련 도중 일어났다. 키가 크기 시작했고, 운동이 잘 되면서 고등학교 상비군에서 주변의 견제가 들어왔다. 아들에게 어제의 나와 비교해야 한다고 안내했지만, 결국 부상으로 연결됐다.

마음의 절제력이 부족했다. 몸이 좋아지니, 주변인을 이기고 싶어 했다. 어쩌면 욕심을 가지고 행동하는 아이를 다행이라고 생각했다. 그동안 자신감이 없던 아들이 욕심을 내니, 감사하다고 생각했다. 결국, 그 방관적인 태도로 인해, 부상으로 연결되었다. 자신을 통제할 수 있는 마음이 필요함을 알게 되었다. 깨달음을 배운 시기였다. 1년 시간을 그렇게 보냈다. 결국, 시간을 통해 성장을 만들었다. 남들보다 좋은 환경이라고 자만하지 않고, 남들보다 못한 시간이 된다고 해도, 기죽지 말아야 하는 자세를 배웠다.

부상 회복 후, 다음 해 세계 주니어 한국 대표가 되어 500m, 1000m 주니어 세계 챔피언이 되었다. 한국인으로, 주니어 우승컵을 받았다. 그렇게 자신의 길을 걸어가게 될 줄 알았다. 나는 회사 관리자로 승진해 열심히 하면 노후 준비는 당연히 되는 것이라고, 생각이 드는 시기였다. 뜻하지 않는 팬데믹 상태가 되었다. 세계 대회가 줄줄이 취소되었다. 아이는 부득이 2년이란 공백의 시간을 가지게 되었다. 간혹 개최되는 대회에서도 좋은 성적이 나오기 힘들었다. 기숙사라는 한정된 공간에서 활동이 제한되었고, 훈련을 할 수 없었다. 운동선수이지만, 학생이었기에, 통제된 기숙사 생활로 훈련을 할 수 없었다. 조바심이 다시 올라왔다. 그렇게 1년을 흘려보냈다. 아쉬움과 조바심으로 열심히 훈련했다. 올림픽 선발 5일 전 집중했다. 후회하지 않는 최선을 다한다고 했다. 세 번째 부상은 운이 안 좋았다 생각했다. 그러나 결국 조바심이었다. 마음의 집착을 통제하지 못했다. 개인 훈련 도중, 부상을 당했다. 선수로서 생활이 힘들 정도로 힘든 시간을 보내야 했다. 모든 부상을 뒤돌아보면 늘 조바심이 있었다. 이유는 있었지만, 결국 마음 그릇을 키우지 못한 결과였다. 미숙했다. 마음이 먼저 성장하고, 원하는 것을 얻을 수 있다는 깨달음의 시간이었다.

조바심은 많은 일을 다른 방향으로 이끌어 간다는 것을 느끼는 시간이었다. 모든 부상 뒤에 다시 회복할 수 있었던 것은 인내심이었다. 힘든 시간이 영원히 가지 않을 것을 안다. 이 기쁨이 영원히 가지 않는다. **'이것 또한 곧 지나가리라.'** 한 문장이 인내심으로 목표에 다가서는 시간을 만들어 갔다. 일희일비를 절제하는 시간을 보냈다.

회사에 사표를 내고 집으로 돌아온 나는 아들과 산책을 하면서 먼저 자신을 찾아가는 일상을 여행처럼 생활했다. 아들은 커피 아르바이트를 통해 자신이 진정 좋아하는 것은 스케이트라는 정체성을 찾았다. 자신의 정체성을 알게 된 후, 스케이트 선수로 1차 목표인 '국가대표에 도전'한다는 결정을 내렸다. 도전을 위해서 3가지를 만들었다. 첫째, 꿈 노트를 작성했다. 만다라트 계획표를 고등학교 때부터 작성해서 필요한 것을 기록했다. 두 번째는 로드맵을 작성했다. 각 과정에서 일어날 일을 시각화했다. 마음이 평화로울 때는 이미 정상에 있는 자신을 시각화했다. 마음이 불편하고 힘든 날은 지금의 과정을 하지 않을 때, 평범한 자신의 모습을 상상했다. 세 번째, 역산 스케줄 작성해서 목표가 이뤄질 수 있는지, 또는 부족한 것이 무엇인지 검토했다.

세 번의 부상 경험을 통해 배운 것은 열심히 한다고 모두가 성공한다는 것이 아니라는 것이다. 열심히 한다는 것은 기본으로 갖추어야 할 여러 가지 덕망 중 하나였다. 실력을 키우면 기회의 운 영역이 커질 수 있다는 것 배웠다. 부상을 딛고 많은 것을 다르게 생각했다. 미래를 위해 오늘을 희생하지 않았다. 단지 오늘 자신의 마음을 통제하고 중독과 집착을 내려놓았다. 편한 마음과 좋은 생각으로 기회의 운 영역을 끌어 올 수 있다는 것을 알게 되었다. 하루 한가지 선행하는 것을 선택했다. 부드러운 눈빛 밝은 미소를 선택했다. 주변인에게 친절했다. 수입 일부분은 기부했다. 돈이 여유가 있어서 아니라, 삶의 일부로 기부도 일정 금액을 나누기 시작했다.

부상을 통해 배운 것은 세상의 모든 일은 다 때가 있다는 것이다. 오늘 하루 세운 목표에 최선을 다하고 마음을 다하고 선한 나눔을 했다. 오늘의 점들은 미래의 선으로 연결이 되었다. 좋은 생각, 나눔, 평안한 마음, 경험은 차곡차곡 쌓아져 일정한 시간이 되면 넘친다. 그 시간을 위해 인내해야 했다. 핵심은 '좋은 것'에 있다. 매일 목표에 집중하고 좋은 것을 나누고 좋은 때가 되면, 기회가 봄바람처럼 살포시 다가온다. 기분 좋게.

아들은 국가대표가 되고, 세계 무대에 섰다. 집착과 중독이 좋은 운을 방해한다는 것 배웠다. 다시 일어서는 시간을 위해 꿈 노트, 로드맵, 역산 스케줄을 이용해 하루를 밀도 있게 보냈다. 하루 한 가지 선행을 실천하려고 노력했다. 세계 무대에 서 보니 아직 가야 할 길이 멀었다는 것을 배웠다. 하지만, 이젠 조바심이 아닌 묵묵히 그 길을 갈 수 있다는 마음이 생겼다. 오늘 할 수 있는 일을 한다. 그 길에 불안함이 아닌 설렘으로 하루를 기대로 시작했다.

백만 가지 불안한 시나리오를 예측하지 않았다. 일어난 일은 덤덤하게 대응했다. 비관적으로 계획하지만, 미래를 걱정하지 않는다. 누구한테 물어보기 전에 자신에게 질문했고, 생각했다. 문제 해결 능력을 위해 틈틈이 독서를 했다. **공들인 시간은 사라지지 않았다.** 조바심 대신 인내심을 키웠다. '수신제가 치국평천하' 사서삼경 중 『대학』에 나오는 말이다. 나를 다스리고, 가정을 돌보고, 그 후 나라를 다스리며, 천하를 경영할 수 있다는 문장을 마음에 새겼다.

모든 일에는 다 때가 있다. 그러니 버티자. 나의 때가 온다. 그때를 위해 수련하고, 꽃처럼 피어나고 열매 맺자. 지금 충실하게 즐기면, 때가 되어 운과 복이 나에게 온다. 조바심 대신 인내심을 키우며 그때를 맞이한다.

조바심 대신 인내심을 키우며 그때를 맞이한다

희망의 트랙 위에 다시 서다

5

살아 있으니
방황하고 성장하는 것이다

끝이 안 보이고 답답한 적이 있었다. 시간이 느리게 간다고 느낀 적이 있었다. 내 인생 왜 이렇게 바닥이지 나를 멈추려고 한 적도 있었다. 그때마다 용기를 내어 멈추지 않고 작게라도 걸어 나갔다. 사라지지 않으려고 애썼다. 슬픔도 기쁨도 영원한 것은 없다. 이 모든 것이 지나갔다. 인생이란 과정에서 성공과 실패가 반복되었다. 성공으로 가는 길은 작은 실패가 쌓여 만들어진다. 위기와 기회는 단짝 친구였다.

위기를 기회로 만들기 위해 행복한 느낌을 받으려고 노력했다. 세계적인 동기부여가 토니 로빈스 쓴 『흔들리지 않는 돈의 법칙』에서 **행복의 비결은 성장과 감사**라고 했다. 지금 현재 자신이 성장을 느끼면 행복은 덤이다.

오늘 하루 무엇을 해야 할지 자신의 시간을 알고 통제하는 사람은 행복하다. 일상에서 바라보는 시선이 감사하면 행복하다. 감사일기를 6년째 쓰고 있다. 매일 쓰는 감사 기록도 성장해야 한다. 나에서 시작하여 가족 주변인들을 포함하고 영역을 확대해 나가야 한다. 하루에 꿈과 목표를 살펴보고 기록으로 녹여야 한다. '매일 소중한 하루를 선물 받아 감사하다.' 매일 같은 일기를 반복하는지 살펴봐야 한다. 1차원적인 생각에서 어제와 다른 오늘의 시선으로 감사일기를 구체적으로 작성해야 한다. 예를 들어, 하루 6천 보 걷기에서 오늘은 6천 2백 보를 걸어서 감사하다고 기록한다. 책을 읽고 그 책 속에 한 문장을 어떻게 느껴 생각이 확장되는지 기록했다.

오감을 사용해서, 구체적으로 작성했다. 오늘 하루 무엇을 계획하고 성장할지 아는 사람은 즐겁고 행복하다고 자연스럽게 느껴진다. 시간을 통제하고 기록을 남겨 자신의 성장을 돌아본다. 매일 자신에게 묻는다.

– 나는 매일 진심으로 감사하는 마음을 성장시키는가!
– 나는 매일 나의 꿈과 목표를 성장시키는가!

만약 대답에 YES! 라고 한다면 감사한 하루다. 행복도 습관이고 불행도 습관이다. 수시로 떠올리며 말해야 한다. 지금 순간 행복하자.

남아프리카 공화국 최초의 흑인 대통령이자 흑인 인권 운동가 넬슨 만델라는 "**용기는 두려움이 없는 게 아니라 두려움을 극복하는 것이다.**"라고 표현했다. 두렵지만 한발 나아가는 것이다. 매일 나와 싸워 이기는 작은 성취가 나를 강하게 만들고 성장시키는 것이다. 시련을 통해 배웠다. '**고된 시간이 오면 더욱 강해져야 한다.**'라는 신호이다. 신호를 잘 지키면 더 큰 보상이 나를 기다리고 있다.

아들이 부상을 당했을 때 의사 선생님들은 앞으로 일반인으로 살 수 있지만, 운동선수 생활은 힘들다고 했다. 다시 무대에 선다는 것이 기적이라고 했다. 운동 자체를 시작한다는 것이 두려웠다. 운동을 시작해도 예전의 기량을 발휘할 수 없다는 사실을 받아들였다. 다만, 아쉬움을 남기고 싶지 않았다.

아들은 꿈과 목표를 수정했다. 세계 챔피언에서 국가대표로 목표를 수정하고 훈련량을 기록했다. 스케줄에 목표를 기록했다. 매일의 목표를 이루면서 감사했다. 감사일기가 성장했다. 꾸준히 행동하고 기록하니 어느 날 예전의 기량이 살아났다. 국가대표가 되었다. 꿈을 수정했다. 국가대표에서 세계 챔피언으로 사소한 일상이 쌓여 엄청난 영향력을 발휘한다는 것을 깨닫기 시작했다. 매일 꾸준히 한다. 지루한 과정을 무한 반복했다.

매일 행복 습관을 심었다. 성장하는 운동선수로 정체성을 만들었다. 담당 의사 선생님은 이런 아들을 보고 '인간 의지 그것이 기적이 되었다'고 말씀하셨다. 스케이트 동료, 코치, 감독들 역시 기적이라고 했다. "기적"은 꾸준함이 쌓여 엄청난 영향력을 발휘한다. 주어진 **미션은 잘하는 것이 중요한 것이 아니라 그냥 하는 것이다.** 회사를 그만둔다고 통보를 하고 온 날을 기억한다. 회사가 나의 미래도 가정도 책임질 수 없다는 것을 느꼈을 때 용기를 내었다. 더는 이 길이 아니다 판단했다. 그리고 결정했고, 행동했다.

비행기를 타면 승무원이 안내 방송이 나온다. 안전 수칙 중에 보호자가 먼저 안전 마스크 착용 후 동반 자녀를 돌보라고 안내한다. 삶도 이와 같다. 엄마인 내가 먼저 바로 서야 한다. 어떻게? 해답을 찾기 위해, 책을 미친 듯이 읽었다. 하루 1권 읽고, 필사하고, 기록으로 남겼다. 직장 다니듯 몰입했다. 독서를 일처럼 했다. 하루 8시간 근무하듯 그렇게 123일 동안 123권을 읽고 필사하며 기록으로 남겼다. 책을 통해 해답을 얻었다. 나를 세웠다. 가정을 돌봤다. 세상의 어떤 유혹도 시련도 견딜 수 있는 '강철멘탈' 가져야 했다. 그리고 자녀를 돌봤다. 자신을 세우는 일은 간단했다. 꿈이 있고 목표가 있어야 했다. 목표를 매일 감사일기와 시간 가계부에 적용하고 적었다. 책을 읽고 기록했다. 과정을 꾸준히 반복해야 했다. 때로는 지루했지만, 그래도 그 지루함을 견디었다. 어느 날 주변에서 성장한 사람이라고 이야기했다.

자이언트 북 컨설팅 대표이자 작가이신 이은대 작가의 책 『어텐션』에 **"잘 사는 비결은 가치 있는 일에 집중하는 것이다. 가치란 내가 정하고 멋진 인생을 위한 방법을 선택하는 것을 알게 되었다."**처럼, 가치 있는 일에 집중했다.

가치 있는 일은 어떻게 시작할까? 처음 방법을 어떻게 하는 걸까 생각했다. 오랜 유튜브 구독자로 지낸 단희 TV의 이의상 선생님의 독서 혁명 1기에 참여했다. 그 과정에서 생산자의 중요성을 깨닫게 되었다. 이의상 선생님의 가르침을 받으면서 알고 있는 것을 실행하기로 결심했다. 인생은 요행이 없다. 지름길도 없다. 내가 아는 한 그렇다. 성공과 성장에 비법은 없었다. 내가 가는 길이 곧 길이 되기 위해 책 읽고 기록을 남겼다. 길을 만드는 사람이 되었다. 남이 만들어 놓은 길을 걷는 사람은 주인으로 살 수가 없다. 미리미리 공부하고, 사색하고, 산책했다. 3년 동안 생각한 것을 실행했다. 사람마다 속도가 다르지만, 각자의 속도로 3년만 미쳐 보자. 그러면 내 앞에 길이 보인다. 그 길을 묵묵히 걸으면 다음 단계가 보인다. 또 묵묵히 걷다 보면 다음 단계의 문이 열린다.

빅맘의 가치 성장 캠프 도반들에게 늘 하는 이야기다. **"세상의 가치 있는 사람이 되십시오. 그 의미는 내가 부여하면 됩니다. 가다 보면 지치는 날도 있으실 겁니다. 두려운 날도 있겠지요. 행복 습관을 만드시고 그 안에서 감사하십시오. 그리고 묵묵히 걸어가시면, 다음 문이 보입니다. 저 역시 그렇게 성장했습니다. 저의 아들이 그렇게 성장했습니다."** '빅맘의 가치성장 캠프' 참여하는 도반들 역시 그렇게 성장하고 있다.

"살아 있으니 방황하고 성장하는 것이다. 그대 그러니 사라지지 말아라."

6

삶의 기준점이 특별함을 만든다

모든 선택에 기준점은 중요하다. 선택할 때 다음 행동에 영향을 주기 때문이다. '다름'이라는 단어를 '틀렸다'와 혼동했다. 어느 날 아들은 산책에서 틀리다와 다르다를 혼동한다고 알려주었다.

"내 생각과 너의 생각이 다른 것이지, 틀린 것이 아닙니다."

그런데 아들과 대화에서 생각이 다를 때마다 '틀리다. 라는 표현을 하고 있었구나!' 느꼈다. 그 뒤 '틀리다'라고 말을 할 때마다 '다르다'라는 말은 신선한 언어구나 느꼈다.

각자 인생인데 다르다는 것을 두려워하는 사람들이 있다. 이때 내 안의 기준점이 필요하다. 기준점을 밖에 찍지 말고 나의 마음에 찍어야 한다. 내 실력이 키워지고 능력을 발휘할 때가 오면 내 기준점은 인생의 봄날처럼 피어오른다. 사마천의 '호학심사(好學深思)'의 뜻은 배우기를 좋아하고 깊이 생각하면 마음으로 그 뜻을 알게 된다는 것이다. 나는 이 문장을 접할 때마다, 배우고 익히고 생각하려 했다. 너무 많이 보려 하지 않고 배움을 소화하고 실천하면서 기준을 만들어 갔다. 천천히 배우고, 천천히 생각하고, 천천히 걷고, 천천히 실행했다. 하나를 배워 실행한다. 둘을 배워 실행했다. 조급함은 금물이다. 하나가 이해되고, 시행착오가 생기면 피드백했다. 그 이후, 기준을 만들고 실천한다. 기준이 정해지면, 속도가 달랐다. 답은 언제나 내 안에 있다는 사실, 현재 자신의 기준점이 있다는 것을 알고 나면 조급할 이유가 없다.

영화평론가 이동진은 『밤은 책이다』에서 "하루하루는 성실하게 살고 싶고, 인생 전체는 되는대로 살고 싶다."라는 문장은 곱씹을수록 멋진 말이다. 하루를 성실하게 살고 인생 전체는 유연한 사고력으로 살고 싶다니. 어떻게 이런 멋진 생각을 할 수 있을까! 인생은 정답이 없다. 선택 후 이 선택이 옳았다 그 과정이 있을 뿐이다. 나에게는 나를 이끌어 주는 멘토들이 많다. 모든 멘토가 다 다르다. 모든 멘토가 다 옳지도 않다. 그분들의 생각과 장점을 배우고, 나에게 맞는 기준점을 가지고 나다움으로 행동했다. 멘토는 나의 삶에 내비게이션 역할을 해주시지만, 늘 내비게이션이 옳은 것도 아니다. 때로는 더 멀리 돌아가는 길을 안내 해주기도 한다. 나만의 기준이 있어야 한다. 옳고 그름의 문제가 아니다. 나와 다른 것이다. 하지만, 배우는 순간에는 충실하게 배웠다. 이의를 제기하지 않았다. 알려준 대로 충실히 실행했고, 그 과정에서 피드백을 통해 성장했다.

일반적인 사회의 성공 법칙에는 '열심히 일하는 것'을 요구한다. 남들보다 더 열심히, 더 오래 일하고, 더 일찍 일어나고, 더 많이 더 높게 더 늦게까지, 움직여서 결국 성공을 한다. 그런데 그 안에 행복한 삶과 시간적인 자유는 있을 수 없다. 이것이 진정한 행복한 삶일까? 우리는 성공에 대한 명확한 자신만의 기준을 가져야 한다. **경영컨설턴트 리처드 코치는 『80/20 법칙』에서 "80/20법칙은 효율적인 사람과 조직의 가장 큰 비밀 중 하나."**라고 말했다 과도하게 일하는 것이 아닌 비효율적인 방식을 배제하고 더 적은 시간을 투자해서 효율성을 극대화해야 한다. 이런 과정은 우리의 삶을 현명하게 만든다. 이것이 가치 있는 삶의 시작이다.

아들이 부상으로 일어설 때 어떤 의사 선생님은 할 수 없다고 했다. "지금 자신의 몸을 돌보고, 선수 생활은 포기"하라고 했다. 다 아들을 위해서 해주는 조언이라고 진심으로 마음을 전한 분도 있다. 엄마들이 회사 다니면서 아이들 밥을 그렇게 차려주는 것은 아둔한 사람이라고 했다. 요즘 배달음식도, 인스턴트도 잘 나와 있는데, 미련하다고 했다. 음식은 다 거기서 거기라고 했다. 방부제도 먹어 줘야 속이 썩지 않는다는 어처구니없는 농담을 진심을 담아서 했다. 운동하면서 공부하고 책을 읽는 모습을 보고 욕심쟁이라 했다. 기준점이 없었다면 모든 이야기에 흔들렸을 것이다. 그리고 후회했을 때, 나는 아무런 것도, 선택 못 하고 남에 대한 원망만 가지고 있었을 것이다.

기준점이 있다는 것은 중요하다. 다른 사람에게 휘둘리지 않고 내 인생의 주인공으로 살 수 있다. 특별한 사람만 기적을 만드는 것이 아니다. 삶이 가져다주는 것 들은 기준점이 명확해야 가능하다. 그리고 기적을 만든다.

명확한 기준을 가지기 위해서는 첫째, 나의 가치와 비전을 설정해야 한다. 가치와 비전, 원칙을 명확히 정립하는 것은 도움이 된다. 나만의 기준점을 가지고 있어야, 한 발자국 나아갈 수 있다. 둘째, 목표와 우선순위를 정하고, 단기적인 계획과 장기적인 계획에 따라 기준점을 갖도록 한다. 셋째, 내 안의 소리를 듣고, 외부의 조언을 활용할 수 있도록 한다. 직관과 감정을 활용하여 명확한 기준을 만들고 나갈 수 있다. 명확한 기준은 시간과 노력을 요구한다. 자신이 우선순위로 생각하는 가치가 무엇인지 목표는 어떤 것인지 지속적인 학습과 성장을 통해서 나만의 기준을 발전시킬 수 있다.

내 안에 명확한 기준을 만들자. 기준은 삶을 풍요롭게 만든다. 성공한 사람의 기준점은 높다. 행복한 부자는 기준점이 더욱 명확하다. 행복한 부자로 성공하고 싶다면 명확한 기준점이 있어야 한다. 실패를 실패로 끝내는 것이 아니라, 그 과정에서 배움을 익혀야 한다. 어떤 부면에서 부족한지 알아봐야 하고, 개선해야 한다. 우리는 그렇게 날마다 1% 성장한다. 성장하는 사람은 행복하다. 삶의 기준점이 특별함을 만든다.

7

달리는 작가

인생은 늘 계획처럼 움직이지 않는다. 회사 퇴사 후 7개월이 지나 부동산 공부의 필요성을 느꼈다. 청울림 선생님이 운영하는 다꿈스쿨을 찾았다. 부동산 공부 입문과 중급반을 진행하고 계시는 금토림 선생님을 만났다. 입문과 중급 과정을 거치면서 MVP가 되었고, 1:1 ZOOM 코칭에서, 금토림 선생님은 기회가 되면 청울림 선생님을 만나 보기를 권했다.

4월 어느 날 우연히 인스타 친구의 이벤트에서 댓글에 당첨되었다고 보내준 『나는 경제적 자유를 꿈꾼다』 책의 저자셨다. 맞다. 이 책을 읽고 다꿈스쿨을 알게 되었고, 부동산 공부도 체계적으로 했다. 시작이 청울림 선생님 책을 통해서였다. 호기심에, 부동산 공부도 준비 중인데 청울림 선생님이 진행하는 자기 혁명 캠프 26기로 등록했다. 부동산 공부하러 갔다가 자기계발까지 하게 된 셈이다. 자기 혁명 캠프에서 하루 한강 달리기가 있었다. 토요일 수업 아침 9시 30분 강의 전 한강공원에 7시까지 모여 1시간 정도 달린다고 하셨다.

달리기는, 20대 젊은이들이 하는 것 아닐까? 핑계 대고 빠지고 싶었지만, 반장인 나는 '걷더라도 가자. 1만 보 걷기 6개월 지속 중이니 어느 정도는 하지 않을까?' 그렇게 10월의 마지막 토요일 아침 한강공원에 도착했다. 가는 길에 떠오르는 붉은빛 태양을 보았다. 왠지 오늘 좋은 일이 있을 것 같다고 생각했다. 3km 정도 달리는 거리. 왕복 6km 달리기였다. 스트레칭을 하고, 동기들과 달렸다. 앗싸! 파이팅! 힘차게 외치면 달렸다. 10초 지나자, 점점 숨이 가파르다. 심장이 쿵쾅거린다. 머리에 열이 올라 '딩' 한다. '말도 안 돼! 이제 10초 달렸다고!' 허리가 굳어져 온다. '세상에나, 내 체력이 이렇게 저질이라고!' 동기들을 한 명씩 앞으로 보냈다. 그리고 터벅터벅 걸었다. 충격이었다. 물론 20년 동안 뛰어본 기억은 없다. 그래도 10초도 달리지 못하리라고 생각해 보지 못했다. 나의 상식이 용납되지 않는다. 다시 마음 다잡고 뛰어본다. 30초 달렸다. 여전히 헉헉 숨차고 심장이 쿵쾅거리고 다리는 후들후들한다. 1km 달렸을까. 동기들이 돌아온다. 그날의 일은 충격이었다.

청울림 선생님께서, 자기 혁명 5주간의 시간을 마치고 개인적인 점심을 사주셨다. "빅맘님은 부동산 공부는 자산 증식을 위해 그냥 가지고 가고, 강의하세요. 말에 힘이 있어요. 글도 재미있어요. 글을 쓰세요. 그리고 체력을 위해 운동을 하세요."

"강의하는 것은 회사 그만두면서 접었는데요."

"회사를 위한 강의 말고 빅맘님이 생각한 콘텐츠를 만들어 강의하세요. 지금까지 만난 사람 중 자신의 기준이 명확한 사람은 많지 않아요. 빅맘님만의 기준을 다른 사람과 나눠보세요." 점심을 함께하면서 청울림 선생님은 회사생활에 익숙한 종의 의식을 버리고, 주인이 되라고 권하셨다. 어떻게? 일단, 달리자. 달리기부터 시작하자.

다음 해 3월 '동아 마라톤' 대회를 신청해서 나갔다. 자기 혁명 캠프 동기들과 뛰었다. 10초도 달리지 못했던 나는, 반장이라는 이유로 참가에 의의를 두고 나갔다. 연습을 2달 동안 하기는 했다. 매일 걷고 뛰고, 숨차고 정신없고, 가족들은 힘들면 포기해야 한다고 했다. '런데이' 앱에서도 상태를 보고 의사 진단을 권했다. 무리하면 심장에 이상이 생길 수 있다고 계속 경고한다.

'이런! 걷겠다고 안 뛰고 걷겠다고 그러니 모두 말리지 마라.' 큰소리 내고 잠실 올림픽 공원에 도착했다.

1시간 30분 이내 도착해야 한다고 했다. 동기들도 힘들면 엠브란스 타라고 했다. 도착점에서 보자고 했다. 잘 달리는 동기들은 출발했다. 나의 속도로 걷다가 뛰다가 달렸다. '원래 달리는 것은 혼자야. 내 속도에 맞게.' 이렇게 중얼거리며 두 달 했다고 나름 괜찮다. 자기 체면 발동 시작했다. 3일 전 10km를 완주했다. 1시간 30분 정확하게 완주했다. 그런데 3일 전이라 아직 다리가 무겁다.

'탕!' 소리와 함께 달렸다. 주변이 생각보다 빠르다. 내 속도로 뛰고 싶은 데 주변이 우르륵 달리니 나도 모르게 속도가 빠르다. '오버페이스' 결국 1km 가다가 퍼졌다. 걷다 보니 회복된다. 다시 뛰었다. 후회했다. '미친! 준비도 안 하고 무모한 짓을 왜 하냐! 너답지 않게!' 여기까지 생각하니 문 득 회사를 그만둘 때 생각이 났다. '주어진 대로 살지 않고 살면서 나답게 달리기로 했잖아! 평소 안 한 것 하면서 살기로 했잖아!' 초심이 생각났다. 정신이 번쩍 들었다. 종의 의식을 버린다. 주인이 된다.

달렸다. 아무 생각이 안 났다. 혼자 달렸다. 파란 하늘이 보인다. 앞사람 등이 보인다. 연인이 보인다. 다음 사람이 보인다. 아줌마 부대다. 시끄럽 다. 달렸다. 나무들이 보인다. 햇살이 느껴진다. 중간에 햇살과 바람이 팔 을 감싼다. 어느덧 결승점이 멀리 보였다. 10km 완주 기록 1시간 20분 17 초. 3일 만에, 무려 10분이란 시간을 앞당겼다. 아무 일도 안 했으면 아무 일도 일어나지 않았을 것이다.

무라카미하루키의 달리기 회고록 『달리기를 말할 때 내가 하고 싶은 이야 기』에서 "아픔은 피할 수 없지만, 고통은 선택하기에 달렸다." 달리기로 마음 먹은 이상 아팠다. 하지만, 그 고통은 언제든지 나의 의지로 피할 수 있었 지만, 난 완주했다. 하루키의 글은 늘 감동이었다. 그의 달리기 회고록을 읽고 책 속의 문장이 이해가 되었다. 달릴 때 생각은 늘 능력에 한계가 있 다고 생각이 든다.

나약한 인간. 왜 그리 욕심 있게 살았을까? 무엇이 중요한지 모르고 살았을까? 방향 점검도 없이 열심히 살았다는 인간의 한계를 깨닫게 해준다. 멋진 하루키는 어쩜 달리기를 이렇게 잘 표현하는지 감동이다.

조직 사회를 오래 경험한 사람들은 일정한 패턴이 있다. 주어진 삶에 복종하는 것이다. 조직을 거슬리면 피곤하니까. 그나마 주인 의식을 가지고 살면 주도적으로 승진은 한다. 하지만, 그 끝에, 인간의 한계를 경험한다. 내 회사라고 생각한 그곳은 결코 내 회사가 아니라 남의 회사였다. 주도적인 삶을 살기 위해 퇴사를 했지만, 어느 사이 삶에 순응자가 되고 있었다. 대부분 이 구간에서 사라진다. 처음 의지가 어느 사이 사라질 수 있다.

2024년 다시 10km 완주를 계획한다. 그날 이후 주 5회 걷거나 달린다. 의지가 약한 사람이다. 루틴을 정했다. 신발 신고 나가면서 달리는 날은 커피를 선물했다. 달리기 의지가 꺾인 날은 커피도 굶었다. 커피를 좋아하는 나는 달리기와 커피를 묶었다. 그렇게 지난 시간을 만들었다. 주 3회 5km - 7km 달린다. 주 2회 걷는다. 준비했다. 달리는 순간은 아무 생각이 없다. 하늘이 예쁘다. 물소리 좋다. 머리를 비우고 와서 글을 쓰기 시작했다.

어느 순간부터 달리는 작가가 되고 싶었다. 무라카미하루키처럼 100km 11시간 울트라 마라토너 꿈은 상상할 수 없지만, 10km 꾸준히 달리다가 49,195km, 세계 3대 마라톤 중 하나인 보스턴 마라톤은 꿈꾸고 싶다. 글을 쓰면서 강의하면서 달리는 작가를 꿈꾼다. 그렇게 나의 주변 친구들을 만들어 가고 싶다. 달리는 친구들을.

희망의 트랙 위에 다시 서다

인생은 계획처럼, 움직이지 않는다. 하지만, 꿈은 다르다. **꿈꾸고 달려가다 보면 그 꿈과 만난다.** 결국, 꿈꾼 사람이 세상을 변화시키고 자신을 변화시킨다. '달리는 작가' 불과 3년 전에 생각지 못했지만, 결국 나는 꿈을 꾸고 지금은 달리는 작가가 되었다. 그러니 꿈을 꾸자. 그리고 실행하자. 꿈의 크기는 사람마다 다르다. 내 꿈은 내가 정한다. 달리러 가야겠다.

일상을 여행처럼 오늘도 걷고 달린다

6장

꿈꿔라! 모든 것을 이룬 것처럼

1

오십부터는 전략이 아닌 전술

오늘 점을 찍었다. 인생은 매 순간 하나의 점이 찍힌다. 어느 날 돌아보면 그 점들은 선으로 연결되어 있다. 2022년 3월 2일 회사를 퇴사했다. 열심히 살면 돈은 따라오는 것이라고 생각한 날들이 있었다. 새벽 4시 30분에 일어나 당일 경주 출장을 다녀왔다. 집에는 챙겨야 할 가족이 있기 때문이다. 이틀 후 여수 출장을 다녀왔다. 4시 30분에 일어나 피곤한 몸으로 김포 공항에 도착했다. 오전 비행기로 여수 도착. 식사 후 회의 및 교육하고, 저녁에 서울행 비행기를 탔다. 주말은 시체처럼 잠만 잤다. 배달음식으로 편리하게 살았다. 돈은 벌었지만, 통장을 스치고 지나쳤다. 2020년 11월 30일 여수 공항에서 전화를 받았다. 능력을 인정해 제주도 지역을 맡으라는 전화였다. 능력은 인정하지만, 팬데믹 상태라 급여는 동결이라고 했다.

젠장. 하지만, 월급 때문에 거절하지 못했다. 그날 여수에서 하늘 사진을 찍었다. 3년 후 돈 때문에 회사의 노예로 살지 않기로 마음먹은 날이다. 그날 이후 월급은 가능한 저축을 했다. 남편이 주는 생활비로 긴축생활을 했다. 일은 계속 증가되었다. 체력의 한계가 왔다. 회사와 소통이 안되었다. 대구지역을 추가로 담당하라고 했다. 이젠, 결단이 필요했다. 아쉽지만 다람쥐 쳇바퀴에서 내려왔다. 퇴사 마음먹고 계획한 3년이 안 되었다. 하지만 더는 무리였고, 지금이 그만둘 시기라 생각했다. 막상 내려와 보니, 어디서부터 어떻게 무엇을 할지. 막막했다. 오십의 나이에는 전술이 달라져야 한다. 전략과 전술을 네이버 사전에는 이렇게 기록이 되어 있다. **전략이란, 어떤 목표에 도달하기 위해 최적의 방법이다. 전술은 전투 상황에 대처하기 위한 기술 방법이나 방향이다.** 오십은 이미 각자 목표에 대한 정해진 전략 기준이 있다. 다만, 전술 방법의 변경 필요성을 느꼈다. 공부가 필요했다. 두 번째 인생을 위한 공부가 절실했다.

퇴사 후 가장 먼저 한 것은 배움을 익혔다. 새로운 삶을 위해 직장을 다니듯 일어나서 컴퓨터 켜고 공부했다. 경기 학습 포털에 가입에 들을 수 있는 무료 강좌 30개 정도를 수강했다. 유료강의도 신청했다. 아이들을 위해 교육비를 써본 경험은 있어도 나를 위해서 교육비를 써본 기억은 결혼 후 처음이었다. 오십 이후의 달라진 삶을 위해 배웠다. 직장 다니듯 월요일부터 금요일까지 배웠다.

둘째, 책을 읽기 시작했다. 직장 다니면서도 책은 수시로 읽었다. 강의 준비를 위해서 끊임없이 책을 읽고 강의안을 만들었다. 이제는 퇴사 후 나를 위한 독서를 했다. 오십의 독서는 전략적으로 전문 독서를 해야 했다.

궁금한 것은 닥치는 대로 읽기 시작했다. 하루 책을 8시간 동안 읽고, 쓰고, 생각하고 걸으면서 음미하고 기록으로 남겼다. SNS에 기록이 누적되고, 어느 날 블로그 이웃이 18명에서 6천 명으로 증가했다.

도대체 사는 것이 왜 이리 고민스러울까? 우연히 고민이 있던 날 아침, 이경규의 유튜브 영상을 보게 되었다. 이경규는 질문하고, 법륜스님이 대답한 유튜브 영상이었다.

이경규의 "우리는 왜 태어났어요?"라는 질문에 법륜스님은 이유가 있어서 태어난 것이 아니라, 태어났기에 이유가 생긴 것이고, 태어나는 데는 이유가 없다고 했다. '왜 태어났을까?'가 아닌 '어떻게 살까?'를 고민하라고 하셨다. 이유가 있기 이전에 삶은 주어져 있다고 했다. 주어진 삶을 충실히 즐겨야 함을 느끼게 한 영상이었다.

어떻게 살아야 할까? 철학책을 보기 시작했다. 고전을 읽고 지혜와 통찰력을 키웠다. 법률 스님 말씀처럼 어떻게 살까에 집중하기 시작했다. 삼십 대는 부모를 떠나 나의 가정을 가꾸는 일에 시행착오를 거치면서 보냈다. 엄마, 배우자, 딸, 며느리 역할로 책임을 다하기 분주했다. 어느 날, 정신 차리니 오십 대였다. 삼사십 대를 책임감 있게 잘 보내었다면 오십 대에는 나의 소신으로 살 수 있는 시간이 확보된다. 그렇게 책을 보고 깨닫기 시작했다. 그리고 책을 기록으로 남겼다. 블로그 포스팅으로 온라인 세계에 발을 담갔다.

세 번째, 온라인에서 만난 자기계발 하는 사람들과 새롭게 관계를 형성했다. 다들 열심히 살았다. 자칫 흐트러질 수 있는 삶을 새로운 시스템에 접속하면서 성장해 나아갔다. 온라인 세계에서 만난 사람은 나를 바꾸는 공간으로 충분했다. 공간, 인간, 시간 '3간'을 바꾸는 계기가 되었다.

네 번째, 체력을 키웠다. 삼사십 대에 급한 일만 했다. 하다 보니, 건강이 위협받았다. 하루의 2시간 건강을 위해 노력했다. 지금도 노력 중이다. 1년 후 10km 마라톤 대회를 준비할 수 있었다. 오십은 하늘의 뜻을 아는 나이다. 바람에 흔들리지 않은 자신이 있어야 한다. 자녀와 배우자는 나 없이도 잘 살 수 있도록 독립이 되어야 한다. 각자의 개체로 서로를 존중하되, 의지해서는 안 되는 존재가 오십이다.

다섯째, 스스로 독립된 오십은 타인의 성장을 도울 수 있다. 인생 후반전에는 스스로 묻고 스스로 답해야 한다. 내 안에 모든 답이 있기 때문이다. 오십은 충분히 방법이 있다. 방법이 없다는 것은 아직 뜻을 세우지 않았다는 것이다. 흔들리지 않고 성공하기 위해서 과정을 즐기고, 좋은 시간으로 채워 나간다.

오십이 성공하려면, 체력이 있어야 한다. 매일 알에서 깨고 나 온다. 매일 감사일기를 작성하고, 어제보다 하루 성장하는 1% 성장일기를 작성하고, 좋은 사람과 좋은 마음의 행운일기를 작성해야 한다. 이 과정을 무한 반복하면 어느 순간 자신감이 생긴다. 요점은 꾸준한 반복이다. 반복만이 살길이다. 그전에 체력은 충분히 키워야 한다. 모든 일은 체력이 있어야 하기 때문이다.

　결국, 오십의 전술은 첫째, 배운다. 무료강의 유료강의 새로운 삶을 위해 배워야 한다. 둘째, 책을 읽고 기록으로 남겨야 한다. 오십 이후 기억은 한계가 있기 때문이다. 무조건 기록하는 삶을 살아야 한다. 배움을 기록하기 시작했다. 셋째, 쉽지 않다면 생각이 닮은 사람들과 함께 하는 시스템에 합류했다. 자청의 『역행자』를 보면 자청은 인간의 한계를 인정하고 자신의 의지를 믿지 않기 때문에, 환경을 조성하는 곳에서 특별한 성과를 낸다고 알려준다. 혼자 힘들다는 생각이 들면, 시스템과 접속하면 된다. 온라인 세계에서 나와 결이 맞는 사람들을 만들기 시작했다. 사용하는 시간, 함께 하는 사람, 활동하는 공간을 싹 바꿨다. 넷째, 체력을 키웠다. 마음먹은 대로 체력을 소진하면 안 된다. 체력을 무시하고 생활한 결과, 대가를 겪었다. 에너지는 70%만 사용하고 다음을 위해 충전했다. 그 결과 일이 더욱 효율적으로 이뤄짐을 알 수 있었다. 다섯째, 스스로 독립된 개체가 되었다면 타인의 성장을 도와야 한다. 그리고 감사일기, 성장일기, 행운일기를 통해서 자기 스스로 좋은 공간과 과정을 즐길 줄 알아야 한다. 오십은 전략이 아닌 전술이 필요한 나이다. 위에 언급한 다섯 가지 방법을 지루하지만, 무한 반복했다. 반복, 반복, 반복만이 성장하는 전술이다. '한 번 더' 힘을 믿었다.

2

무의식을 지배하라

행복은 어떤 것일까? 행복을 찾는다면 찾을 수 있을까? 어떻게 얻을 수 있을까? 인생에 경험이 쌓이다 보면 이런 의문들이 하나씩 풀리고는 한다. 모호한 것들이 나만의 경험으로 해석할 힘이 생긴다. 그중 행복한 경험은 마음을 이끄는 일을 할 때 느낄 수 있다. **미국의 맹인 농아, 저술가이며, 사회사업가인 헬렌 켈러는 "당신의 마음이 이끄는 대로 행동하라. 당신의 열정과 소망이 세상을 변화시킨다."**라고 했다. 신체적 장애를 이겨내고, 세상을 변화시킨 헬렌 켈러는 현재에 집중하며 자신의 마음에서 이끄는 소망과 열망을 따라 행동하고 선택했다. 회사 다니면서 급하고 중요한 일을 우선순위에 두었다. 그 덕에 회사에서 인정은 받았다. 그런데 급하지는 않지만 중요한 인생에서 필요한 것은 놓치고 살았다. 그것을 깨달았을 때 고민이 많았다. 책을 틈틈이 읽으니 마음에서 알려주는 방향을 알게 되었지만, 행동할 시간이 없었다. 답답했다.

직장생활은 다람쥐가 쳇바퀴 돌듯 매번 같은 패턴으로 돌아갔다. 일이 쉬워질 때가 되었을 때 다시 업무가 부과되었고, 마음의 이끄는 일을 하고 싶었지만, 직장생활은 일상생활까지 생각할 틈을 주지 않았다. 결국, 쳇바퀴에서 내려왔다. 2020년 12월 4일 인스타그램 피드에는 "이런 젠장. 길이 아닌 것 같은데, 묵묵히 갈 때, 미치겠다. 나답지 못해서."라고 올려져 있다. **'과연 지금 나는 나의 중·장기적인 목표를 잘 갖추고 가치 있는 일을 하는 것일까?', '오늘 나는 무엇을 배우고 느꼈으며 어떤 부분을 어떻게 미래의 나와 연결하여 성장시킨 것일까?'** 질문과 다른 현실에서 나는 2022년 3월 2일 선택했다. 마음이 이끄는 일을 하기로…. 나의 길을 걸어가기로 결정했다. 매번 자신에게 질문했지만, 급한 일 덕에 성장은 뒷전이었다.

돈이 당장 중요했지만, 마음이 이끄는 일을 선택했다. 2년이 지났다. 그 과정에서 나는 무엇을 얻고 있을까? 과정에서 오는 행복감이다. 마음의 이끄는 일을 찾았고, '설렘'의 마음으로 하루를 온전히 내가 주인이 되어 선택할 자유가 생겼다. 어떤 일을 할 때, 더는 '설렘'이 느껴지지 않는다면, 생각해야 한다. 내 안에 내가 죽어가는 것이다. 가슴 뛰는 일을 해야 한다. 그것이 온 우주의 에너지를 끌어당기는 에너지다. 내가 살아서 '설렘'으로 움직일 때, 모든 씨앗이 살아서 발아하듯 꽃을 피우듯 열매를 맺는 것이다. 내가 원하는 일을 선택할 수 있는 권리는 나를 살아 숨 쉬게 하고 설레게 한다.

산책하면서 자연 속으로 걸어 들어가면, 모든 씨앗이 다 발아하지 않는다. 왜일까? 환경을 탓하고, 수긍하다 결국 말라서 죽는 것이다. 사람도 이와 같다. 내가 하루 안에 내 생각으로 만들고, 나갈 때 살아서 꿈틀거리는 것이다. 살아 꿈틀거리자. 그러기 위해 마음이 이끄는 일을 해야 한다. 마음이 이끌어 내가 원하는 일을 하면 심장이 '두근두근' 한다. 그 과정에서 행복을 느끼고 성장한다는 느낌을 받았다. 무의식의 지배를 받는 것이 아닌 무의식을 내 편으로 만드는 과정은 충분히 행복했다.

마음이 이끄는 일을 하면 어떤 만족감이 있을까? 첫째, 자신에게 진정한 관심과 열정이 담긴 일들이 무엇일까 고민하게 되었다. 고민은 지금 현재 나의 역량을 발휘하고 성취감이라는 선물을 주며, 나다운 돈을 벌 수 있는 기회를 제공한다. 두 번째, 일을 통해 자신의 가치와 타인에게 도움을 주면서 비전과 신념을 전달할 수 있다. 자신이 중요하게 생각하는 가치를 기반으로 함께 성장해 나아가는 것은 내적 성장과 삶의 의미와 목적을 느끼는 힘을 받는다. 과정에서 느끼는 행복은 선물이다. 세 번째, 마음이 이끄는 일을 하면 자연스럽게 열정과 동기부여가 된다. 내 생각과 크기에 맞는 일을 하면서 열정적으로 일할 수 있고, 동기를 유지하는 큰 힘을 받는다. '빅맘의 북테라피'는 가치를 비전으로 만들어 제공하고 그 안에서 열정적으로 삶을 사랑하는 힘을 전하려고 노력하고 있다. 더 나아가 창의적인 사고와 아이디어가 생겨 더 업그레이드되는 과정을 만들어 낼 수 있도록 노력하고 있다. 삶을 의미 있게 채워 나갈 수 있는 원동력을 만들며 결과적으로 행복과 만족감을 찾고, 기회를 얻는다.

책을 읽고, 내 안의 나를 만나기 위해 산책하면서 질문했다. 그 질문의 총량과 생각의 고민이 지금의 나를 단단하게 만들어주었다. 그 질문은 안전지대를 벗어나 성장시키는 시간이 되었다.

'지금 현재 가장 두려운 것은 무엇이고, 그 두려움은 1년 후에도 지속하고 있을까?'

'이 두려움을 어떻게 극복할까?'

'1년 후 나는 어떤 모습이 되고 싶을까?'

'내 삶에서 소중한 큰 가치는 어떤 것들이 있을까?'

끊임없이 질문했다. 회사 다니면서 가장 하고 싶었던 것 중 하나는 책을 실컷 보고 싶었다. 책 안에는 앞으로 긴 인생 여정에서 나에게 맞는 해답을 제시할 것 같았다. 그런데 책 볼 시간이 없었다. 매일 급하고 중요한 회사일 하고, 가족을 챙기는데 시간을 다 보냈다. 그 일도 중요했지만, 미래에 희망이 보이지 않아 답답했다. 마음이 답답하다는 것을 알아차리고, 잘못된 방향으로 간다는 것을 직감했다. 외부에서 에너지를 다 써서 주말에는 급하지도 중요하지도 않는데 에너지를 쏟아부었다. 받은 스트레스를 해소한다고, 드라마 정주행을 했고, 틈틈이 핸드폰 게임을 했다. 휴식을 취하고도, 행복하지 않았다. 마음의 답답함은 더해 갔다.

결국, 선택의 중요성을 생각했다. 마음속 이야기를 따라갔다. 회사 퇴사 후 한 일은 읽고 싶은 책을 닥치는 대로 읽었다. 1년 동안 200권 가까이 책을 읽었다. 기록으로 남기지 않았다. 다음 해인 2023년에는 200권 가까이 책을 읽고 필사하고 포스팅을 했다. 기록으로 남겼다. 그리고 가능한 바로 적용하고 실천했다. 매일 산책을 하면서 책을 곱씹어 보고 고민했다.

'나다움'이 무엇일까 고민했고, 나다운 돈은 어떤 것일까? 고민했다. 나에게 있어서 경제적 자유는 어떤 것일까? 결국, 질문하니 자신이 답을 정립할 수 있었다.

어느 날 **다꿈스쿨 청울림 선생님께서** 블로그에 **'자신이 생각하는 경제적 자유' 이벤트**를 블로그에 하셨다. 100명 가까이 댓글이 달렸다. 며칠 후 나의 글이 이벤트로 당첨이 되었다. 이유는 그동안 내가 생각하는 경제적 자유를 나답게 정립해 놓았기 때문이었다. 이미 경제적 자유의 길을 걷고 계신 선생님께서 인정해준 이벤트 당첨이라 더욱 좋았다. '2023. 10. 12. 청울림의 경제적 자유보다 욕심에 대한 인정과 타협의 중요한 이유'라는 제목으로 선택된 이유를 설명해주셨다. '사명과 비전, 시간의 주인, 복리 시스템, 몸과 마음의 평화를 갖춘 글'이라고 평해주셨다.

저에게 있어서 경제적 자유란

1. 비전 "내가 나의 일을 잘하므로 타인과 사회의 성장을 돕는다. "돈 때문에 일하는 것이 아닌 사명감을 가지고 비전을 이루는 상태라 생각합니다."
2. 휴식과 아이디어가 필요하다면 모든 상황에 구애받지 않고, 언제든지 떠날 수 있는 재정적 상태, 경제적 여유와 여건이 허락된다고 생각합니다.
3. 내가 주인이 되어, 나의 스케줄은, 주도적으로 조율할 수 있도록 합니다.
4. 현금 흐름 매월 500만 원을 만들고 다양한 파이프라인을 통해 점진적으

로, 점점 더 많은 돈이 내게 오는 것을 감사한 마음으로 즐길 수 있어야 합니다. 풍요로운 마음이 경제적 여유를 가진 자라고 생각합니다. 즉, 마음의 평화와 건강한 육체, 여유로운 정신 상태를 유지하는 것, 주변에 따스한 사람이 넘치는 상태, 이 모든 것이 경제적 자유인이라 생각합니다.

선생님은 글을 보고, 마지막 문구, '마음의 평화와 건강한 육체, 여유로운 정신 상태를 유지하는 것, 주변에 따스한 사람이 넘치는 상태, 이 모든 것 경제적 자유인이다.'라는 표현이 아름답다고 해주셨다.

마음이 이끄는 일을 한다는 것은 아름답다. 마음이 이끄는 일은 나다움을 찾는 것이다. 나만의 방식으로 온리원이 되는 것이다. 무의식을 따라가고 무의식에 담은 나다움을 찾아 지배하면 삶은 아름답다.

삶을 결정하는 것은 상황이 아니다. 그 상황에 반응하는 나의 마음이다. 경제적 자유를 꿈꾼다면, 마음이 이끄는 길. 그 길 끝에 꽃이 피고 열매를 맺고 웃고 있는 나를 그려야 한다. 아무 일도 안 하고 도전하지 않으면 쉬울까. 아니면 도전하고 실망하고 깨지고, 다시 도전하는 삶이 쉬울까. 경험해 보니, 둘 다 힘들었다. 둘 다 힘들면 도전하기로, 결정했다. 도전했을 때 얻어지는 축복이 크다는 것을 경험을 통해 알게 되었다. **생각이 현실이 된다.** 실패를 통한 피드백을 하고 성장하라. 모든 과정에 융통성을 가지고 도전할 때 우리는 살아 숨 쉬는 성장을 느낀다. 설렘으로.

3

과정을 즐기면
결과는 보너스다

오십은 지천명이라고 한다. 하늘의 이치를 아는 나이다. 과연? 나는 하늘의 이치를 알게 되었을까? 생각해 본다. 아직 세상에는 배울 것도 넘치고, 즐길 것 또한 많다. 주변을 둘러본다. 육십이 넘어도, 자기에게 무엇이 필요한지 모르고, 지내는 분들도 많다. 원인이 어디 있을까? 기승전결 독서력이다. 독서를 하고 세상을 바라보는 시선은 나만의 확증편향에서 벗어나게 만든다. 유튜브 SNS 정보보다, 종이책을 읽고, 기록으로 남기고 행동하면 나의 것으로 만들 수 있는 것이다.

공간을 벗어난 현대의 SNS는 좋은 강론이 넘치지만, 실행력이 저조하다. 행동하지 않은 지식은 죽은 것이다. 책도 읽기만 해서는 안 된다. 독서의 완성은 기록이다. 기록하고 나에게 맞는 행동을 적용해야 한다. 삶 속에서 책을 읽고 많은 도전과 성취를 한 경험이 중요하다. 나이는 숫자에 불과하다. 세대를 넘어 이제 학습을 해야 한다.

삶에는 우여곡절이 있다. 그때마다, '왜 이런 일이 나에게 일어났지?'신세 한탄할 것인가? 이러한 태도보다 '어떻게 이 구간을 벗어날 수 있을까?' 생각하라. 생각하면 부자가 된다. 삼십 대 결혼과 함께 엄마가 되었다. 처음 시작은 맞벌이 부부였다. 임신 '부종'이 왔다. 당시에는 육아휴직도 임산부 배려가 약했던 시절이라, 일산에서 강남까지 출근하는 전철 안에 노약자 좌석을 이용했다. 겉보기에 임산부 같지 않아 출퇴근 지옥철에서 힘들었다. 아이를 출산하면 괜찮겠지 버티었다. 가까운 곳으로 발령받았다. 아이 출산 이후, 어린이 시설이 부족한 시기라 국공립을 신청해야 했다. 운이 좋아 대기 없이 국공립 어린이집에 아이를 새벽같이 맡기고, 회사를 출근했다. 8개월이 지나면서 엄마를 알아보는 아이와 체력의 저하로 회사를 그만두기로 했다. 그리고 바로 다음 달 카드값이 돌아오면서 알았다. 맞벌이 부부의 씀씀이는 그대로인데, 생활비가 반으로 줄었다. 대기업 연봉이 '훅' 하고 사라졌다. 경력이 단절되었다.

고민도 잠시 시어머니가 쓰러지셨다. 일주일에 2번 이상 통영으로 내려가야 했다. 어느 달은 일주일에 3번도 내려갔다. 지금 생각해 보면, 그때처럼 할 수 있을까? 없다. 그것이 효도이고, 당연하다고 생각한 시기였다. 고백하지만, 쉽지 않은 과정이었고 버틴 시간이다.

저축한 돈은 사라지고 마이너스 빚이 늘어나기 시작한다. 엠뷸런스로 어머니를 모셔 일산 병원으로 왔다. 병원비에, 오고 가는 경비, 체력이 부담되었기 때문이다. 일체 거동이 안 되어 대소변을 받아야 했다. 손에 일

회용 장갑을 끼고, 굳어진 장에 손가락을 넣어 긁었다. 행여 민망하실까? 마스크도 착용 안 했다. 기저귀를 바꾸고, 소독 후 실행했다. 어린 자녀를 챙기고, 어머니의 병간호에 몸이 지쳐갔다. 어떻게 이 구간을 벗어날까 고민했다. 시댁 형제들이 있지만, 각자 살기 바쁘셨다. 긴병의 효자 없다고, 그렇게 8개월이 접어들었다. 그때 처음으로 돈이 무섭다는 생각을 했다.

노후에 어떤 모습일까 생각했다. 노후 준비의 필요성을 생각했다. '자녀를 키울 때 공부가 아니라, 자신의 삶에서 좋아하는 일을 즐기면서 다양한 파이프라인 구축해야겠다.' 생각했다. 그리고 마음을 다잡았다. 부모님이 우리 곁에 있는 시간은 많지 않다. 인생에서 아쉬움을 남기지 않기로 했다. 그때, 진 빚이 한동안 발목을 잡았지만, 인생에 있어서 이 판단이 지금까지 아쉽지 않은 '최선'이었다고 생각이 든다.

8개월이 지나 어머님은 그렇게 우리 곁을 떠나셨다. 어머님이 돌아가시고, 경제에 대해 생각했다. '돈을, 벌어야겠다.' 생각했다. 아이가 아직 어려서 지금 시기는 정성을 들여 키우고, 초등학교 간 후, 집중하자고 생각하고, 부업을 했다. 지금보다 더 열심히 살려고 애를 썼다. 아껴 쓴 덕에 빚은 사라지고, 자식 하나이니 정성껏 키우자고 사립초등학교를 보냈다.

1학년 들어간 지, 얼마 안 되어 아이는 2가지 영역에서 주변보다 뛰어났다. 하나는 운동 신경과 다른 하나는 글쓰기였다. 담임선생님이 작가셨고, 내년이면 정년퇴직을 앞두고 계셨다. 아이의 재능을 바로 알아보고, 알려

주셨다. 아이가 '동생이 태어난 날' 쓴 글이 전국 대회에서 장원했다. 신문에 실리고, 장학금과 책이 선물이었다. 책은 학교 도서관에 기증했다. 이미 도서관 책을 자주 빌려 보고 있었고, 학교 덕택에 이룬 성과라 생각했다.

아들은 스케이트 선수가 되고 싶다고 이야기했다. 초등 1학년 아들에게 "스케이트 운동선수는 언제든지 할 수 있어. 운동선수가 된다면 꿈이 무엇이니?" 질문했다. 운동선수가 집에 없는데 무슨 운동선수. 속으로 나름 설득할 의도를 가지고 질문했다.

"제 꿈은, 스피드스케이팅 세계 챔피언입니다."

순간 국가대표가 꿈이라고 이야기할 것이라고 예상한 나와는 다르게, 당당하게 이야기하는 아이의 눈빛이 교차했다. 이제 초등 1학년에서 2학년 올라가는 아이의 눈빛을 보았다.

"스피드스케이팅 세계 챔피언이라고? 국가대표가 꿈이라고 했다면 국가대표는 운동 말고도 많아. 라고 이야기하려 했어. 그런데 세계를 품을 생각하니, 엄마와 잘 해보자."

아이는 시작부터 운동이 취미가 아닌 세계를 품은 선수가 되었다. 10년 모자의 인생 프로젝트가 시작되었다. 그리고 사십 대를 맞이했다. 사십 대에는 우여곡절이 많았다. 생각지도 못한 부상, 주변의 시기 질투, 서툰 엄마들과의 인간관계 속 미숙함. 코치들과 의견 차이에서 오는 모든 것이 서툰 경험이었고, 그 안에서 나를 잃지 않게 책을 보며 방향을 잡아갔다. 내가 할 수 있는 범위 내에서 최선을 다했다.

아들의 운동 뒷바라지에 생각보다 돈이 많이 들어갔다. 남편 연봉이 높아도 월급은 한계가 있었다. 아무리 아껴도 남편 혼자 버는 월급은 통장을 스쳐 지나갔다. 매월 마이너스 50만 원에서 70만 원이 생겼다. 맞벌이가 답이라 생각했다. 그 사이, 둘째가 태어났다. 큰아들은 어린이고, 스케이트 픽업도 하고, 종일 근무를 할 수 없는 상황에서 아르바이트를 알아봤다. 녹즙 아르바이트를 했다. 녹즙 배달 일주일도 안 되어 고객에게 실수했고, 일에 회의가 느껴졌다. 그때 "내 인생 왜 이렇게 바닥이 되었지. 전생에 무엇을 잘못했을까?" 답답했고 눈물만 흘렸다. 조상 탓하다가 신세 탓하다가 엉엉 울었다. 나의 지난 과거의 선택들을 생각하며 울기도 했다.

아들을 설득해서 운동을 그만두게 하고 싶었다. 결국, 아들 의지를 확인 후 다시 출근해서 "반드시 이 일에서 성공하고 그만둔다!" 생각했다. 상황을 바꿀 수 없지만, 바라보는 나의 관점을 바꾸고 건강 전도사가 되었다. 오전 3시간 일해서 업계 매출 상위 1%, 수입이 좋았다. 3년 만에 빚도 정리하고, 저축했다. 투자도 시작했다. 그 일을 통해 자존심이 상한 것이 아니라, 무엇을 해도 할 수 있다는 자존감을 선물 받았다.

마케팅 지식이 아니라, 어떻게 하면 될 수 있는지 2천 원 녹즙 한 병을 통해 배웠다. 과정에서 책을 통해, 다양한 지식과 스토리 마케팅을 배웠다. 배우고, 익혔으면 돈을 벌고 성과를 냈다. 작은 경험이 쌓여 성장했다. 그 경험 이후로 나는 영업을 즐길 수 있었다. 한 번쯤 팔아보는 것은, 삶의 큰 힘이 되었다.

"성공에는 비밀이 없습니다. 준비, 노력, 그리고 실패로부터의 배움의 결과입니다."

- 65대 미국 국무부 장관이었던 콜린 파월

작은 노력이 쌓여 성장하고, 성공했다. 우리가 해야 할 것은 꿈을 공표하는 것이 먼저가 아니라, 목표를 세우고, 계획을 세우고, 꿈을 현실로 만드는 첫걸음을 나가야 한다. 꿈을 이루는 과정에서 시작은 목표와 집중력이다. 꾸준한 계획과 실행력이 중요하다. 그 과정에서 실패했다면 배우고 나아가면 된다. 작은 단계부터 시작하여 점차 발전해 나가는 것이다. 이것이 성공적인 과정을 이루는 핵심 요소이다.

오십이 된 지금 행복하다. 매 순간 인생이 쉬웠던 적은 없었다. 다만, 피할 수 없어 즐기는 방법을 선택했다. 매 순간, 용기를 내어 한 걸음 나아갔다. 용기는 두려움에도 불구하고 한 발자국 내딛는 것이다.

지금은 원하는 시간에 책을 보고, 글을 쓴다. 그 과정에서 즐기고 있다. 지금까지 꿈꾼 세상이 현실이 되었다. 이제 더 큰 꿈으로 과정을 보내고 싶다. 그러니 "피할 수 없다면 즐겨라." 과정을 즐기면 결과는 보너스다.

4

풍요로운 부를 실천하는 가족

'부자는 대물림된다. 가난은? 부자와 가난은 영원할까?' 결혼하고, 경제를 배웠다. 돈이 무섭다고 생각되었다. 돈이 좋다 인정하는 시간까지 시간이 꽤 걸렸다. 살면서 돈을 대하는 태도가 중요하다는 것을 독서를 통해 알아차렸다. 부자가 대물림되듯, 가난도 대물림된다는 사실을 인지했다. 부자가 영원하기 힘들 듯 가난도 영원하지 않다는 것을 생각하게 되었다. 이 둘의 공통분모는 무엇일까? 생각했다. 결국, 습관이다. 지금 현재 무엇을 하고 있는지가 1년 후, 3년 후, 10년 후 바꿀 수 있다. 과연 무엇이 가장 중요한 요소일까? 무조건, 책에서 배운 부자들의 습관을 배우고 익히고 따라 했다. 습관을 바꾸고 그 후, 만나는 사람이 바뀌었고, 만나는 사람이 바뀌니 사용하는 시간이 달라지기 시작했다.

시부모님이 병환으로 가시고, 아들 하나라고, 사립초등학교 보내고, 운동선수 생활하면서 돈이 펑펑 나갔다. 아무리 아껴도 마이너스 통장은 그대로였다. 돈이 모이지 않았다. 남편의 월급 통장은, 정리하면 '직직'하며 돈이 흘러갔다. 생명선이 줄어들 듯 은행 잔액 보면, 한 달이 캄캄했다. 폐부 깊숙한 곳에서 올라오는 한숨을 쉰 후, 무조건 아꼈다. 재활용품도 팔았다. 가계부도 썼다. 절약은 당연했고. 외식, 여행 다 없애도 보았다. 친구도 안 만났다. 커피도 내 돈 주고 안 마셨다. 정말 잘했고 칭찬할 일 있을 때 커피를 자신에게 선물했다. 그렇게 덜 쓰고, 아끼는 미덕으로 버티었다. 돈이 통장에 없을 때는 편협함, 조급함이 생겼다. 나가는 돈이 많을 때 예민해졌다.

어느 날 책을 읽다가 문득 생각했다. '아낀다고 정답일까? 아들이 운동선수라고 미래에 희망만 가지면 될까?' 현실을 보고 돈을 벌어야겠다고 생각했다. 정당한 돈을 벌자 생각했고, 녹즙 아르바이트를 시작했다. 나가는 돈보다 들어오는 돈이 쌓이기 시작했다. 3년 만에 마이너스 통장을 갚았다. 절약이 습관이 되었다. 수입이 있어도 최저 생활했고, 미래를 위해 저축했다. 그러던 어느 날, 미래를 위해 아끼고, 저축을 위해 현재를 희생하는 것이 맞을까? 의문이 생겼다. 자라는 아이들에게 투자는 지금이라는 것을 깨달았다. 아이들이 한창때니, 박물관 여행을 시작했다. 이 시기는 놓치면 안 된다고 생각했고 투자라고 생각했다. 수입의 1%는 나누었다. 지구상에 있는 아이들을 위해서.

엠제이 드마코 『부의 추월차선』에 보면 인도, 서행차선, 추월차선이 나온다. 수입도 있고, 빚도 있는 단계는 인도, 소득과 함께 부동산이나 금융 투자를 하는 사람들을 서행차선, 돈 버는 시스템 자본 소득이 근로소득을 넘는 사람을 부의 추월차선이라고 한다. 돈을 벌고 가장 먼저 한 것은 빚 청산을 위해 애를 썼다. 생활에서 벌고, 덜 쓰고, 모으고, 공부하고, 투자를 목표로 가졌다. 결핍의 에너지를 성장시켜, '난 행복해, 난 풍족해, 난 풍요로워.'라고 생각하며, 가문을 바꾸자는 생각을 했다. 가문을 바꾸기 위해, 직접 돈 공부를 했고, 자녀에게 돈 공부를 알려 주었다. 적어도 나는 투자를 하니 서행 차선에 올라간 거북이라고 생각했다. 늦더라도 나의 속도로 가자. 그럼 때가 되면 열매를 맺고 때를 만날 것이다 생각했다.

돈은 일종의 힘이었다. 자녀들에게 돈 교육을 했다. 돈을 잘 쓰기 위해서 가치 있게 쓰는 방법, 자신의 향상을 위해 투자하는 것도 잘 쓰는 방법이라는 설명을 해주었다. 특히 교육의 혜택은 부모로서, 투자라고 설명했다. '세상에 공짜는 없다.' 이 내용을 어려서부터 알려 주었다. 초등학교 때는 돈의 소비 원리에 대해 알려주고, 필요한 것, 편리한 것 차이를 알려주었다. 돈을 쓸 때, 아쉬운 마음이 아니라, 이 돈은 돌고 돌아 복리가 되어 돌아올 것이니, 나가는 돈에 대해 '가치 있는' 소비법을 익혔다.

초등학교 때 용돈 기입장을 기록하고 체크했다. 중학교에 가서는 돈 모으는 방법을 알려 주었다. 수입의 25%는 생활비 25%, 비상금 25%, 단기 저축 25%, 장기저축 25% 이렇게 나누고 그 안에 꿈을 적어놓도록 했다. 중학교 과정에서 어느 날 갑자기 점검했다. 아들은 당황했다. 당연하다. 중학교 용돈이 적었고, 서울시 대표가 되어 나온 훈련비가 적어 제대로 관리가 안 될 것을 알았다. 적은 돈이기에 기초를 잡기 좋다는 생각을 했다.

희망의 트랙 위에 다시 서다

그날 이후 아들은 적은 금액도 원칙을 세우고 생활했다. 결핍은 에너지였다. 돈이 인생의 전부는 아니지만, 많은 부분을 차지하고 해결할 수 있는 문제가 많다는 것을 알려 주었다.

때로는 가지고 싶은 것이 있어도 돈을 모았다. 안쓰럽기도 했다. 부모가 조금만 도와줘도 가능한 것이었지만, 일부러 부족하게 키웠다. 아들이 잘 살고 돈의 노예가 되지 않기 위해 반드시 알려 줘야 하는 시기였다. 그렇게 고등학생이 되었고, 조금씩 모은 돈으로 비과세 저축을 시작했다.

남편의 금융 지식으로 세금부터 배우기 시작했다. 비과세 저축으로 시작해 서서히 금융자산 투자를 배우기 시작했다. 대학생이 되었다. 입학한 첫해 전 학년 통틀어 자신의 통장 잔액이 작다고 충격받았다고 했다. 갑자기 돈이 부족하다고 불만을 표현했다. 돈을 더 쓰고 싶으면 아르바이트를 권했다. 주변 운동선수 학생은, 아르바이트하지 않고 훈련만 집중하는데, 불만이 가득했다. 기숙사에서 주말에 집에 오지 않았다. 아르바이트를 한다고 했다. 연락도 오지 않았다. 2주가 지났다. 한 달이 지났다.

연락이 왔다. 한 달 만에 온 아들의 얼굴은 수척했다. 아들의 눈빛이 누그러진 것 같다. 최근 뷔페 아르바이트를 아침 7시부터, 저녁 8시까지 했다고 했다. 일주일 후 돈이 들어왔다고 했다. 9만 7천 원, 세금 제외 그리고 쉬는 시간 제외 후 금액이었다고 했다. 종일 일한 금액에 대해 생각했다고 했다. '돈 버는 것이 이렇게 힘든 거구나!' 생각이 들면서 부모가 생각났다고 했다.

"엄마, 키워주셔서 감사해요. 돈 버는 것이 이렇게 힘든 일인 줄 몰랐어요. 특히 아르바이트 대하는 사회에 놀랐어요. 돈 쓰는 것보다 벌기 힘들다는 가르침을 받았어요. 이렇게 모은 돈으로 저에게 투자해 주셔서 감사해요."

돈을 벌어 보고 돈의 귀함을 알게 되었다. 더 나아가 돈이 예절에도 필요함을 알려 주었다. 경조사비, 인사는 돈으로 선물할 수 있는 인사 방법이라고 알려 주었다. 무조건 아끼는 것이 아니라, 적절한 곳에 돈을 사용함을 알려주는 것 또한 부모로서 자녀에게 알려줄 교육들이다.

시간과 단가에 대한 개념을 잡았다. 자신의 가치가 시간 대비 어떤 것을 나타내는지 알게 되었다. 대학 생활은 아이가 평생 배워야 할 공부 방법과 더불어 돈에 대한 마인드를 배우기에 충분한 시간이었다. 대학을 졸업할 때는 통장 잔액이 많은 쪽은 아들이 되었다. 덜 쓰고 모으고 불리는 아들의 마인드는 그렇게 스무 살을 넘기면서 독립할 수 있는 기반을 만들었다. 더 나아가 벌고, 덜 쓰고, 모으고 공부하고 투자했다. 그렇게 자산을 구축하는 힘을 키웠다. 그리고 수입이 생기면서 나눔을 생각하는 법을 알려 주었다.

아들과 돈 공부하면서, 사십 대가 되고 나에게 집중했다. 근로소득에 집중하기보다는 월급으로 종잣돈을 만들고 투자의 필요성을 알게 되었다. 공부 없이 주식에 투자했다. 팬데믹 상황에 유동성이 풀려서 투자하는 종목마다 상승곡선을 그렸다. 돈은 넣어두면 무조건 복리가 되는 줄 알았다. 유동성 잠기고, 주식이 요동을 쳤다. 그때 알았다. 경제공부의 중요성을 깨달았다.

성서 마태복음에는 어떤 사람(주인)이 여행을 떠나면서 자기 종들을 불러서 자기 재산을 맡겼다. 평소 생각한 능력에 따라 다섯 달란트를 주고, 또 한 사람에게는 두 달란트를 주고, 또 다른 사람에게는 한 달란트를 주고 떠났다. 한 달란트 받은 사람은 가서 땅을 파고, 주인의 돈을 숨겼다. 다섯 달란트 받은 종은, 곧 가서, 그것으로 장사를 하여, 다섯 달란트를 더 벌었다. 두 달란트를 받은 사람 역시 곧 가서 그것으로 장사를 하여 두 달란트를 더 벌었다. 주인은 두 달란트와 다섯 달란트 가진 종을 칭찬했다. 그러나 한 달란트를 땅에 숨겨 놓았던 종에게는 "악하고 게으른 종아, 너는 내가 심지 않은 데서 거두고, 뿌리지 않은 데서 모으는 줄 알았다. 그렇다면, 그 한 달란트를 빼앗아, 열 달란트 가진 사람에게 주어라." 중학교 때 이 문구를 이해 못 했다. 결혼한 후 살아가면서 이해가 되었다. 진리다. 돈은 투자해야 한다. 우리는 부자로 태어났고 귀한 존재다. 지금의 달란트를 어떻게 투자해서 가치 있는 삶을 살 것인지 생각해야 한다.

돈은 나를 비추는 거울이었다. 지식이 가져다준 부가가치를 통해 부의 선순환을 일구고, '풍요한 사이클'을 만들기 위해 부모가 먼저 공부해서,

자녀에게 알려주려고 노력했다. 가난은 우리의 대에서 끊자. 우리는 행복하기 위해 이 땅에 태어났다고 생각하며, 돈을 벌고 공부하고 투자하면서 부에 대한 균형 잡힌 생각을 단단하게 했다. 버는 것보다 덜 쓴다. 전달 보다 이번 달 나의 자산이 증가하면 되었다. 작년보다 올해 나의 자산이 증가하면 되었다. 단순하게 생각했다. 이것이 풍요로운 부를 이루는 과정이라고 생각했다. 그리고 지금 그 길을 충실히 걸어가고 있다.

박물관 견학하면서 견문 넓히기

5

소비자가 아닌 생산자의 삶

공장에서 물건을 찍어내고 땅에서 농작물을 키우고, 바다에서 해초와 해산물을 공수해야 생산자라 생각한 적이 있었다. 책을 읽으면서 자기계발이 잘 되고 있다고 생각한 적도 있었다. 회사 퇴사 후 자신에게 집중하고 가족을 돌보면서 '내 삶은 대부분은 소비자로 이루고 있구나!' 깨달았다.

책도 남이 쓴 글만 열심히 읽었다. 생각의 변화, 행동에 영향을 주었을 것이다. 그러나 이 모든 것들은 소비였다. 독서도 SNS에 기록으로 남기면 생산자가 된다. 독서의 완성은 기록이다. 음식도, 남이 만들어 놓은 것을 먹기만 하면, 소비지만, 내가 만들고 가족에게 공급하는 것은 생산자의 삶이 될 수 있다. 생산자의 삶은 생활비도 마이너스에서 플러스로 전환시킨다. 왜? 내가 생산을 책임지기 때문이다.

퇴사 후 자신에게 가장 많이 질문을 던졌다. 두 번째 맞은 청춘은 어떤 일을 해야 즐겁게 살 수 있을까? 고민했다. 어디서부터 어떻게 시작할지 몰라 무작정 도서관에 갔다. 그리고 닥치는 대로 책을 읽었다. 지금까지 삶에서 다른 행동을 선택하고 실천했다. 다른 삶을 살아 보고 싶었기 때문이다.

어느 날, 다카하지 아유무 『인생의 지도』에 "내가 하고 싶은 것으로, 좋은 일을 하는 것, 그것이 세상을 위한 길이다."라는 한 문장을 읽었다. '내가 하고 싶은 것, 좋은 일을 하는 것 그것이 무엇일까? 나다움이란 것은 어떤 것일까?' 나에게 매일 질문을 던지며 생각했다. 톨스토이의 "자신의 삶은 물론, 다른 사람의 삶을 삶답게 만들기 위해, 끊임없이 정성을 다하고, 마음을 다하는 것처럼, 아름다운 것은 없습니다." 문장을 통해 나는 나의 인생 비전을 만들었다. **나의 비전은 "나의 강점을 바탕으로, 나의 일을 잘해내고, 타인과 사회를 아름답게 한다."**로 정할 수 있었다.

'그럼 나는 무엇을 잘할까? 생각했다. 책 읽기를 좋아했다. 그럼 기록으로 서평 쓰기를 해야겠다.' 생각했다. 블로그에 기록으로 남기려 하니 닉네임이 필요했다. 기존에 꿈이었던 신사임당은 이젠 나의 꿈이 아니었다. 두 번째 청춘을 위한 닉네임을 생각했다. 마침, 일본 애니메이션 〈원피스〉 만화를 몇 년째 즐겨 보고 있었다. 원피스에 '빅맘'이라는 캐릭터가 등장했다. 4대 천왕의 홍일점인 그녀는 강력했다. 그녀의 부하들은 더 강한 능력자이다. 그런데 이들은 똘똘 뭉친 의리파였다. 그들이 가장 어려운 시절 '빅맘'을 만나고 자신의 능력을 최대로 끌어올려 성장했기 때문이다. 내가 추구한 캐릭터였다. 그날 이후로 나의 닉네임은 '빅맘'이 되었다. 비전처럼 나의 일을 잘하고, 타인의 성장을 돕고 싶었다.

당시 네이버에 검색하면, 애니메이션 〈원피스〉의 빅맘과 엄마들의 큰 옷 쇼핑몰이 나왔다. 블로그에 매일 읽은 책을 기록했다. '나의 삶에 비쳐 생각하기' 코너에 책을 읽고 깨닫고 적용하는 과정을 기록으로 남겼다. '금융 문맹 프로젝트' 경제 공부한 내용을 기록으로 남겼다. 매일 1 포스팅을 원칙으로 생각했다. 하루 3 포스팅도 했다. 블로그 이웃 수 18명에서 시작해 3개월이 되니, 3천 명이 넘었다. 100일 집중을 3번 하면서 꾸준히 매일 블로그 1~2 포스팅을 실천했다. 300일 집중하니 블로그 이웃 수가 서서히 증가하더니, 6천 명이 되었다. 이젠 네이버에서 검색하면 '빅맘스토리' 노출되기 시작했다.

"기록이 쌓이면 무엇이든 된다." 책을 읽고 서평을 기록으로 남겼더니, 이제 책마다 그만 읽고 행동으로 옮기라는 메시지만 보였다. 찾아오는 블로그 이웃분들이 서평 이야기와 아들의 재활로 복귀하는 과정에 감동했고, 시각화 과정을 궁금해했다.

'시각화 독서'라는 나만의 경험이 기록으로 쌓여 '빅맘의 북테라피' 100일 프로젝트로 만들어졌다. 15명의 정원으로 시작한 프로젝트 완주율은 생각보다 높았다. 함께한 분들은 3개월 과정에서 책을 통해 시선이 변화되기 시작했다. 상수와 변수를 구분했고, 남편과 자녀의 소중함, 도반들에 대한 소중함을 표현하기 시작했다. 삶 속에서 감사와 희망으로 채워져 가고 있다고 하셨다. 책을 읽고 기록으로 남기면서 성장하고 있다고 느끼기 시작했다. 3개월 과정에서, 조급, 불안, 답답이란 단어가 삶에서 설렘, 흥분, 성장이라는 단어로 대체되어 가는 모습을 볼 수 있었다. 함께 해주신 도반들이 강의 후, 후기를 남겨주셨다. 경험을 기록하고 나누니, 수입되고 브랜드가 되었다. 무엇보다 한 분 한 분 결이 맞는 인연을 만났다. 내 삶에 감사와 풍요가 넘치기 시작했다.

온라인 세상에서 소비자에서 시작해 생산자의 삶을 만들어 갔다. 생산자의 삶은 어떻게 만들 수 있을까? 첫 번째, 관심 있는 분야를 선택해 꾸준히 100일간 기록으로 남겨 보길 권한다. 관심이 있어야 꾸준히 할 수 있다. 평소 자신이 즐겨 하는 일을 선택하면 된다. 드라마를 즐겨 보는 사람이라면 드라마 평을 하면 된다. 나는 독서와 경제공부, 시각화 100일 필사로 100일씩 각 3번 집중했다. 기록이 쌓이기 시작했다. 최근 100일 프로젝트 8번 도전을 완료했다. 8번의 도전을 끝으로 함께하는 100일 챌린지 미라클 모닝을 만들었다. 이미 수차례 100일을 성공했기에 함께 나누는 것이 생각보다 쉬웠다.

두 번째, 기존에 가지고 있던 경험, 지식을 버리고, 지금부터 시작이라는 마음으로 지식과 정보를 배우고 정보성 글을 발행하기 시작했다. 이 과정에서 회사에서 퇴사 과정 아들의 부상을 바라보는 관점들이 변화되기 시작했다. 지나버린 과거에 집착하기보다 지금 현재 배우고 있는 공부와 기록에 집중했다. 그릇이 점점 커지기 시작했다.

셋째, '부족하다' 생각이 들 때는 전문가 선생님을 찾았다. '멘토'로 모시고 배웠다. 배움을 블로그 기록으로 남겼다. 배우는 과정을 이웃분들이 읽으면서 도움을 받는다고 재방문율이 높아졌다.

넷째, 네이버 '인플루언서'에 도전했다. 실패했다. 재도전했다. 떨어졌다. 어느 날 생각했다. '인플루언서'도 수익화인데, 수익화를 시킨 블로그 분과 그렇지 못하는 분들을 알게 되었다. 본질은 수익화가 중요하구나! 생각에 이르렀다. 인플루언서 도전은 계속하지만, 마냥 기다리기보다 과정에서 "배우고 익혔으면 돈을 벌었다." 핵심 가치를 발견했고, 그동안 쌓인 기록들을 보면서 '독서모임 프로젝트'를 만들었다. 정보성 글, 좋은 글 양질의 글을 꾸준히 발행하니, 시도가 가능했다. 현재는 '북테라피' 도반들과 책으로 성장하고 작가를 키우는 작가의 길을 걸어가고 있다.

기록이 쌓이면 기적이 된다. 소비자의 삶이 아닌 생산자의 삶으로 살아갈 수 있었다. 스티브 잡스는 "일은 인생의 큰 부분을 채울 것이고, 진정으로 만족하려면, 훌륭한 일이라고 믿고 사랑해야." 한다고 했다. 사랑할 나의 일을 찾아보자. 없다면, 독서를 통해 찾아가면 된다. 그리고 바로 기록으로 남기면 되었다.

내가 배운 모든 과정을 기록으로 남기고, 과정에서 나를 성장시키는 힘은 사랑이 되었다. 내가 가진 배움이 충분했고 늘 필요한 것이 주변에 있었다. 이때, 풍요로운 감정은 선물처럼 다가왔다. 소비자가 아닌 생산자가 되려고 노력했다. 당장 오늘 읽은 책을 서평으로 남기는 일부터 시작하자. 기록이 쌓이면, 뭐래도 된다. 생산자의 삶은 자본주의 사회에서 살아남는 방식이다. 기록은 기적이 된다.

현재는 북테라피 안에서 마케팅 교육과 글쓰기 수업까지 결이 비슷한 분들을 위한 과정을 만들어 가고 있다. 삼십 대 주부부터 육십 대까지 건강한 소통을 나누고 있다. **기록이 쌓이면 브랜드가 된다.** 나만의 가치를 내가 선택해서 만들어나간다. 그리고 그 과정을 함께 나누며 함께 성장하고 있다.

6

온 우주가
당신의 성공을 원한다

아이에게 부모는 어떤 존재일까? 우리에게 있어 아이는 어떤 존재일까? 책을 통해 육아를 배우기도 했지만, 오은영 박사의 〈금쪽같은 내 새끼〉를 보고 있으면 부모란 아이에게 어떤 사람이어야 할까 생각이 들었다. 출연자 중에는 안전하게 사랑받고 존중을 느끼고 편안한 가정에서 자란 경우가 드물다. 물론 부족한 부면이 있기에 텔레비전에 나오는 것이지만, 볼 때마다 나를 뒤돌아보게 했다.

어느 부분에서는 인정하고 싶지 않았지만, 때로는 나도 같은 행동을 했구나! 알게 된 경우가 있다. 그렇게 부모에게 배웠으니 나도 모르게 자녀와 상호 작용을 했구나! 생각되었다. 그 후, 사랑을 표현하는 엄마일까 자문해 보는 시간을 가졌다. 부모에게 사랑받았던 기억으로 평생을 살아갈 힘을 얻는다고 했는데, 나는 과연 그 느낌을 어느 정도 충만히 받고 자랐을까? 부모의 자녀인 동시에 자녀를 키우는 나를 생각해 보는 시간은 자녀를 키우면서 원칙을 세우고 소신 있게 자식을 키우는 계기를 만들었다.

부모는 아이에게 있어 우주였다. 아이 역시 나의 우주이다. 지구별에서 만난 나의 우주를 어떻게 키울까?

상혁이는 운동과 공부를 위해 시간을 투자하고, 지금에 집중하며, 하루를 충실히 살았다. 대학 진학 원서를 작성할 때 한 곳의 대학만 작성했다. 전국에서 단 한 명 뽑는 4년 전액 장학생을 신청했다. 합격하지 않으면, 운동이라는 도전은 힘들 것이라고 했다. 자녀를 벼랑 끝에 몰았다. 고등학교 부상에서 회복되고, 주어진 시간은 10개월. 아들은 용기를 내고, 도전했다. 나 역시 내 안의 두려움과 싸워야 했다. 10년 운동 뒷바라지했는데 이 모든 것을 여기서 멈출 수도 있다는 것. 용기가 필요했다. 아들은 절실하게 하루하루 계획을 세우고, 실천했다. 계획했다면, 끝까지 새벽 5시부터 밤 10시까지 도전해서 연습했다. 결국, 원하는 대학교 입학을 했다. 늘 한결같이 노력하면, 원하는 방향으로 흘러간다는 믿음을 배웠다.

변화하는 교육 환경에서 소신을 지키고자 하는 교육철칙이 있었기에 자녀 역시 본인의 생각과 원하는 꿈을 이뤄 가고 있다. 벼랑 끝에 몰아세웠지만, 존중하려고 했다. 존중한다는 것은 자식이라도, 인생을 내가 좌지우지할 수 없다는 것을 인정하고 이 아이와 내 생각이 다를 수 있다는 것을 받아들이는 것이다. 내가 생각한 기준이 있어도, 기준이 다를 때는 아이의 기준을 따라 주었고, 존중했다. 부모의 생각을 제안할 때도, 충분히 설득했다. 기본적으로 부모의 감정과 생각이 다르다는 것을 인정했다. 옳고, 그르다는 것을 따지지 않았다. 그냥 받아들였다. 다를 수 있다는 자체를 인정했다. 다르다고, "왜 그렇게 생각해? 넌 틀렸어!" 하지 않았다. 아이가 나의 언어에서 다름과 틀림을 지적하고 그 언어의 온도를 배우며 함께 성장했다.

대학 생활에서 부상을 겪고, 회복했다. 2년의 공백을 딛고, 꿈에 그리던 국가대표가 되어, 선수촌 입촌하는 날 아들은 나를 꼭 안아주면서 이야기했다.

"엄마, 기다려주셔서 감사해요. 엄마가 살아온 모든 과정에 감사하고, 어머니가 자랑스러워요. 언제나 힘들 때면 다시 돌아올 집이 있어서 저는 행복한 아이예요. 고맙습니다." 눈물이 흘렀다.

키워준 사랑을 알아주고, 부상을 치유하고, 다시 자신의 자리로 돌아가서 감사했다. 희망의 트랙에 다시 선 용기가 감사했다. 눈물로 걷는 인생의 길목에서 가장 오래, 가장 멀리까지 배웅해주는 사람은 부모가 되고, 그렇게 자녀에게 우주가 되었다.

인생은 늘 두 갈래 길을 제시한다. 지금 현재 유지하는 삶, 그리고 도전하는 삶. 늘 나의 앞에는 '두 갈래 길'이 있다. 하나의 길은 주변의 말을 참고하고, 안정적으로 가는 길이다. 다만 다소 재미없는 삶이 펼쳐진다. 또 하나의 길은 보편적인 주변 사람들이 선택하지 않는 다른 길이다. 이 길을 선택하면 반대의 삶이 펼쳐진다. **'내가 가는 길이 곧 길이다.'**라는 생각으로 선택했다. 주변에서는 전혀 가보지 않는 길. 걸어가는 길에 생각지도 않은 변수들은 늘 존재했다. 어떤 경우에는 내가 가진 것을 전부 내려놓아야 되는 시간도 있었다. 재미가 아니라, 삶을 통째로 흔들리는 일을, 겪기도 한다. '늘 인생은 모험이구나!' 생각이 들기도 한다. 그때마다 생각했다. 처음부터 옳은 선택은 없다. 선택 후 옳게 만드는 과정만 있을 뿐이다.

아이들을 키우면서 꽃을 피우기 위한 소신이 있었다. 나만의 육아 원칙은 첫째, 학교에서 돌아올 때 꼭 얼굴을 살펴보았다. 오늘 기분이 어떤지 굳이 물어보지 않았다. 표정에 드러난다. 그 기분을 존중해주려고 노력했고, 그런 날 아이들은 존중받고 있다고 느끼고는 했다. 시간이 흘러 학교에서 있었던 이야기를 종종 해준다. 일관된 규칙을 지키려고 했다. 예를 들면, 귀가 시간, 용돈과 저축 기준점, 휴식에 대한 시간 계획. 예측 가능한 환경을 제시하고, 실행할 수 있도록 했다. 운동선수의 길을 가고 있었지만, 교육의 방향을 제시했다. 지금 공부가 성인이 된 후 어떻게 활용될 수 있을지 늘 비전을 제시했다. 몸이 피곤해도, 집밥을 했다. 식비 절약의 측면도 있었지만, 엄마가 존중하고 사랑하고 있다고 표현하는 방법은 식단 관리와 안전한 환경을 제시하는 것이다. 이러한 육아 원칙을 기본으로 사랑하는 마음을 표현하고 배려하는 마음을 표현했다.

두 번째, 도전하는 삶을 제시했다. 도전하면 반드시 어려움과 실패의 관문을 넘어서야 한다. 과정에서 배우는 것을 알려주었다. 새로운 것을 시도하고, 한계를 넘어서는 것을 익혔다. 그 결과, 얻기 위해 노력하는 과정이 필요하다는 것을 이야기했다. 목표를 설정하고, 달성하기 위해 계획을 세우는 방법을 제시했다. 계획을 세울 때는 현실적이고, 구체적으로 세우는 방법을 설명했다. 농담으로 아들은 예전에 자신의 멘탈은, 과자 '쿠크다스'였다고 했다. 손만 대면 '톡' 부러진다고. 많은 실패를 거듭하고 도전하고 경험을 쌓았다. 지금은 강화 유리가 되었다고 농담하고는 한다. 도전하는 삶에서 자신을 돌보고 몸과 마음을 건강하게 유지하는 방법에 관해 이야기한다. 어려움과 실패를 경험하게 될 수 있지만, 성장하고 삶을 매력적으로 만들 수 있다는 것을 부모가 먼저 보여 주려고 했다. 꿈을 세우면 확언이나 시각화보다 계획과 목표의 중요성을 이야기했다.

세 번째, 자신에 대한 믿음을 가지고 간절한 소망을 이뤄 나가는 삶을 이야기했다. 믿음은 점진적으로 형성되는 것이다. 자신을 이해하고 강점과 약점을 인식하며, 작은 도전을 꾸준히 실천했다. 그 결과 믿음이 자라난다. 감사일기를 통해 가지고 있는 것을 감사하고 긍정의 에너지를 만들어 갔다. 긍정의 언어와 자신감 형성을 만들어 나아간다. 새로운 도전은 성장할 기회라는 인식을 심어주었다. 어린 시절부터 어려운 상황에서 '어떻게'라는 문제를 생각하고 해결하면서 극복할 수 있다는 경험을 할 수 있도록 도와주었다. 그 결과 긍정적 믿음이 강화될 수 있었다. 가족, 친구, 동료, 선생님들을 통해, 지지하고, 격려해주는 사람과 함께 하고 있다는 생각을 만들도록 했다.

마지막으로 인연에 대한 소중함을 이야기 해주었다. 운은 사람을 통해서 온다. 좋은 운도 힘든 운도 사람이 전부다. 많은 사람을 사귀려고 하기보다 좋은 사람을 선택할 수 있다고 이야기 해주었다. 젊은 날 곁에 있는 사람이 인연이라고 생각했다. 누구에게나 친절했다. 사람은 선택이 아니라, 나에게 온 모든 사람을 다 잘해주어야 한다고 생각한 적이 있었다. 그 결과 아무나 사귄 대가를 치러야 했다. 좋은 인연은 교류를 통해 성장하고 배울 수 있는 사람이다. 서로 지지하고 격려하는 사람이다. 좋은 인연은 더 좋은 사람과 연결해주는 인연이다. 불편한 사람도 있다. 그를 통해 내가 성장한다면, 인연이다. 서로 노력하고 협력함으로 나은 결과를 만들어 가는 것이다. 서로를 이해하고 공감해 주는 이들. 그 부분을 자녀와 소통했다. 부모는 자녀에게 우주다. 우리에게 있어서 자녀도 우주다. 각자의 행성을 인정하면서 서로의 성장을 응원하는 관계다. 멋진 태양계처럼 서로를 존중하고, 육아 원칙을 지키자.

나의 우주들

7

넘버원이 아닌
온리원이 되라

'단 한 번의 삶' 넘버원이 아닌 온리원 삶을 살아야 한다. 자녀들을 키우면서 중심 교육관은 온리원이 되는 것이었다. 어느 날 유튜브에 BTS의 '아리랑' 세계 공연을 보았다. BTS 팬 '아미'는 아니지만, 영상 이후로 나는 BTS의 열정적인 팬이 되었다. 온리원이라는 것은 같은 아리랑을 보고도 이렇게 표현할 수 있구나! 영감을 받았다. 밀양아리랑 속에 한국의 부채춤이 사자춤이 봉산탈춤이 살아서 심장을 뜨겁게 했다. 한국의 한복이 이렇게 아름답구나! 감동했다. 농악대의 음률이 그려지듯 아름다운 춤에 감동했다. 온리원은 아름다운 것이구나! 생각되었다.

자식 교육도, 온리원을 선택했다. 스케이트 선수의 길을 가고 있는 자녀를 통해 만난 인연이라고 생각한 분이 있었다. 늘 나에게 친절했고, 자상했다. 친자매처럼 지냈다. 시간이 지나면서 알았다. 먼저 운동세계에 진입한 정보를 얻기 위한 비즈니스 관계라는 것을. 자녀가 3살 어린 학부모였다. 늘 주변과 비교했고, 시합 성적이 생각한 것보다 안 나오면 감정 폭

발을 했다. 운동을 시키는 부모의 마음이니 이해하려고 했다. 나도 예외가 아니었으니 그럴 수 있다 생각했다. 조급한 적도 있었다. 생각보다 돈과 시간이 많이 들어가기 때문이다. 늘 불안했다. 책을 통해 자신을 다독이며, 시간을 보내고, 자신을 경계했다. 그런 모습에 주변에서 감정 조절되냐는 질문을 했다. 위선이 아니냐고 했다. 선수 대기실에서 감정을 폭발한 학부모에게 의견을 이야기했다.

"아이들이 나름 다 열심히 하는데, 생각보다 성적이 안 나올 수 있지요. 부모가 더 흥분하면 운동하는 아이는 기죽어서 아무것도 못해요. 그러니 진정하세요."

지금 생각해 보면 이미 감정이 상한 부모에게 공감 먼저였는데, 함께 쓰는 공간에서 감정을 잃고, 아이 대하는 태도를 보고 공자님 말씀을 했으니 불쾌했을 것이다. 초등학생 학부모 시절 시선이 넓지 못했다. 결과적으로, 마음의 불편함이 나를 향하게 되었다. 매일 만나는 관계인데, 이야기 꼬리를 잡기 시작했다. 주변에 소문을 내어 힘든 시간을 보냈다. 생각했다. 자존심이 상했구나. 자존심이 낮은 사람이었구나. 자존심과 자존감의 의미를 생각했다. 1등이 좋지만, 온리원이 되는 것은 또 다른 문제인가 싶었다.

자존심은 시선이 내가 아닌 타인에게 있다. 우월, 시기, 비교, 질투가 느껴지는것이 어쩌면 당연하고 기준점이 타인에게 있기 때문이다. 자존감은 기준점이 내 안에 있다. 내가 중심이 되어 있다. 있는 그대로 나를 인정한

희망의 트랙 위에 다시 서다

다. 단점이 있다. '내가 옳다' 생각하고, 타인에게 내 생각을 강요할 수 있다. 깨달았다. 틀리다가 아니라 다르다. 중심점을 바깥에 놓고 눈치 보며, 바깥을 살피는 사람과 중심점을 안에 찍고 그것을 향해 나아가는 자존감 있는 사람은 다른 것이다. 중심점이 내 안에 있을 때는 네 안에 무엇을 어떻게 채워 넣어야 할 것인가를 고민하면서 나아간다. 하지만, 중심점이 밖에 있는 사람은 주변의 기준에 맞춰 살기 때문에 예민하다. 그날 이후 사람 사귐을 중요하게 생각했다. 자존감이 있는 사람을 만나려고 했다. 아무나 만나는 것이 아닌 서로에게 도움이 될 수 있는 소중한 인연으로 채워 나가려고 지금도 노력 중이다.

넘버원이 아닌 온리원의 삶을 살기 위해 역사 속 인물 중 멘토를 찾았다. 그리고 벤치마킹했다. 생전에 시어머니와 남편의 구박을 이기지 못하고 스물일곱 꽃다운 나이에 세상을 떠난 조선의 작가. 중국과 일본에서 문집이 간행될 만큼 글씨가 뛰어난 허난설헌의 삶에서 지금 현재 살아가고 있는 시대에 감사함을 배웠다. 감사일기의 시초는 역사 속 인물을 따라 하면서 시작되었다. 그리고 글을 쓰고 싶다는 생각을 만들어 준 인물이었다.

뿌리 깊은 가부장 시대 이름조차 알릴 수 없던 여인들 속 '거상' 김만덕을 만났다. 조선 최고의 국정 기록인『조선왕조실록』과『만덕전』에 나오는, 거상 김만덕은 1739년 제주 양인 집안에서 태어났다. 열두 살에 부모님이 돌아가시고 과정에서 형제들과 헤어졌다. 생계를 위해 '기방'에 얹혀살다가 결국 기생이 되었다. 김만덕의 삶은 가난이라는 경제적 한계, 여성이라는 한계, 지역적 한계(당시 여성은 제주도를 벗어나지 못함), 신분적 한계가 있었다. 하지만, 그녀는 자신의 한계를 극복하고 세상과 돈의 흐름을 파악하고, 발 빠르게 대응했다. 트렌드를 알고 돈만 쫓는 것이 아닌 세상이 어떻게 돌아가는지 사람들이 무엇을 필요로 하는지 파악하고 실천했다. 김만덕의 이런 생각은 나에게 큰 영향을 주었다. 김만덕은 잘 벌고 모으고 잘 쓸 때 진정한 부가 완성되어 간다는 '가치 있는 삶'을 실천했다. 그녀의 스토리는 존경스러웠다. 진정으로 온리원이 된 역사 속 인물이다. 역사 속 인물 탐구는 나에게 위대함으로 앞서간 선배들이 되었다. 신사임당이 그랬고, 거상 김만덕과 허난설헌이 그랬다. 나는 그런 그녀들의 모습을 보고 가르침을 받았다. 작가로 거상으로 살고 싶은 위대한 멘토가 되었다.

온리원은 어떻게 만들어질까. 기준이 있어야 한다. 첫째, 자존감이 높아야 한다. 모든 문제는 나로부터 시작한다. 내 안에 답이 있음을 기억하자. 나를 존중해야 한다. 둘째, 현재를 살아야 한다. 과거도 미래도 내가 잡을 수 없다. 과거는 흘러갔고, 미래는 아직 오지 않았다. 지금 현재를 충실히 살아야 한다. 오지 않은 미래를 위해 현재를 담보로 잡고 살지 말자. 오늘을 충실히 살자. 셋째, 자문자답을 통해 삶을 개척해야 한다. 이미 위대한 기록을 남긴 선배의 기록들이 역사책에 있다. '롤 모델'을 정하고 따라 하자. 그분들의 삶에서 위대한 본질을 찾고, 나에게 적용하면서 따라갈 수 있다. 주변에 수많은 선생님과 멘토가 있었다. 배움을 나누어 주는 분들이 있어서 성장했다. 지금도 그렇게 성장하고 있다. 나의 두 번째 청춘의 롤 모델은 '거상 김만덕'이다. 한계를 극복하고, 경제적 가치를 알아가고 타인의 삶을 이롭게 하는 '거상 김만덕'을 존경한다.

열심히 살다 보면 작은 점들이 별처럼 뿌려진다. 의미 없다, 생각했던 점들이 별 되고, 은하수가 되었다. 오직 각자의 점들이 별처럼 빛날 수 있는 시대에 우리는 살고 있다. 정해진 길을 따라가지 말고, 내가 하고 싶은 걸 하면서 살 수 있는 시대이다. 누구에게 묻지 말고, 지금 스스로 자문자답을 찾아갈 수 있도록, '생각 근력'을 성장시키면서 살아갔으면 한다. 생각 근력은 독서력이 최고다.

삶은 끝없는 질문을 던진다. 좋은 삶, 훌륭한 인생은 누구나 꿈꾸지만, 모두에게 선물을 주지 않는다. '나'와 '세상'에 질문을 던지고, 역사 속에서 살아온 인물을 보며, 나아간다. 타인의 삶이 아닌 주인의 자세로 내 인생을 책임지고 나가야 한다. 한번 사는 인생 남들과 비교하면서 사는 '넘버원'이 아닌 나만의 방식으로 나의 그릇을 키워가면서 '온리원'으로 살아가려고 한다. 매일 한계를 극복하고, 임계점을 넘어서 주변을 품을 수 있는 사람 '거상 김만덕'처럼 오늘을 살고 싶다. 그러니 그대 '온리원'이 되자.

마치는 글

인생 전반전 - 닉네임 신사임당

1. 내 인생의 운전자는 접니다

아이들을 키우다 보면 무엇이 정답일까? 궁금한 적이 있습니다. 어떻게 내 자녀를 잘 키울까 질문하고 생각했습니다. 큰아들을 키우면서, 고백하는데, 주변에 많이 휘둘린 적도 있습니다. 하지만, 매번 나를 죽이고 주변의 이야기에 귀 기울 때 돌아오는 아픔은 온전히 나의 몫이라는 것을 깨달았습니다.

내 삶의 주인공은 접니다. 인생의 주인공으로 살면 이로운 점이 있습니다. 첫째, 목표와 가치에 따라 행동하고 선택할 수 있으며, 그 안에서 독특한 경험은 다음 삶으로 나아가는 원동력이 됩니다. 둘째, 내 행동의 결정에 대한 책임을 온전히 내가 감당할 수 있습니다. 따라서 어떤 일이든 더욱 신중하게 결정하고 행동합니다. 셋째, 행동의 결과는 내 몫이라는 생각에 자신감을 가질 수 있습니다. 내가 선택한 육아 방침에 대한 믿음은 도전과 실패를 통해 성장할 수 있는 자신감을 받습니다. 넷째, 이러한 경험과 자신감은 다른 사람을 도울 수 있고, 긍정적인 영향을 미칠 수 있습니다.

희망의 트랙 위에 다시 서다

앞서 이야기한 것처럼, 한때 큰아이가 '닌텐도' 게임에 빠진 적이 있었습니다. 주변 아들을 가진 비슷한 또래 엄마에게 물어보았습니다. 엄마의 답은 아이가 지칠 때까지 게임을 시키면 안 한다는 이야기를 해주었습니다. 의문이 들었지만, 이미 경험하고 있는 엄마의 말이라 따랐습니다. 결과적으로 아들이 2주 동안 눈이 충혈되고 실핏줄이 터지는 안타까움을 지켜보았습니다. 질리는 것 아니라 중독된다는 느낌을 받았습니다. 결국, 안 되겠다 싶어 중단했습니다. 아이마다 성향이 다르다는 것을 깨달았습니다.

다른 사람의 기준이 내 기준이 될 수 없음을 알아차렸습니다. 육아에 대한 기준이 만들어지지 않았음을 알았습니다. 검증도 없었습니다. 운동은 코치님께 묻고 시키는 건 무조건 했습니다. 그 결과 운동을 중요하게 생각해 학업을 놓치는 경험도 했습니다. 여러 의견을 들으면서 내 기준이 좀 더 명확해야 함을 깨달았습니다. 도서관을 찾아갔습니다. 서점을 갔습니다. 육아 서적을 보았습니다. 읽다 보니 기준이 명확해 졌습니다. 아이가 게임에 빠졌을 때 주변 엄마 중 게임에 빠진 아이를 어떻게 할지, 물어보는 것 아니라 책을 보아야 했습니다. 책을 읽고 육아원칙 기준을 세웠습니다. 하는 것, 안 하는 것을 구분했습니다. 원칙을 만들고 아이와 의견이 다른 경우 세운 원칙에 근거해 대화했습니다. 아이들은 생각보다 잘 따라 주었습니다. 아이들은, 양심과 도덕성이 높다는 것을 알아차렸습니다. 그 원칙 덕에 아이가 운동과 공부 두 마리 토끼를 잡을 수 있었습니다.

두 번째 경험은 녹즙 배달할 때 일어났습니다. 한 푼이라도 더 벌고 싶었습니다. 벌어야 했습니다. 아이들의 꿈을 이루는 데 경제적 이유로 할 수 없다는 이야기를 하고 싶지 않았습니다. 어떻게 하면 더 같은 시간 효율을 극대화할까 생각했습니다. 먼저 입사한 선배와 지사장 이야기를 들었습니다. '무조건 고객은 옳다.' 생각하고 따르라고 했습니다. 고객분 중에 진상 고객이 있었습니다. 밤 12시만 되면 카톡으로 질문을 했습니다. 처음에는 백화점 끝나고 이 시간밖에 여유가 되지 않아서 그럴 것이라고 이해했습니다. 두 번 이상 거듭되니 무례하다는 생각이 들었습니다. 웃으면서 다음 날 양해를 구했습니다. 그 시간에 잠드는 시간이라 양해 부탁한다 했지만, 여전히 같은 행동을 했습니다. 횟수의 차이는 있었지만, 고민이 되었습니다. 저에게 큰 고객이었기 때문이다. 선배와 지사장은 '고객은 무조건 옳다.' 생각하라고 했습니다. 내 삶에 지장을 주는데 무엇이 옳은 것인지 의문이 들었습니다. 다음날 고객에게 말씀드리고 관계를 정리했습니다. 집에 와서 마케팅 서적과 영양학 공부를 했습니다. 차별화를 위해 공부하고 지금 있는 고객들에게 더 많은 정보를 때에 맞게 드렸습니다. 결과적으로 회사뿐 아니라, 업계에서 매출 상위권이 되었습니다. 3시간만 일하는 아르바이트생이 영업의 달인이 되었습니다. 공부를 통해 나만이 할 수 있는 일을 찾았기 때문입니다. 학습하는 과정은 가치 있는 삶을, 만들어주었습니다.

두 가지 경험을 통해 '배우고 익혔으면 돈을 벌고 성장한다.' 사실을 깨달았습니다. 삶에 주인공이 되기 위해서는 원칙이 필요했습니다. 원칙을 세워 놓으면 인생이라는 버스 안에서 운전자가 되어 운전할 수 있습니다.

내 버스 안에는 고객들이 있고, 그 고객들과 인생이라는 여행을 즐겁게 할 수 있습니다. 즐겁게 여행하기 위해서는 내비게이션 필요하듯 삶에도 원칙을 가지고 지켜 가는 것이 중요했습니다. 원칙을 지키는 것은 여러모로 이로운 점이 많았습니다.

첫째, 일관되게 원칙을 지키면 신뢰가 구축됩니다. 특히 자녀와 부모의 신뢰는 매우 중요합니다. 그때그때 달라요는 굉장히 위험한 생각입니다. 육아에서 신뢰는 전부입니다. 만약 상황에 따라 달라지면 충분히 그 부분을 자녀에게 설명해주고 넘어가야 합니다. 원칙은 지키되, 융통성을 가졌습니다. 자녀를 키우는 것은 부모의 일관성 있는 자세가 중요함을 배웠습니다.

둘째, 원칙이 있으면 복잡한 상황이 생기고, 결정 내리기 힘든 상황에서도 나다운 결정을 내릴 수 있습니다. 특히 결정 후 오게 되는 책임질 상황일수록 그렇습니다. 자신이 세운 원칙을 지키고, 살아가는 것은 스스로 존중하는 행동입니다. 원칙은, 자신감과 자존감을 높일 수 있는 길입니다.

셋째, 원칙을 지키고 실행하면서 얻은 경험은 주변 사람들에게 긍정적인 영향을 줍니다. 모범이 될 수 있습니다. 단기적인 이익보다 장기적인 성공을 추구하므로, 신뢰를 줍니다. 소신을 지키며 살아가는 것은 자신의 양심과 일치하는 삶을 주기에 내적 평화를 주기도 합니다. 때로는 어려울 때도 있습니다. 하지만, 장기적인 안목으로 볼 때 자신은 물론 사회와 주변에 더욱 이익을 준 경우가 많습니다. 만약, 원칙을 깨고 남의 의견에 휘둘리는 경우, 내적 평화는 물론 원치 않는 결과에 대한 책임을 질 수 있습니다. 자신이 무너지는 것을 견뎌야 합니다.

존 맥스웰의 『사람은 무엇으로 성장하는가』 "**동기는 사람을 움직이지만, 원칙은 사람을 계속 성장하게 한다. 이것이 끈기의 법칙이다.**" 원칙은 계속 성장하는 원동력이 되었습니다. 더 나아가 그 원칙을 지키고 꾸준히 실천하면 성공은 따라온다는 가르침을 깨달았습니다.

내 인생의 운전자는 접니다. 운전자가 되려면 삶에 원칙이 있어야 합니다. 삶의 원칙은 책에서 해답 찾기입니다. 책은 우리 인생에 길잡이가 되어 줍니다. **체코 출신인 프라하대학교 법학박사인 '프란츠 카프카'는 책에 대해 "책은 우리 내면의 얼어붙은 바다를 깨는 도끼."** 라고 했습니다. 책은, 내면을 깨고 자신의 원칙을 세우게 합니다. 더 나아가 삶을 올바른 방향으로 나가게 만듭니다.

책을 통해 주인의 삶을 살아가는 힘을 받았습니다. 인생의 운전자로 에너지를 풍요롭게 만들기 때문입니다. 삶 속 질문은 책을 통해 해답을 찾아가는 과정이었습니다. 그것이 삶을 풍요롭게 만들었습니다. 풍성한 삶을 위해 독서가 일상이 되고 습관화되길 권하고 싶습니다.

2. 건강은 행복의 기초 성공 핵심

사십 대 이후에는 자신을 대하는 태도, 생각, 체력 달라져야 합니다. 삼사십 대에는 새벽 4시면 기상했습니다. 20년 동안 새벽 기상했습니다. 결혼 후, 육아와 아들 운동선수 보조하면서, 20년간 4시에 일어났습니다. 큰아들 스케이트장을 가기 위해 도시락을 챙겨야 했고, 막내아들을 업고 스케이트장 픽업해야 했습니다. 5시 30분이면 차디찬 스케이트장 도착 후 7시 훈련을 마치면 큰아이는 학교에 막내아들은 어린이집에 갔습니다. 그리고 저는, 녹즙 전달을 위해 백화점에 출근했습니다.

시간이 지나 운동선수인 아들은 대학을 가고, 막내는 초등학생이 되었습니다. 저는 회사에 관리자가 되었습니다. 관리자가 되어서도, 하루 4시간 자고, 일했습니다. 그렇게 새벽 기상 20년 세월을 보냈습니다. 어느 날부터 허리가 불편했고, 시간이 지나니, 허리가 아팠습니다. 걷기도 힘들고, 서 있기도 힘들었습니다. 환경 탓을 했지만, 버티어야 한다 생각했습니다. 근육 이완제를 챙겨 먹으며 버티었습니다. 행여 기침이라도 하면 온몸에 전달되는 통증으로 힘들었습니다. 온몸이 아팠습니다. 화장실에서는 몸이 불편해 자존감이 바닥인 날도 있었습니다. 주변을 보면서 열심히 사는 것은 성공으로 가는 길이라고 생각했습니다. 힘들어도 참는 것이 미덕이라고 생각했습니다. 살다 보니 강철 체력이라고 자랑하던 저는 걷는 것도 힘든 시기를 맞이했습니다. 단지, 열심히 살았는데 말이지요.

어느 날, 팬데믹 왔습니다. 일상의 모든 것이 멈추었습니다. 사람과 사람 사이도 거리를 두고, 가족들도 거리를 두었습니다. 모든 것이 멈추었습니다. 일주이면 괜찮겠지, 한 달이면 나아지겠지. 3개월이면 좋아지겠지. 그렇게 봄이 오고 여름이 왔습니다. 그 사이 17년 만에 잠시 쉼이 허락되었습니다. 몸이 쉬면 나아지겠지. 생각했지만, 건강이 좋아지지 않았습니다. 하루 3천 보 이상 걸으면 숨이 차고 밥만 먹으면 졸렸습니다. 어깨는 굳어서 팔도 올라가지 않았습니다. 음식 전공한 저는, 현재 몸이 최악으로 가는 길이라는 생각을 했습니다. 바쁘게 사는 동안, 저의 몸을 살펴보지 못했는데, 멈춤은 그런 저를 바라볼 시간을 주었습니다. 팬데믹 상황에서 책을 보았습니다. 인생을 생각하는 시간이 되었습니다. 당연하다고 생각한 것들이 당연하지 않다고 느껴져서 서글펐습니다.

몸도 정상이 아니었습니다. '쉬면 나아지겠지!' 긍정적으로 생각했습니다. 갱년기가 오면서 건강에 적신호가 왔다고 느꼈습니다. 이 상태라면 내 삶에 안 좋은 상황이 다가오고 있구나, 생각했습니다. 3년 만에 부상으로 다시 돌아온 큰아들. 초등학생인 막내는 ZOOM 수업으로 3년 내내 집에서 혼자 학습한 결과 우울했습니다. 밖에서 에너지를 100% 아니 120% 다 쓰고 들어오니, 정작 집에서 쓸 에너지가 없었습니다. 배터리도 10~15% 남기고 최소한 다시 충전하는데 100%를 다 쓰고 방전되어 집에 와서는 중요한 가정을 돌볼 힘이 없었습니다. 저녁 식사 챙겨야 하는데 손도 쓸 수 없어 배달음식을 주문하고는 했습니다. 직장에서 번 돈은 그렇게 쿠팡이 츠, 배달의 민족에게 흘러갔습니다. 집밥에 익숙한 아이들은 주문한 밥을 남기고 음식 쓰레기로 나갔습니다. 먹는 것이 부실하고, 운동을 못 하고, 배달음식과 외식이 일상인 다람쥐 쳇바퀴 돌 듯 삶이 돌아갔습니다.

팬데믹의 멈춤의 삶은 지금 원하는 삶이 아니라는 것 알려 주었습니다. 회사에서 에너지를 70% 정도만 쓰고 집에 와서 아이들을 챙겨야 한다는 결론을 내렸습니다. 틈틈이 독서를 했습니다. 삶에 해답이 필요한 시기였습니다. 집으로 돌아오니 휴식이 되고, 다음날 일의 효율이 높다는 것을 알게 되었다. 이런 모습을 본 회사는 능력이 좋다고, 새로운 프로젝트 추가 담당을 권했습니다. 힘들다고 의견을 전했습니다. 보상 이야기도 오고 갔습니다. 팬데믹 상황에서 보상은 힘들다고 했습니다. 적잖은 충격을 받았습니다.

일은 당연하고 보상은 힘들다는 태도에 대해 심도 있게 고민했습니다. 무엇보다 건강에 적신호로 체력관리를 하는 시간이었고, 유지하는 상황이었습니다. 회사는 당연히 일은 더 해야 한다고 요구했습니다. 타협점이 쉽지 않았습니다. 삶을 위해 다람쥐 쳇바퀴에서 내려왔습니다. 가족 같은 회사라고 생각했는데 회사에 가족은 없었습니다. 결단하고 내려왔습니다. 집으로 돌아와 건강부터 챙겼습니다. 3천 보를 걷지 못한 시간 속에, 1년 동안 노력해 1만 보를 꾸준히 걷기 시작했습니다. 이듬해 10km 마라톤 대회도 나갔습니다. 사십 이후 건강관리는 필수입니다. 삼사십 대 체력을 100% 사용하면 오십 대에 반드시 대가를 치러야 합니다. 중년의 건강관리는 이십 대때와 다릅니다. 매일 하는 것이 나를 만듭니다. 운동을 꾸준히 해야 합니다.

영국의 비평가이자 사색가인 토머스 칼라일은 "건강은 최고의 산물이다. 그러나 그것을 놓치면 가장 큰 도전이 된다."라고 말했습니다. 맞습니다.

중년에 건강을 놓치면 가장 큰 도전이 됩니다. 건강을 놓치고, 다시 회복하는 시간은 대략 3년 정도였습니다. 건강관리를 위해서 크게 6가지 부면에 마음 다잡고, 챙겼습니다. 첫째, 균형 잡힌 식사를 했습니다. 배달음식을 최소한으로 줄이고, 예전처럼 집밥을 만들어 먹었습니다. 저녁이면 가족이 식탁에 앉아 도란도란 이야기했습니다. 자연스럽게 소통으로 일상에 감사를 나누기 시작했습니다. 야채, 단백질, 현미밥, 견과류, 오메가와 지방산 있는 생선 등을 밥상에 내놓기 시작했습니다. 가족 몸도 마음도 건강해지기 시작했습니다. 다시 식탁에서 웃음꽃이 피기 시작했습니다.

둘째, 정기적인 운동을 했습니다. 걸음 수를 매일 조금씩 늘려 나아갔습니다. 어제보다 200보 이상이 목표였습니다. 최종 목표는 1만 보였습니다. 꾸준히 1년을 실천하니 허리가 아프지 않고, 근육이 균형을 유지하게 도와주기 시작했습니다. 최종 목표는 이슬아 작가의 『가녀장 시대』에서 슬아의 할아버지가 말씀하신 "큰일은 복근으로 하는 거다. 배 나오면 끝장이다."라는 말처럼, 복근을 만들고 싶습니다.

셋째, 스트레스 관리를 했습니다. 감정이 일어나면 이 감정이 왜 일어나는지 바라보았습니다. 예전에는 피곤하고 화나고 짜증 난 목소리가 남 때문이라고 생각했습니다. 하지만, 그 감정을 들여다보면 결국 자신이 피곤한 몸 상태 때문이라는 것을 알아차렸습니다. 잘 쉬어야 합니다. 나만의 스트레스 푸는 방법을 알고 있어야 합니다. 전, 개인적으로 찜질방을 좋아합니다. 뜨거운 물에 푹 담그고 멍하게 있다 보면, 생각도 멍해집니다. 뇌가 쉽니다. 잠자기도 합니다. 상황에 따라서는 명상, 달리기합니다.

넷째, 충분한 휴식과 수면을 취했습니다. 수면은 규칙적으로 유지하려고 합니다. 지난 20년 동안 대략 4시간의 수면을 택했습니다. 그래야 모든 일을 처리할 수 있었습니다. 지금은 아닙니다. 건강을 회복하는 시간을 만들었습니다. 건강을 위해 자신의 수면 숫자를 알아야 합니다. 미국 수면 학회에서는 성인 기준 하루 7~8시간을 권하는데, 저의 경우 하루 6시간 정도 수면을 취하고, 보통 낮에 선잠 20분에서 30분을 자고 일어납니다. 낮잠은 필수입니다. 낮잠을 자고 일어나면 몰입도가 달라집니다. 주말 가정에 크고 작은 1등, 쉬지 못한 경우, 주중에 수면시간을 좀 더 늘리기도 합니다. 적절히 휴식 시간을 조절합니다.

다섯째, 정기적인 건강 체크를 합니다. 혈압, 혈당, 콜레스테롤 수치 등을 체크합니다. 특히 음주는 특별한 경우가 아니면 하지 않습니다. 회사 다닐 당시는 이래저래 스트레스받는다고 맥주 한 캔 홀 짝이 나중에 보니 일주일 한 달이 쌓이기 시작했습니다. 지금은 한 달 한 번 한 캔 정도, 특별한 일이 없으면 그마저도 하지 않습니다. 지금은 활기차고 에너지 넘치는 삶을 살아갑니다. 에너지 70%를 적당히 쓰고, 다음을 위해 비축해야 합니다. 건강은 행복의 기초이기 때문입니다. 성공 핵심의 요소입니다.

인생 2라운드 - 가치 성장 빅맘(김만덕의 삶)

3. 두 번째 청춘은 가치 있는 사람이다

매 순간 꿈이 있었습니다. 십 대에는 미국드라마 〈원더우먼〉과 〈소머즈〉를 좋아해 능력자 원더우먼처럼 살고 싶었습니다. 결혼 후, 삼사십 대에는 육아를 병행하면서 신사임당이 되고 싶었습니다. 좋은 아내, 좋은 엄마, 좋은 딸이 되고 싶었습니다. 어느 순간도 편안했던 적이 없었습니다. 그렇다고 아무 일도 안 하면 편할까요. 어차피 안 해도 불안하고 행동하면 불편하고, 천천히 걷더라도 성장해 나가기로 생각했습니다. 그렇게 가족과 함께 성장하는 신사임당이 되었습니다.

자녀들이 자랐습니다. 큰아들은 여름에는 진천 선수촌에서 가을부터 이듬해 봄까지는 세계 대회를 위해 전 세계를 다닙니다. 막내아들은 고등학생이 되어 기숙사 생활을 합니다. 남편은 직장에 부지런히 나갑니다. 이십 대처럼 혼자 책임지는 시간이 허락되었습니다. 두 번째 청춘은 어떤 사람이 될까 생각했습니다. 아들들이 **"이제는 엄마의 이름 오승하로 사세요."** 합니다. 언제나처럼 책을 보았습니다. 책 안에서는 정답을 주지 않지만, 우주의 끌어당김으로 해답을 제시하고는 합니다.

그동안 읽은 책을 보고 기록으로 남기지 않았습니다. 지금부터는 다릅니다. **기억이 기록을 이기지 못하기에 기록을 했습니다.** 눈에 보이는 책을 재독하고 정독하고 트렌드 책을 읽고 필사하고 기록했습니다. 시간이 여유가 있어 한 것이 아니라, 일하듯 노동하듯 근무하듯 하루 8시간 동안 책 읽고 필사하고 기록을 집중적으로 했습니다. 123일 동안 123권의 책을 읽고 필사하고 행동으로 옮기고 적용했습니다. 블로그 포스팅을 했습니다. 주말도 예외는 없었습니다. 그렇게 몰입하다 보니, 새로운 시선을 선물 받았습니다. 과정에서 우주의 끌어당김에 대해 알 수 있고 느낄 수 있었습니다. **'수신제가 치국평천하'** 사물의 본질을 생각했습니다. 나를 생각하고 집안을 생각했습니다. 가정을 바르게 세우고 주변에 감사로 채우기 시작했습니다. '북테라피' 도반분들과 감사일기 성장일기를 나누면서 무의식의 시각화를 어떻게 활용할 수 있는지 알려드리기 시작했습니다. 도반의 주변들이 아름답기 시작했습니다. 공부해서 남 주기 시작했습니다.

본질을 보는 통찰력으로 이미 벌어진 일에 대해 생각 후 지금 할 수 있는 일을 해나갔습니다. 아들들과 책을 읽고 토론을 했습니다. 큰아들은 고전을 읽었습니다. 고전을 읽으면서 자신의 내면을 치유하기 시작했습니다. 막내아들은 이야기를 많이 들어 주었습니다. 더 많은 곳 보여 주려고 일상을 여행처럼 여행을 다니기 시작했습니다. 그렇게 저를 세우고 아들들이 자라기 시작했습니다. 남편이 집안에 협조적이 되고 진정한 가족이 되어가기 시작했습니다. 남편의 마음을 변화시키려 하지 않았습니다. 사람의 마음은 변수가 아닌 상수였기 때문입니다. 남편의 다름을 인정했습니다. 어느 순간부터 남편도 이런 저를 인정하고 존중하는 파트너가 되었습니다. 가정에 따스한 언어가 흘러넘치기 시작했습니다.

예전보다 수입이 줄어도 아끼는 방법을 익히고, 집밥을 만들어 먹으면서, '엄마의 밥은 세상을 나가서 싸울 힘이다.' 가족을 챙기기 시작했습니다. 그 결과 아들들은 각자의 자리로 돌아갔습니다. 남편도 일에 집중합니다. 모두가 사회로 돌아갔습니다.

저의 삶을 살아갈 두 번째 청춘을 맞이했습니다. 무엇을 할까 생각하고 블로그 기록을 보았습니다. 7년 전쯤 개설한 블로그 시작 이웃은 18명이었습니다. 매일 책 읽고 포스팅하고 경제 공부한 것을 기록으로 남겼습니다. "매일 하는 것이 나를 만든다." 1년 반이 지난 '빅맘의 자아도취' 블로그를 통해 '빅맘의 북테라피' 독서 모임이 브랜딩 되었습니다. 독서 모임에서는 국가대표 아들과 함께한 과정을 담았습니다. 감사일기, 성장일기, 시간 가계부를 통해 하루, 주간, 월간, 연간 계획을 세우고 꿈을 위해 도전했던 목표와 운의 영역인 끌어당김 시각화 독서를 담았습니다. 함께 해주신 도반들을 '우주 여행자'라고 부릅니다. 지구에 잠시 여행 온 우리는 집착을 내려놓고 좋은 운을 끌어당기기 위해 책을 읽습니다. 책을 통해 각자의 삶을 사랑하고 마음 수련합니다. **한동일 교수의 『라틴어 수업』"우리는 아는 만큼, 그만큼 본다. 탐툼 비데무스 관툼 쉬무스(Tantum videmus quantum scimus)."** 사람마다 관점이 다릅니다. 변화와 성장은 각자 생각한 범위 내에서 꾸준히 배우고 익혀서 학습하고 성장해 나아가야 합니다.

앞으로 삶은 학습자로 살아가겠습니다. 저의 두 번째 청춘은 조선 시대 여인 김만덕의 삶을 꿈꿉니다. 조선의 김만덕이 장사로 주변을 살려 한양 땅 임금님의 귀에 이름을 전했습니다. 저는 지식 노동자로 "공부해서 남을 주자." 배움을 실천하는 삶을 살아가고 싶습니다. 이십 대부터 육십 대에 이르기까지 같이 학습하고 성장하는 삶을 통해 배움을 실천하는 삶을 살고 싶습니다. 자녀를 키우고 방향을 잡고 성장했듯이 주변인과 더불어 사는 사회에 일원이 되고 싶습니다. 좋은 습관 오픈 톡방을 운영하고 있습니다.(책표지 저자 소개에 QR 촬영시 오픈 톡방 연결됩니다.) 생각이 현실이 됩니다. 좋은 생각, 좋은 사람, 좋은 공간 함께 하며 성장하는 두 번째 청춘을 꿈꾸겠습니다. 지금 순간을 사랑하며, 가슴 뛰는 삶을 살겠습니다. 함께 우주 여행자가 되어 함께 여행할 소중한 인연이 되어 주시는 분들을 감사하는 마음으로 만나겠습니다. 창문을 통해 비추는 햇살이 구름 속에서 얼굴을 내밉니다. 소중한 인연 감사합니다.

2024년 3월 산수유가 예쁘게 핀 봄날.

빅맘스토리 오승하.

<빅맘의 인생 사전> - 삶에 기준을 준 문장들

1. 매일 하는 것이 나를 만든다.

   자신이 무엇을 잘하는지 궁금해한다면 매일 한 일들을 들여다보면 보인다.

2. 문제는 극복하는 것이다.

   시련은 누구에게나 온다. 시련을 극복하면 디딤돌 피하면 장애물이다.

3. 비관적으로 계획하고 낙관적으로 꿈꿔라.

   모든 꿈을 시작하기 전에 계획해야 한다. 계획이 먼저고 행동으로 꿈을 닮아 간다.

4. 나는 가치 있는 사람이다.

   나를 사랑해야 한다. 내가 나의 가치를 인정하는 순간 세상은 내 편이 된다.

5. 생각이 가난해지면 생활도 가난해진다.

   생각이 풍성해야 한다. 생각을 풍성하려면 마음의 평안함과 독서를 통해 자양분을 공급받는다.

6. '나중'이라는 단어를 버리고 '지금 한다'를 선택한다.

   1시간을 고민하는 사람은 하루를 고민하고, 한 달 후에도 1년 후에도 같은 고민을 한다. 지금 한다.

7. 좋았다면 추억이고 나빴다면 경험이다.

   모든 경험에 좋고 나쁨은 없다. 나의 선택이 더 나은 방향으로 흐르고 있다고 믿는다.

8. 용기는 두렵지만, 한 걸음 나아가는 것이다.

　두려울 때 주저앉는 것이 아닌, 그냥 한 발자국 걷는다.

9. 실패는 피드백이다.

　모든 실패에는 배움이 존재한다. 두 번 같은 실패를 경험하지 않는다.

10. 죽지 못한 고통은 나를 더 강하게 만든다.

　힘들어 죽고 싶어도 이겨내면 그 어떤 시련도 극복할 힘이 내게 주어진다.

　그렇게 강해진다.

11. 우연은 행동하는 자의 몫이고, 기회는 선택하는 자의 몫이다.

　좋은 일도 나쁜 일도 그냥 받아들이면 된다. 날씨처럼 오늘을 충실히 산다.

12. 기록이 쌓이면 무엇이든 된다.

　기억은 기록을 넘어서지 못한다. 기록이 쌓이면 그 안에서 나를 발견하고

　성장한다.

13. 삶은 예측 영역이 아니라 대응 영역이다.

　바람이 언제 불어올지 모른다. 평소 실력은 갖추되 대응하면 된다.

14. 삶은 어떻게든 방법을 찾는다.

　모든 문제는 적극적으로 대응하되, 시간이 해답을 준다.

15. 모든 것이 체력 싸움이다. 체력을 길러야 한다.

　성공하고 싶다면 가장 먼저 체력을 키워야 한다. 체력만큼 성공한다.

16. 모든 일에는 때가 있다.

　새순이 돋고 꽃이 피고 지고, 열매를 맺는 것은 자연의 이치다. 우리는 자

　연의 최고 기적이다.

17. 모든 것은 지나간다.

한 달 전 먹은 맛있는 식사를 기억 못 하듯 모든 것은 지나간다.

18. 고된 시간이 찾아오면 더욱 강해져야 한다.

위기와 기회는 단짝 친구이다. 고된 시간이 클수록 보상의 크기가 더 커서 보이지 않을 뿐이다.

19. 미션은 잘하는 것이 아니라 그냥 하는 것이다.

주어진 할 일은 선택하는 순간 그냥 하는 것이다. 생각이 아니라 행동이다.

20. 성공은 준비, 노력, 실패로부터 배운 결과물이다.

어린아이의 걸음처럼 넘어지고 일어서고를 반복하는 것이 성공의 핵심이다.

세계 무대에 너를 세워라!

희망의 트랙 위에 다시 서다